教育部人文社会科学研究青年基金项目"非营利性民办高校的风险防范与政府监管研究"（课题编号：18YJC880053）研究成果

FEIYINGLIXING MINBAN GAOXIAO BANXUE FENGXIAN FANGFAN YANJIU

非营利性民办高校办学风险防范研究

刘亮军　著

河南大学出版社
HENAN UNIVERSITY PRESS

中国·郑州

图书在版编目(CIP)数据

非营利性民办高校办学风险防范研究/刘亮军著.
--郑州:河南大学出版社,2022.7
ISBN 978-7-5649-5254-9

Ⅰ.①非… Ⅱ.①刘… Ⅲ.①民办高校-学校管理-风险管理-研究-中国 Ⅳ.①G648.7

中国版本图书馆 CIP 数据核字(2022)第 139227 号

责任编辑　赵海霞
责任校对　张玉梅
封面设计　马　龙

出　版	河南大学出版社
	地址:郑州市郑东新区商务外环中华大厦2401号　邮编:450046
	电话:0371-86059701(营销部)　网址:hupress.henu.edu.cn
排　版	郑州市今日文教印制有限公司
印　刷	广东虎彩云印刷有限公司
版　次	2022年7月第1版　印次　2022年7月第1次印刷
开　本	787 mm×1092 mm　1/16　印张　16
字　数	245千字　定价　50.00元

(本书如有印装质量问题,请与河南大学出版社营销部联系调换。)

序

2017年9月1日，修订后的《中华人民共和国民办教育促进法》正式实施，标志着中国民办教育进入"营非"分类管理新时代。以"投资办学"为主的民办高校向非营利性办学转型面临诸多隐患和风险，有效防范办学风险实现非营利性办学目标至关重要。本研究为民办高校实践非营利性办学防范风险和国家分类管理政策顺利过渡提供参考。

民办高校"实然原貌"是办学风险防范研究的基本土壤。根据全面风险管理理论和内部控制理论的分析框架，运用文献分析、案例研究、深度访谈和比较研究等研究方法，对制约民办高校发展的"内部治理、教育质量、财务运营和政策、市场、声誉"等内外部办学风险的主要影响因素进行研究。通过建构非营利性民办高校办学风险识别框架工具，对各类办学风险源进行风险识别与风险界定。在结合访谈学校利益相关者、真实案例分析和"内部人"亲历实践等研究视角的基础上，立足组织内部控制防范风险机理，重点剖析了"内部治理、教育质量和财务运营"办学风险形成的主要成因。研究发现，教育政策不稳定、办学市场激烈竞争和学校负面声誉是民办高校外部面对的主要风险；董事会高度集权与举办者不适当行为、教育质量先天薄弱与同质化办学倾向、办学经费单一不足和审计监管缺失等是民办高校最大的内部办学风险，这些"固有羁绊"影响制约非营利性民办高校高质量发展。同时对主要发达国家私立高校办学风险防范经验进行梳理，最终结合国情提出我国非营利性民办高校办学风险防范对策建议。

通过研究，形成如下共识：全面风险管理理论和内部控制理论应用到民办高校办学风险防范领域，丰富和促进了中国民办高等教育发展理论建设；"秉持公益性"与"高质量发展"是中国非营利性民办高校的战略目标和价值追求；董事会制度缺失、教育质量薄弱、经费不足与转型隐患是当前主要风险；完善和健全"内部共同治理能力和治理体系、特色应用型民办本科教育体系和专业化的财务预算绩效考核管理体系"是防范办学风险的关键性制度体系;建构内部控制下"四环节"(决策、控制、执行和评价)办学风险防范机制是规避和防范非营利性民办高校办学风险的根本举措。本研究在建立"五要素"办学风险识别框架工具和健全校内风险防范制度体系设计方面进行了有益尝试与创新。

2022 年 6 月 18 日

目 录

第一章 绪论 ……………………………………………………………………（001）
　　第一节 研究缘起 ………………………………………………………（001）
　　第二节 研究目的与意义 ………………………………………………（004）
　　第三节 核心概念 ………………………………………………………（007）
　　第四节 文献综述 ………………………………………………………（011）
第二章 理论基础与研究设计 …………………………………………………（031）
　　第一节 全面风险管理理论 ……………………………………………（031）
　　第二节 内部控制理论 …………………………………………………（042）
　　第三节 研究设计 ………………………………………………………（051）
第三章 非营利性民办高校办学风险识别 ……………………………………（058）
　　第一节 非营利性民办高校办学风险的特殊性 ………………………（058）
　　第二节 办学风险识别的内涵及识别框架 ……………………………（064）
　　第三节 非营利民办高校办学风险种类与表现 ………………………（084）
第四章 非营利性民办高校办学风险的成因剖析 ……………………………（119）
　　第一节 非营利性民办高校内部治理分析 ……………………………（119）
　　第二节 非营利性民办高校教育质量分析 ……………………………（130）
　　第三节 非营利性民办高校财务运营分析 ……………………………（139）
第五章 主要发达国家私立大学办学风险防范经验镜鉴 ……………………（152）
　　第一节 主要发达国家私立大学内部治理的经验 ……………………（152）
　　第二节 主要发达国家私立大学质量保障的经验 ……………………（164）
　　第三节 主要发达国家私立大学资金筹措管理经验 …………………（174）

第六章　非营利性民办高校办学风险防范机制建构 ……………………（185）
第一节　非营利性民办高校办学风险防范的主体目标 ……………（185）
第二节　非营利性民办高校办学风险防范的主体内容 ……………（194）
第三节　建立非营利性民办高校办学风险防范内控机制 …………（206）

第七章　研究结论与未来展望 ………………………………………（216）
第一节　研究结论 ……………………………………………………（217）
第二节　研究创新 ……………………………………………………（220）
第三节　未来展望 ……………………………………………………（222）

附　录 ………………………………………………………………………（224）
附录A　非营利性民办高校办学风险防范研究访谈提纲（民办高校领导）………………………………………………………………（224）
附录B　非营利性民办高校办学风险防范研究访谈提纲（教育行政部门领导）…………………………………………………………（225）
附录C　非营利性民办高校办学风险防范研究访谈提纲（民办高等教育研究专家）……………………………………………………（226）

参考文献 ……………………………………………………………………（227）
后记 …………………………………………………………………………（246）

第一章 绪 论

德国著名社会学家,"风险社会"理论的奠基人乌尔里希·贝克(Ulrich Beck)指出,后现代风险社会成为一种新的社会形态。[①] 2017年,修订后的《中华人民共和国民办教育促进法》(以下简称《民办教育促进法》)正式实施,标志着中国民办教育进入分类管理的新时代。改革开放四十多年来,从"而立"进入"不惑"的中国民办高校都要面对"营非"办学选择问题。回顾过去,民办高校在发展过程中积累了大量的办学风险不容忽视;面向未来,以"投资办学"为主的民办高校向非营利性办学转型依然存在诸多隐患。2019年,教育部提出要推动民办教育规范发展和防范化解重大风险,完善民办学校风险防范和化解机制,建立、健全风险评估、应急处理等制度。民办高等教育发展离不开国家政策支持,更离不开自我发展规范与不断完善。如何有效防范办学风险实现非营利性民办高校办学目标是本研究的重要任务。

第一节 研究缘起

一、法律导引——非营利性民办高校风险防范研究刻不容缓

2017年,随着修订后的《民办教育促进法》的实施,中国民办教育步入"营

[①] [德]乌尔里希·贝克著.风险社会[M].何博闻,译.南京:译林出版社,2004:58—66.

非"分类管理的新时代。分类管理对于改善民办高等教育发展环境,制定各项利好扶持政策,有利于民办教育改革和健康发展。民办教育今后一个时期的主要任务就是注重规范与高质量发展。从民办高校外部发展环境来看,生源进一步减少、公办高校竞争加大、监管政策更加精准,这些均对民办高校的发展产生重大影响;从民办高校内部维度来看,内部治理结构、人才培养质量等方面需要进一步规范和上层次、上水平,其办学难度与办学风险大大增加。办学风险防范成为政府和民办高校规范发展的重要任务。2016年《国务院关于鼓励社会力量兴办教育 促进民办教育健康发展的若干意见》(以下简称《若干意见》)明确指出:完善民办学校财务会计、内部控制和审计监督制度,加强风险防范。2019年教育部《民办教育工作部际联席会议2019年工作要点》中指出:深入开展民办教育规范发展、防范化解风险行动和风险评估。综上所述,政府加强对民办高校办学风险防范工作刻不容缓。

二、实践需要——民办高校快速发展中爆发的风险不可忽视

经过改革开放四十多年的快速发展,我国民办高等教育已经成为高等教育重要的组成部分。高等教育进入普及化教育阶段,民办高等教育从补充型教育逐步转变为选择型教育。客观认识民办教育快速发展进程中多个方面累积隐患或风险是民办高校行稳致远的基础性问题。民办高校办学初期较为粗放,近年来部分民办高校在办学治校规范、举办权变更、代际传承、师生合法利益等问题上爆发了重大办学风险,有些风险频频见于媒体或报纸等,影响社会稳定,需要政府、高校、社会等多方进行协同化解。这些风险既是民办高校发展过程中未能及时化解的办学隐患,也是民办高校在发展中积累大量矛盾问题的集中发酵,直接反映出民办高校快速发展过程中办学理念、内部管理和依法办学等问题的实然。同时也折射出地方政府及教育行政部门对民办高校监督管理还存在漏洞,民办高校办学风险须引起政府、学校、社会等多方重视并及时开展防范与化解,否则将影响民办高等教育健康发展以及经济社会和谐稳定。在分类管理政策下,民办高校在办学实践中一方面要做好发展过程中

累积办学风险控制,另一方面要正确处理未来选择营利性和非营利性办学转型面临的风险。

三、转型使然——民办高校适应分类管理改革下的大势所趋

通过对世界私立大学发展情况梳理发现,私立大学的发展在不断变化,特别是进入 20 世纪 90 年代以后,主要发达国家包括西欧、美国及亚洲的日本等国家已对私立高等教育进行营利性和非营利性分类管理,并对二者在准入制度设立、法人产权制度以及税收制度等多方面进行区别划分。可以看出,分类管理在国际上已有先例,也是国际通行做法。捐资办学是国外私立高等教育的主要办学形式,由于国外私立高等教育经过长时间的发展且相关法律法规较为完善,所以在关于非营利性私立高等教育机构的产权归属以及准公共产品性质等方面并不存在较多问题,其研究更加关注的是当前新设立的营利性高等教育机构。而新中国成立后,我国民办教育兴起时注入了市场化、营利性的基因,民办高校办学经费的主要来源并非捐资,而是带有投资属性和营利目的的社会资金。[1] 鉴于此,社会大众对民办教育已经形成了营利性办学的固有印象。"我国民办教育办学的本质特征是投资办学而不是捐资办学。"[2]获取利益回报是我国大多数民办高校举办者的原生动力和办学动机,市场化以及营利性成为民办高等教育发展的逻辑起点和基础动力。[3] 当前,新法新政明确了民办教育的"二分法",民办高校在规定的过渡期内必须做出"营非"办学选择。按照国家政策,未来非营利性民办高校将会得到国家更多政策、资金的支持,选择登记为非营利性民办高校将成为主流方向,而从"投资办学"向非营利性民办高校转型发展的办学风险需要关注和研究。

---

[1] 文东茅.论民办教育公益性与可营利性的非矛盾性[J].北京大学教育评论,2004(1):43—48.
[2] 邬大光.我国民办教育的特殊性与基本特征[J].教育研究,2007(1):5.
[3] 何雪莲.中国民办教育:捐资与投资之辨[J].教育发展研究,2006(2):19—22.

四、跨学科研究——非营利性民办高校风险防范研究新特点

"风险防范管理"这一概念在管理学和经济学中较为常见,是指企事业单位将所处环境风险及可能造成不良影响最大限度降低的管理过程。所有社会经济活动都伴随着风险,具有不可完全避免的特点,任何风险的发生也有其内在规律。因此,为了保障各种社会经济活动的顺利进行,需要相关单位积极主动识别和评估风险,有意识地、最大限度地防范和控制风险,削弱风险发生的影响,把风险的不良影响降到最低。本研究把全面风险管理理论和内部控制理论应用到非营利性民办高校的办学实践中,主要目的在于对办学风险的有效防范。我国民办高校具有学校和企业的双重特征,管理学、经济学领域的风险防范理论对于研究民办高校的风险防范具有较强的现实意义。长期以来在高等教育大众化的进程中,我国相关法律法规在民办高校的营利性与非营利性分类界定方面模糊、笼统,导致民办高等教育相关扶持政策及制度缺乏规范化、科学性,阻碍了民办高等教育可持续发展。以国家实行分类管理为契机,未来非营利性民办高校会得到国家更多扶持,更需加强对非营利性民办高校办学风险防范的研究,进一步理顺学校权利主体和内部治理结构、教学管理、质量与教师权益、财务监管与政府支持等方面的关系,从而有效预防和规避非营利性民办高校在办学中出现的各种风险。

第二节 研究目的与意义

一、研究目的

我国高等教育已经迈入普及化和内涵式发展时代,在国家推进民办高等教育分类管理的背景下,民办高校既要面临过去快速发展遗留的种种风险,又

要面临未来选择营利与非营利办学的风险。从实践角度来看,民办高校办学风险防范与化解已成为制约民办高校高质量发展的重大问题。从宏观上审视,民办高校面临政策变动、生源减少、竞争加剧等一系列外部风险,内部面临着治理结构不规范、教育质量参差不齐、办学投入严重不足等多种风险。无论是理论还是实践层面,对非营利性民办高校办学风险防范展开系统性研究势在必行。本研究以拟选择非营利性办学的民办本科高校为研究对象,研究目的是有效防范非营利性民办高校办学风险。在全面风险管理理论和内部控制理论指导下,通过案例研究、深度访谈和比较研究等研究方法,对办学风险进行范围界定与风险识别,最终提出具有针对性的办学风险防范机制,以此推动非营利民办高校向高质量发展迈进。

二、研究意义

民办教育分类管理从法律上破解了长期制约民办高校发展的路径障碍。研究办学风险从理论上有助于风险管理等相关理论在教育领域的运用,丰富民办高等教育研究理论建设,有助于化解长期以来民办高校在发展过程中累积的各种办学风险,为民办高校未来转型发展提供借鉴,对促进我国民办高校"营非"选择与高质量发展具有重要的现实意义。

(一)理论意义

我国民办高校如何向非营利性民办高校转型发展是当前民办高等教育界的一个热门问题。目前,对民办高校选择营利性和非营利性办学研究更多的是从法律、政策、利益相关者等角度出发,探讨如何选择的问题较多,而关于选择后转型发展面临问题和风险防范的研究较少。本研究试图以办学风险防范的角度为基点,深入研究我国民办高校发展过程中累积的办学隐患和未来选择非营利性办学转型发展面临的相关风险,剖析非营利性民办高校办学风险形成的原因,建立健全非营利性民办高校办学风险防范与化解机制。第一,本研究将风险管理相关理论运用到民办高等教育领域,拓展了风险管理相关理论的应用范围,有助于增强民办高校办学风险理论研究水平和风险防范意识,为民办高校做好办学风险防范提供有益参考,促进其向高质量发展;第二,本研究丰富了非营利性民办高校发展理论,为未来非营利性民办高校在分类管理制度下转型发展提供理论指导。

(二)实践意义

第一,本研究针对民办高校选择非营利性办学的现实挑战,深度解析其过去、现在和未来面临的办学风险,有助于民办高校自身风险防范化解和未来健康发展。2017年,修订后的《民办教育促进法》实施之前,民办教育相关的法规政策均以教育的公益性为前提,要求民办高等教育不得以营利为目的,而以"投资办学"为主的民办高校在公益外表下存在营利动机与行为也是不争事实。这一时期的民办高等教育得到政府对于高等教育公益事业制定的土地税收以及财政拨款支持等多方面的优惠政策,有的学校在办学上追求最大限度的扩招;在教学上教师队伍重视和投入不够,而是扩大兼职教师数量减少专任教师聘任;在学生管理上实行大班额管理;教学设备升级与投入更新慢;在办学经费上进行学校资产抵押产生大量银行贷款,甚至违规使用办学资金进行其他营利行为等诸多乱象。一些民办高校办学风险爆发并造成恶劣社会影响,拉低了民办高等教育整体的社会形象,爆发的风险还要最终由政府来兜底处理。本研究直面可能引发民办高校办学风险的现实问题,如内部治理的高度集权、教育质量的固有软肋和办学经费的单一不足等问题,以民办高校一线"内部人"的实践视角,结合掌握客观资料和亲历体验,利用接触民办高等教育研究专家、举办者和校长等关键人物条件,开展案例研究、比较研究和深度访谈,为非营利性民办高校转型发展与办学风险防范做出实证探索。

第二,本研究为民办高校在分类管理制度下选择非营利性办学转型提供思路,通过分析选择非营利性民办高校的转型风险,有助于民办高校分类选择政策平稳过渡。营利性和非营利性分类登记管理是民办高等教育的基本制度,是规范民办高等教育管理的合法性和合理性政策依据。非营利性民办高校的政府监管制度还有待国家明晰与制定,共识性的措施和路径规则仍处于定性阶段,当前仍有部分民办高校持观望态度和对政策的防御性认知。本研究拟通过剖析非营利性民办高校的现实办学风险,进一步梳理适应分类管理下非营利性办学的关键风险问题,立足利益相关者关切角度,尝试建立非营利民办高校办学风险防范机制。

第三节 核心概念

一、非营利性民办高校

(一)"非营利性"民办高校概念之中国内涵

在关注非营利性民办高校之前,需要了解民办高校的概念。民办高校的定义很多,从不同角度不同学者对民办高校的定义理解也有所不同,但是法律意义上对于民办高校的诠释和概括较为权威。2003年《民办教育促进法》首次明确了民办学校的概念,即"国家机构以外的社会组织或者个人,利用非国家财政性经费,面向社会举办学校及其他教育机构的活动"。2017年,修订后的《民办教育促进法》给民办教育的产权和法人属性及相关扶持政策明晰方向,为分类管理指明了方向。

本研究的"非营利性民办高校"是一个法律概念。非营利性是基于非营利组织"不以营利为目的""不进行剩余收入的分配"和"不把组织的资产转变为私人财产"的三个主要特性来衡量的。因此,本研究将非营利性民办高校定义为:不以营利为目的的国家机构以外的组织或个人,利用非国家财政性经费捐资或投资办学,面向社会举办不要求取得合理回报的公益性高等教育机构。

非营利性民办高校的特征属性。2017年,修订后的《民办教育促进法》中"非营利性"指举办方对办学结余不进行分配,这也是不同于其他商业活动或者社会组织的重要分类特征和本质属性,表明了非营利性民办高校打造教育准公共产品的性质。在深入分析民办高校"非营利性"相关研究后发现,其内涵主要包括以下三个方面:一是不得以营利为目的,不获得经济利益;二是在办学过程中产生的剩余资金不能分配,剩余资金继续投入非营利性的办学发展中,保障其运营的连续性和稳定性;三是关于财产归属以及分配权利,非营利性组织或者机构需要注销或者停止运转时,其组织或者机构内部的财产不能够在成员之间进行分配,其财产归属于非营利性机构或者组织其自身所拥有。另外值得关注的是,非营利性组织或者机构虽然不以营利为目的,但是可以在组织运转的过程中产生结余和利润,重点在于非营利性组织或机构在处理这些结余和利润时不能进行个人分配,而是应当将这些结余和利润重新投入非营利性组织或机构的发展中,以此来实现非营利组织的公益性和公共产品性质,有这些特征的非营利性组织也被喻为"第三部门"。

研究对象的界定。民办高校是一个维度较为宽泛的概念,其中独立学院以及中外合作办学机构也是较为特殊的民办高校形式。随着国家对民办高校监管政策的实施,各地独立学院目前已经开始转设、合并、重组,未来独立学院将全部完成重组,所以本研究将独立学院这一特殊形式排除在外。中外合作办学高校其运行机制与国内其他民办高校不同,主要依据《中外合作办学条例》规定开展办学。

鉴于我国独立学院和中外合作办学院校的特殊性,本研究中的民办高校不包含独立学院和中外合作办学院校,研究对象界定为:新法新政下拟选择非营利性办学且独立设置的民办本科高校。

(二)"非营利性"民办高校概念之国际所指

从世界各国私立大学发展的情况来看,私立高等教育在国外许多国家有较长时间的发展史,最早可以追溯到世界上第一所大学——博洛尼亚大学。国外私立高等教育治理和运行体系已经较为成熟和完整,而且取得较为显著的成就。国际上将非政府出资设立和举办的教育组织或机构称为私立教育,面向全社会兴办提供教育服务。在日本,私立大学即采用民间或社会资本维持运行;在美国,私立大学一般是指非政府出资或者举办设立的高校,部分国家的私立高等教育院校占比更大,发展时间更长,地位更高。据统计,在美国超过五分之三的高校是私立高校,在日本和韩国超过八成的高校是私立高校。除发达国家之外很多亚非拉地区的发展中国家,私立高校学生比重超过50%,典型的是印度尼西亚私立高校占全国高校数量的93.5%,南美洲的巴西也有70%以上私立高等院校。美国的私立高等教育非常发达,在国际上具有重要的影响力和话语权,其私立大学呈现出营利性与非营利性大学齐头并进、蓬勃发展的景象。一方面这可能与美国社会推崇的多元文化有关,另一方面这种景象很大层面得益于分类管理的成功实践。以时间为坐标轴来看,营利和非营利分类管理最先在美国出现,随后欧洲和日本等主要发达国家也相继出台相关法律实施分类管理。其中,日本政府为了明确私立高等院校的产权归属以及相应权力、义务,1949年专门制定《日本私立学校法》,有效推动日本私立高校的分类管理。纵观全球,很多发展中国家对私立教育也实施分类管理政策。世界银行发展报告(2000年)指出,私立大学进行"营非"分类管理的实际意义与重要性高于公办与私立的分类。

二、民办高校办学风险

(一)风险

"风险(risk)"从词源看始于希腊文cliff一词的派生之义risi,在拉丁文中为risicare,在17世纪中期英文出现risky一词。早期用于航海,后来演变运用到保险与金融行业。1895年,美国学者海恩斯(Haynes)在《作为经济因素的风险》(*Risk as Economic Factor*)一书中最早提出风险就是"意味着损害的可能性"。风险有狭义和广义两种内涵:从广义维度上来看,风险既可以带来危害也可以带来机遇,主要关注风险产生和爆发的不确定性;从狭义维度上来看,主要强调风险可能带来的危害和严重后果。但需要注意的是,风险具有一定的客观性,风险的存在和发生伴随在人类经济社会不断发展过程中,风险概念相对来说具有深刻的发展历史以及广泛的发生范围。目前,有学者从不同角度对"风险"进行研究:风险损害的可能性和不确定性。主要定义风险为:"损失的不确定性"与风险概念紧密相连,损失的不确定性主要有以下方面:一是是否发生不确定;何时发生不确定的;如何发生不确定的;发生结果是不确定的。二是风险与人密切相关。美国著名风险研究专家佩费尔将风险概念界定为风险是人(包括人的行为)和"风险因素"互相交织产生。主要指风险和人密切相关,人的行为以及利益相关风险密切相连。三是风险是客观存在的。美国学者佩费尔提出量化风险,主要强调风险概念为:"发生概率的高低",该定义充分运用了统计学的理念,对风险展开研究和观察。① 根据上述几种关于风险的概念也可看出风险的主要特性。

（二）民办高校办学风险

办学风险涉及学校风险管理问题,当前专门研究学校风险管理的文献较少,柳清秀(2009)②提出,高校风险主要指不利因素影响高校办学目标的实现,从而导致损失发生的可能或是致使预期结果与实际结果之间存在较大差距。李钊(2009)③提出,民办高校办学风险的内涵界定为,在办学过程中因法规政策、生源、市场主体、组织管理等内外部环境的不确定性而导致学校遭受损失的一种特殊状况。由于举办者、经费投入和领导机制等因素的差异,民办高校与公办高校的办学风险存在不同,营利性与非营利性两种不同的民办高等教育形式,它们办学风险也存在较大差异。本研究中的非营利性民办高校办学风险是指违背非营利性学校固有属性和办学目标,在办学过程中出现违反国家政策法规或教育规律的不确定和潜在有风险的办学行为,造成学校利益相关者的损失或危害,影响或阻碍学校非营利性办学目标达成。

---

① J. Comas, K. V. Gemacy etc. Risk assessment modeling of microbiology-related solids separation problems in activated sludge systems[J]. Environmental Modeling & Software, 2008, 23(10):1250—1261.
② 柳清秀.高校风险管理[M].北京:中国言实出版社,2009:7.
③ 李钊.民办高校办学风险防范研究[M].北京:社会科学文献出版社,2009:23.

(三) 风险管理

美国反虚假财务报告委员会组织（The Committee of Sponsoring Organizations of the Treadway Commission）（简称"COSO"）于1992年发布《企业风险管理—整合框架》。2004年4月修订并正式颁布给出风险管理的定义：企业各部门全体公司成员参与，保障企业经营战略目标实现，识别潜在风险并制订可操作计划管理风险所采取措施的管理过程。风险管理一是在风险发生前，主要通过风险管理避免风险爆发或者减少风险发生所带来的损失，减少生产成本以及实现其他管理目标等；二是在风险发生后，通过风险管理避免更多损失的发生。风险发生的影响因素以及控制改变风险发生的环境，将风险爆发的影响降到最低，从而保持企业的正常运转和健康发展。

(四) 风险防范

风险防范主要强调减少风险发生的可能性。在风险未爆发前就采取一系列措施，预防潜在风险发生的可能；风险防范并不能够预测到风险发生的后果以及其他的可能性，但是风险防范能够通过对危险行为或者风险主要影响因素的干预，来达到化解风险或者是延迟风险发生的可能。风险防范是为了最大限度地保障组织或者企业的正常运转并实现其制定的目标，而通过制定系统性、战略性的方案预防风险的爆发，最大限度地减少损失的发生及其不良影响。

第四节 文献综述

一、国内相关研究综述

现代风险的概念以及风险相关的研究最早起源于西方的经济学，国内研究相对较晚。在经济学和管理学中,风险相关理论研究相对较为成熟,已经成为一个重要的研究分支,但是在教育学领域中相对来说运用较少。国内自20世纪90年代末开始,已将风险管理概念和理论跨学科运用到高等教育领域内的相关研究。国内学者对民办高校如何化解和规避办学风险有了一些研究。

(一) 民办高校"营非"分类管理的相关研究

孙宵兵(2015)[①]认为我国应当对民办教育实施营利和非营利分类管理,并从法人分类登记视角分析和阐述分类管理的主要区别。当下,民办教育营非监管政策并未健全,具有针对性的支持政策和合理的监管制度较难出台。王建(2012)[②]详细分析了国际私立高等教育监管法律及国际公认组织的认定办法,民办教育要可持续发展必然要实行营利与非营利分类管理改革。李望国(2010)[③]认为在当前我国部分民办高校存在披着公益性的外衣下进行逐利的现实问题,而最好的解决办法就是政府应当区分民办教育中的捐资办学和投资办学,并制定差异性监管和扶持政策。曾祥志(2012)[④]基于法律角度出发,对我国民办教育中的合理回报问题展开研究,认为合理回报是与民办高等教育的公益属性相冲突,未来一定要实施营利性与非营利性有区别的分类管理。曹淑江、朱成昆(2002)[⑤]用信息不对称理论来看待当前民办高校的发展,鉴于民办高校的信息披露制度以及评估评价还存在一定缺陷,鼓励和支持民办高校的发展并解决信息不对称问题。王伟(2005)[⑥]对营利性教育机构开展专门研究,认为营利性教育机构可以促进教育领域的竞争,营利性教育机构有

---

① 孙宵兵.民办学校的依法治理[J].中国高教研究,2015(11):11-12.
② 王建.民办学校分类管理——从"四分法"到"两分法"[J].北京大学教育评论,2012(2):34-35.
③ 李望国.资本的逐利性与教育的公益性——民办高校的"非营利性"探讨[J].中国高教研究,2010(10):46-48.
④ 曾祥志.民办高校分类管理的现状思考[J].中国市场,2012(27):28-29.
⑤ 曹淑江,朱成昆.关于民办学校的非营利性和产权问题探讨[J].河北师范大学学报(社科版),2002(3):24-28.
⑥ 王伟.营利性教育机构理论逻辑与市场现实[J].北京大学教育评论,2005(2):10-12.

存在的价值,不应该绝对排斥营利性民办教育。邬大光(2007)①认为从改革开放后的民办教育发展实践来看投资办学已成为其主要特征,虽然民办教育相关法律出台都是期望社会资本捐资办学并发挥民办教育的公益属性。胡卫(2000)②认为在当前法律规定下,不仅应当允许捐资新举办非营利性民办高校,也应当允许社会资本举办营利性高校。邵金荣(2001)③深入分析当前民办教育的主要矛盾以及办学实践,认为当前应该区分营利性和非营利性办学,亟须国家出台相关政策法规实施分类管理。劳凯声(2003)④认为民办教育运用市场手段办学,其行为客观上具备公益性应当认定其合法地位,也应进一步扶持和加强对民办高校的法律监督,有利于厘清民办高校的价值定位。李立国、鞠光宇、王春雯(2018)⑤对民办高等教育领域非公平关联方交易问题展开了深入研究,研究表明,当前民办高校举办者或出资人控制高校不仅事实上反映民办高校营利性特征,更为非公平关联交易创造了有利条件,同时非公平关联方交易损害了政府、学校、学生等相关主体的利益并提出具有针对性的举措防止民办高校非公平关联交易。

(二) 民办高校整体综合风险的相关研究

民办高校风险类型划分的研究。李钊(2008)⑥、李钊(2012)⑦运用风险管理理论并结合民办高校办学实践,搭建一套契合我国民办高校特点的风险管理系统,并对民办高校战略决策风险管理、教育质量风险管理、招生风险管理、就业风险管理、财务风险管理展开详细研究和论述。张晓云(2014)⑧分析

---

① 邬大光. 我国民办教育的特殊性和基本特征[J]. 教育研究,2007(1):6—8.
② 胡卫. 民办高校的发展与规范[M]. 北京:教育科学出版社,2000:82.
③ 邵金荣. 中国民办教育立法研究[M]. 北京:人民教育出版社,2001:56—59.
④ 劳凯声. 面临挑战的教育公益性[J]. 教育研究,2003(2):3—9.
⑤ 李立国,鞠光宇,王春雯. 民办高校如何实现"非营利性"——以防范非公平关联交易保证"非营利性"的制度设计[J]. 教育发展研究,2018(23):15—22.
⑥ 李钊. 民办高校办学风险防范研究[D]. 华中科技大学,2008.
⑦ 李钊. 民办高校风险管理[M]. 北京:教育科学出版社,2012:10.
⑧ 张晓云. 民办高校办学风险防范研究[D]. 沈阳师范大学,2014.

指出民办高校发展过程中存在较多风险种类，主要有以下五种类型风险，即政策、市场、管理、质量以及财务五个方面的风险，同时指出五种风险之间是存在关联的，不管爆发一种还是几种风险对于民办高校来说都是危险的。陶咏梅(2015)①采用系统理论成功构建一套高校办学风险管理模型，提出民办高校存在人员、决策、财务等内部风险及政策、市场等外部风险，对如何规避风险进行分析并提出相关政策建议。史雯婷(2008)②指出民办高校办学风险来自内部和外部两个层面，具体表现为管理、决策和财务风险等并对风险监管提出相关建议。刘志纲(2013)③根据民办高校要制定科学的风险管理方案，分析当前民办高校风险管理存在的问题，提出全面风险管理是解决当前问题的有效手段。马露奇、杜继军(2010)④认为随着民办高校的发展，政府相关监管政策法律在不断完善，民办高校发展在不断地规范，但仍然有部分民办高校办学思想不够端正，导致学校发展问题丛生并提出防范风险和有利于民办高校健康发展措施。黄瑞平(2010)⑤对当前民办高校发展实践中遇到的问题进行了梳理总结，认为民办高校面临较多风险，提醒民办高校管理者应进一步增强风险意识，不断吸引外部资源投入的同时，要优化内部管理水平，促进民办高校健康规范可持续发展。

民办高校风险防范的相关研究。李钊(2009)⑥对民办高校办学风险防范中的政府责任展开深入研究，认为推动民办高校形成风险防范体系是政府的

---

① 陶咏梅.基于系统理论的民办高校风险管理模型构建及风险规避[J].教育与职业,2015(32):22-26.
② 史雯婷.民办高校办学风险及其监管体系建构[J].教育发展研究,2008(24):44-48.
③ 刘志纲.全面风险管理:民办高校管理的必然取向[J].湖南涉外经济学院学报,2013(3):7-14.
④ 马露奇,杜继军.民办高校办学风险之内因与出路探析[J].当代教育论坛,2010(7):75-77.
⑤ 黄瑞平.我国民办高校经营风险管理研究[D].福建师范大学,2010.
⑥ 李钊.论民办高校办学风险防范中的政府责任[J].中南大学学报(社会科学版),2009(3):419-424.

责任。李钊(2009)①重点对市场风险进行研究,认为民办高校不同于公办高校,民办高校从出生就依赖于市场对民办高等教育的需求,市场风险(生源、就业等方面)的变化都直接地影响民办高校的健康发展,因此民办高校要对市场风险重点进行防范和化解。李东生、林秋贵、王永伟(2015)②提出民办高校风险防范有普遍与差异、系统与层次、操作与生成、历史与前瞻相结合的四项原则,建议按照公办和民办学校的差异制定防范措施。任红(2008)③将民办高校办学风险归纳为信用、市场、经营和政策风险,并针对学校和政府分别提出相对应的政策建议。杨建磊(2012)④对我国民办高校办学风险进行了深入分析,研究了民办高校面临风险的种类以及造成这些办学风险的原因,提出多种措施相结合的民办高校风险干预和防范机制。周秀芳(2010)⑤针对民办高校办学风险展开系统性研究,提出民办高校面临法律政策、生源、师资、教学质量、就业等多维风险,对其展开研究并从内外部环境提出相应建议。李斌(2012)⑥提出民办高校防范办学风险首先要抓好防范战略决策风险,规范科学决策,完善内部治理结构;其次是加强教育教学管理,化解和防范教育治理风险发生;最后是不断完善管理机制,加强学校宣传和管理,重点防范市场风险对学校发展影响。谢凌凌(2010)⑦认为大学的风险主要有七个,分别是安全、人事、学生事务、科研、法律、财政和战略风险,并给出相应的规避建议。李一中(2011)⑧主要对民办高校的办学风险以及办学风险的预警重点展开研究,提出民办高校办学风险有政策、决策以及市场等五个方面的风险,深入研

---

① 李钊.市场风险防范:当前民办高校发展不容忽视的重要问题[J].大学教育科学,2009(2):14—18.
② 李东生,林秋贵,王永伟.民办高校风险防范机制构建初探[J].高教学刊,2015(14):112—113+115.
③ 任红.民办学校办学风险及其防范[J].辽宁教育研究,2008(2):88—90.
④ 杨建磊.我国民办高校风险干预机制研究[J].考试周刊,2012(34):155—156.
⑤ 周秀芳.我国民办高校办学风险成因及对策研究[D].湖南师范大学,2010.
⑥ 李斌.民办高校防范办学风险必须抓住"三个关键"——以湖南涉外经济学院为例[J].湖南涉外经济学院学报,2012(2):1—4.
⑦ 谢凌凌.现代大学管理与发展中的风险及其规避探析[J].教育探索,2010(3):6—8.
⑧ 李一中.民办高校办学风险及预警研究[J].咸宁学院学报,2011(9):116—118.

究这些风险背后形成的原因,最后提出无论是政府层面还是民办高校层面都要建立科学合理的预警机制,助力民办高校健康规范发展。

从不同视角对民办高校存在风险的研究。从利益相关者的理论视角,郭伟光(2016)[①]使用利益相关者理论对民办高校风险防范问题研究,明确了民办高校不同于公办高校的办学体制是一个利益者相关的社会组织,需要从外部治理及内部管理两个方面采取措施,促进民办高校健康、规范的可持续发展。杨炜长(2012)[②]认为民办高校目前存在的风险困境均与利益相关者的职能缺位与利益诉求未能较好地满足相关,无论是从学校举办管理方,还是学生家长方,以及政府和社会等不同利益相关主体均是民办高校的利益相关者,未来应当明确利益相关主体的责任,尽最大努力满足利益相关者主体合理诉求,协调各方发挥合力,共同构建风险防范平台;从内部控制视角,徐健(2010)[③]从民办高校这一主体出发,借鉴企业完善的内部控制等相关基础理论,结合相关案例,对民办高校内部控制问题进行研究,指出 2017 年修订后的《民办教育促进法》的实施,大力促进了民办高校的发展,但同时民办高校的内部控制问题日趋突出,将企业完善的内部控制理论应用到民办高校的办学实践中,从而构建有效的风险控制系统,能够解决民办高校内部存在的问题,有效地实现办学目标。从多种理论的视角,汪竣(2016)[④]对民办高校风险防范的相关概念和理论进行了研究分析,指出未来民办高校应进一步加强风险意识,建立风险防范机制的同时提升抗风险能力,推动民办高校高质量特色发展。杨德岭(2012)[⑤]针对民办高等教育投资评价以及风险管理两个方面开展系统性深入研究,理论上综合使用跨学科理论,研究方法上注重定性与定量相结合,技术

---

① 郭伟光.民办高校风险防范中的相关利益人行为研究[J].教育与职业,2016(16):35—37.
② 杨炜长.利益相关者视角下民办高校办学风险的防范[J].高等教育研究,2012(9):52—57.
③ 徐健.民办高校的内部控制问题研究[D].东北财经大学,2010.
④ 汪竣.民办高校风险防范基础理论研究[J].职业教育(中旬刊),2016(1):3—5.
⑤ 杨德岭.我国民办高等教育投资评价及风险管理研究[D].南京航空航天大学,2012.

路线上运用现代管理科学与系统科学最新的技术和方法。李名梁(2009)①将全面风险管理理论引入现代大学管理中,全面风险管理有助于大学管理转变其思想理念,对于大学发展的困境有新的认识以及新的解决思路,通过引入全面管理理论促进大学提高管理水平,促进大学协调稳定与健康发展;从不同的举办类型视角,曾令如、钟彩红②认为,由于民办高校和公办高校的办学体制不同,导致民办高校和公办高校财务管理手段和措施具有一定差异性,通过对比两类高校财务管理模式提出风险防范措施。孙珂(2013)③以中外合作大学为研究对象,针对中外合作办学的风险治理机制方面展开深入分析和研究,认为由于中外合作大学涉及多个利益相关方,中外合作大学相对于其他类型的大学面临的风险更加复杂,所以其治理应当考虑多方利益相关者共同参与,来应对中外合作大学发展过程中面临的日益复杂的风险;从实证调查的视角,李文鹏(2016)④基于我国人口红利逐渐消失以及高考生源不断下降,认为广州市民办高校未来存在生源减少的风险,并基于财务管理的视角出发,认为生源减少导致民办高校财务风险爆发的可能性上升,在此基础上提出针对性的措施来应对财务风险和生源减少的威胁。刘武德(2010)⑤认为目前民办大学主要面临办学成本增长的运营风险,生源竞争和办学事故风险,规避风险应该打造品牌、加强宣传,注重社会形象打造和学校内涵发展,建设风险防范机制和风险管理文化至关重要。

针对非营利性民办高校风险的研究。费坚、李斯明、魏训鹏(2018)⑥认为民办教育在营利性与非营利性分类管理的形势下,现有风险治理方式亟须改

---

① 李名梁.全面风险管理:现代大学管理的必然取向[J].西南交通大学学报(社会科学版),2009(4):76—79.
② 曾令如,钟彩红.论公办与民办大学财务管理风险控制[J].财务与金融,2013(4):53—56.
③ 孙珂.中外合作大学的风险治理机制探析[J].国家教育行政学院学报,2013(2):59—64.
④ 李文鹏.广州市民办高校财务风险管理研究[J].高教学刊,2016(1):148—150.
⑤ 刘武德.规避风险,努力实现民办高校又好又快发展——以西安欧亚学院为例[J].西安欧亚学院学报,2010(4):37—39.
⑥ 费坚,李斯明,魏训鹏.基于复杂性范式的非营利性民办高校风险治理[J].教育发展研究,2018(23):23—28.

革,民办教育的风险形态多样、复杂。从风险形态而言,既包含管理、决策、教学与生源等内部风险,也包含政策支持、市场风险等外部风险。非营利性民办高校风险具有其特殊性,其教育公益属性与投资办学趋利性的矛盾依然突出,有可能发生系列风险。金成(2016)[①]指出2017年实施的《民办教育促进法》明晰了民办高校分类管理的法人属性,有助于化解非营利性民办高校在发展过程中产生的风险,地方政府未来出台微观政策的时候应注意加强党的组织建设,进一步强化财务监督水平,完善民办高校决策体系。黄洪兰(2015)[②]认为当前民办高校缺乏严格的财政安全监督体系,造成部分所谓非营利性高校的公共财政落入个人口袋,所以在规避风险方面应当从公共组织利益出发,形成政府、学校、社会三方统筹协调的监督监管体系,同时也提出建构规避风险体系时应当注意的原则。

（三）民办高校单一类型风险相关研究

负债办学风险的相关研究。田恒平(2012)[③]通过调研并结合相关研究对我国高校宏观债务情况展开研究,调查研究表明我国高校债务总体存在很大风险,并分析了债务风险形成背后的原因,化解高校债务风险需要多种手段形成合力,共同促进高校健康发展。卞艳(2009)[④]从理论层面分析探讨了高校债务风险的特点,多维度剖析了高校负债产生的原因,认为高校负债风险防范的关键在于政府、高校以及银行三个主体采取有效措施。董西波(2008)[⑤]从风险基本概念入手对高等学校的贷款风险进行研究,探讨高等学校借贷办学的内外部原因,在此基础上提出了建立内外部两个层面防范机制的论断和措施,主要包括高校主管部门加强管理,金融机构加强审查,提升财务管理水平,建立健全内部管理制度,增强还贷能力,构建高校银行贷款风险预警制度等。

---

① 金成.如何以法律防范民办高校风险[N].光明日报,2016-12-26(011).
② 黄洪兰.扶持非营利性民办高校的公共财政风险规避研究[J].现代教育科学:高教研究,2015(3):131-134.
③ 田恒平.高校债务风险管理研究[M].北京:科学出版社,2012:49-53.
④ 卞艳.高校负债风险防范研究[D].北京交通大学,2009.
⑤ 董西波.高等学校借贷办学风险控制与防范研究[D].首都经济贸易大学,2008.

滕春慧(2006)[①]针对高等学校负债办学的风险展开系统性的研究,认为高校应当进一步扩展办学经费来源并有效降低贷款在学校办学经费中的比例,提出进一步防范高校降低债务风险的措施。胡娟华(2009)[②]认为民办高校重资产、高负债的扩张模式,重收付、虚核算的制度性诱因导致部分高校出现债务风险,可以通过学校增值服务和融资策略来缓解,部分采取权责发生制等防范措施进行化解。

财务风险的相关研究。瓮建鹏(2011)[③]在分析高校财务风险管理及成因基础上,提出建立财务预警指标体系,借鉴COSO内部控制理论强化内部控制,防范贷款风险等。梅成(2010)[④]对我国高校会计风险展开系统研究,通过会计风险研究理论和运营环境分析,发掘会计风险的诱因,最后提出会计风险防范的策略构想。陶俭钦(2010)[⑤]以东莞市为例,开展民办学校财务风险及有限防范分析,认为财务风险是民办学校最关键的致命风险,并对财务风险表现出的主要问题进行分析和研究,在此基础上提出关于大学财务管理以及学费托管等多个针对性建议。汪榜江(2009)[⑥]以高等院校的财务风险作为研究对象,认为高校的财务风险主要包括融资、投资以及收支失衡等三个主要方面,在此基础上从主观及客观两个大的维度出发,分析财务风险对于高校发展的不良影响以及提出相应的优化路径和对策。金贞淑(2007)[⑦]针对高等学校财务风险起因及分类,指出要建立高校财务风险指标评价体系,并进一步提出高校进行财务防范的原则与风险预警系统建设办法。张笑涛(2012)[⑧]认为财务风险在我国民办高等教育领域是普遍存在的,财务风险形成的原因是复杂

---

① 滕春慧.高等学校负债办学的风险控制与防范研究[D].西南财经大学,2006.
② 胡娟华.浅析民办高校持续扩大规模下的债务风险防范[J].当代教育论坛,2009(3):97—98.
③ 瓮建鹏.高等院校财务风险管理研究[D].河北农业大学,2011.
④ 梅成.我国高校会计风险防范研究[D].西南大学,2010.
⑤ 陶俭钦.论民办学校的财务风险及其防范[D].华中师范大学,2010.
⑥ 汪榜江.我国高等学校财务风险防范控制研究[D].湖南大学,2009.
⑦ 金贞淑.高等学校的财务风险控制研究[D].厦门大学,2007.
⑧ 张笑涛.利益相关者理论视野中的民办高校财务风险规避[J].教育财会研究,2012(3):26—30.

的,主要是规模扩张下盲目贷款负债以及财务管理不规范,最后通过利益相关者理论对民办高校财务风险进行深入分析并提出针对性的解决方案。刘俊新(2010)[1]对民办高校当前存在的财务风险进行分析研究,从外部来看未来生源会进一步下降,依靠学费作为主要办学资金来源的民办高校会遇到较大的危机,指出民办高校需要重视自身财务风险,用科学手段规范财务管理工作,提升财务人员专业化水平。齐向丽(2003)[2]主要对高等院校财务风险的评估和防范展开深入研究,对于高校财务风险评估指标的建构充分考虑高校财务工作的实际情况,同时也对当前高校财务风险进行综合评价,最后提出高校财务风险预警的界限以及警示原则;还从理论的角度提出了一些防范的办法。朱浩、陈娟(2011)[3]对民办高校经费筹措的外部风险以及相关规避措施展开深入研究,民办高校办学经费主要来源为学费并且结构单一,这种情况极大地增加民办高校办学经费筹措的风险,该风险形成的因素既有外部的也有内部的原因。但是外部因素对于该风险的影响比较大,未来民办高校应当形成多元办学经费来源体系,降低经费筹措风险爆发的可能。

政策、投资与市场等外部风险的相关研究。政策方面,李维民(2005)[4]对于民办高校的政策风险展开了深入分析和研究,认为民办高校发展实践总是走在民办高校管理以及监督政策出台前面,政策对于民办高校的发展至关重要,通过分析民办高校办学的全过程可能遇到的政策风险,以使举办者增强抗风险意识;投资风险方面,张剑波(2007)[5]认为民办高等教育领域内投资风险是客观存在的,投资风险的影响因素是复杂且多元的,未来需要进一步完善相关法律法规建设、完善政府财政资助政策、强化法律执法监督职能等来防范和

---

[1] 刘俊新.浅谈民办高校财务风险控制[J].教育学术月刊,2010(8):63-65.
[2] 齐向丽.高等院校财务风险评估与防范[D].天津大学,2003.
[3] 朱浩,陈娟.民办高校办学经费筹措的外部风险及其规避[J].现代教育管理,2011(8):45-49.
[4] 李维民.民办高校政策风险分析[J].西安欧亚职业学院学报,2005(1):22-25+29.
[5] 张剑波.民办高等教育投资风险及其规避[J].高等工程教育研究,2007(2):82-86.

化解民办高等教育投资风险。宣力亢（2010）[1]对金融危机下民办高校在资金链存在的风险进行研究，梳理了民办高校资金链的发展历程，对独立学院、依靠学费发展的民办高校以及以企业为投资主体的民办高校提出风险预警机制及风险预警信号。市场风险方面，李钊（2009）[2]认为民办高校当前发展中需要对市场风险进行防范，市场风险包含的内容很广，包括招生生源市场、劳动力就业市场等，均对民办高校正常运转产生影响，未来民办高校应进一步加强学校管理防范市场风险的爆发。黎利云、杜继军（2010）[3]研究发现民办高校面临的风险是多样的，从外部来讲主要有法律政策风险及生源质量风险，从内部来看主要有教学质量风险以及就业劳动力风险。

有关高校风险的其他方面研究。不同省域范围高校风险的研究，帅相志、毛有高、傅庆民（2010）[4]对如何规避和化解高校负债办学的各种经济风险问题展开研究，深刻剖析了高校负债办学的理论与现实成因，选择山东省作为研究范围并对山东省高校负债风险进行深入调查研究分析，在此基础上提出了普通高校应当如何运用市场手段来防范债务风险的发生，同时该研究还运用案例法介绍国内外相关风险防范经验。民办高校其他专项风险的研究，郭伟光、范春树（2014）[5]认为民办高校的发展从萌芽到成熟经历了4个阶段，随着高等教育的逐步大众化，民办教育风险管理进入全面管理阶段，民办高校风险管理演进受到内部利益、外部环境的影响。郭伟光、谷金艳（2015）[6]重点研究风险意识文化建设，认为风险意识文化作为学校风险管理体系中引领地位，并

---

[1] 宣力亢. 金融危机下民办高校资金链风险预警及策略分析[J]. 煤炭高等教育，2010(5)：89—91.
[2] 李钊. 市场风险防范：当前民办高校发展不容忽视的重要问题[J]. 大学教育科学，2009(2)：14—18.
[3] 黎利云，杜继军. 民办高校教育风险调查与分析[J]. 当代教育论坛，2010(7)：35.
[4] 帅相志，毛有高，傅庆民. 高校负债办学风险的规避与偿还对策[M]. 北京：科学出版社，2010：40—43.
[5] 郭伟光，范春树. 民办高校风险管理的演进、最新发展与动因[J]. 长春工业大学学报，2014(3)：10—14.
[6] 郭伟光，谷金艳. 论民办高校的风险意识文化建设[J]. 黄河科技大学学报，2015(6)：1—4.

在此基础上分析了风险意识文化的几个主要特征以及对民办高校未来发展的重要意义。朱莺(2016)①认为生源危机是民办高校办学风险中最需要关注的一个问题,生源危机可能导致其他办学风险的发生,从多个维度来分析办学风险的现状及原因,最后提出化解风险的方案与措施。余俊丽(2015)②主要对民办高校腐败风险针对性地展开研究,提出在转型发展时期需要特别注意腐败风险对于民办高等院校正常发展的影响,通过对民办高校腐败现象的分析,提出一系列改革方案措施,最大限度降低民办高校腐败风险发生的可能。

（四）国内学者对发达国家高校风险防范的研究

韩梦洁(2018)③从理论和实践两个维度对美国大学风险防控体系展开分析和研究,提出20世纪60年代美国高等教育已开始探索风险防控,目前构成了一套完整的全面风险防控体系,该体系主要特征在于多层次、立体化、多维度、多主体相互协调,对我国大学风险防范体系建设提供有益借鉴。韩梦洁、赵明明(2018)④对英国大学风险防控机制展开研究分析,主要运用案例法进行论证,选择牛津大学为主要案例,从内部和外部两个维度,对英国大学风险防控体系展开分析,外部层面政府建立一套严密的监督控制体系,内部层面加强风险管理和化解。郭洁(2012)⑤以美国公立高校为研究对象,对美国公立高校的全面风险管理进行分析和研究,认为要以全局性视角和战略高度看待全面风险管理,对于做好整体风险防范措施以及整体管理水平的提升具有重要意义。赵红卫(2017)⑥以哈佛大学为例对现代大学风险管理以及审计服务

---

① 朱莺.生源危机中民办高校办学风险分析及对策[J].教育与职业,2016(3):30—32.
② 余俊丽.转型期民办高校腐败风险防范及对策研究[J].高教学刊,2015(14):41—43.
③ 韩梦洁.美国大学风险防控体系:理论变迁与实践探索[J].现代教育管理,2018(10):59—63.
④ 韩梦洁,赵明明.英国大学风险防控机制分析——以牛津大学为例[J].中国高教研究,2018(2):56—62.
⑤ 郭洁.美国公立高校全面风险管理管窥[J].高教探索,2012(6):34—39.
⑥ 赵红卫.现代大学风险管理和审计服务研究——以哈佛大学为例[J].高教探索,2017(9):83—88.

展开研究,提出世界主要发达国家著名大学较为重视风险管理体系的完善和审计服务体系建设,重点对哈佛大学进行细致研究。

二、国外相关研究综述

(一) 国外非营利性私立高校的相关研究

国外对于私立高校的研究通常是以经济学视角展开,在传统上私立高等教育是一种非营利组织,私立高等教育主要由非营利性私立高校组成,其存在的目的一是为了弥补营利性院校或利润最大化院校的不足,二是解决公立高等教育的供应不足。史密斯等人(Smith,and B. Lr)指出,非营利性院校是服务提供者与消费者之间存在突出信息不对称市场的一种适当工具,社会对于非营利性高校的信任高于营利性高等院校。[①] 美国学者理查德·鲁克(Richard S. Ruch)的《高等教育公司:营利性大学的崛起》介绍美国几家营利性高等教育公司运作和盈利方式,指出高等教育营利性大学兴起及发展影响不断加大,与国内不同的是国外较为重视近年来营利性大学发展相关的研究。[②] 著名经济学家米尔顿·弗里德曼(Milton Friedman)认为税收是区分营利性和非营利性大学最重要的标准,指出纳税和免税比营利性和非营利性分类更为恰当。根据列维(Daniel C. Levy)和盖格(Roger L. Geiger)对私立高校类型的划分,全球私立高校可分精英型(或准精英型)、宗教型(或文化型)以及需求吸纳型三种基本类型,此分类框架成为学者分析一个国家私立高等教育的基本范式。邬大光(2007)、潘懋元、阎凤桥(2014)等学者先后提出了"投资办学"和"市民化商业社会"等概念框架,用来分析和解释我国民办高等教育发展实践。通过对国际相关文献分析,以期对非营利性私立高校办学风险研

---

① Smith,Lr B. Modes of higher education: private sectors in higher education[J]. Science,1986,232(4753):1008—1009.
② [美]理查德·鲁克著.高等教育公司:营利性大学的崛起[M].于培文,译.北京:北京大学出版社,2006:9.

究有更为全面的认识和理解。美国比较教育学家阿特巴赫在其《私立高等教育：全球革命》著作中这样表述，私立大学在西方有着较为悠久的发展历史，办学目标、财政背景等是造成新的私立大学与传统私立大学的巨大差异。①

（二）国外风险管理理论的相关研究

欧洲学者 Iris Heckmann，Tina Comes，Stefan Nickel(2015)②认为在金融、保险等方面进行风险管理的相关研究较多，风险管理的相关概念和方法较为复杂，通过把风险管理理论迁移到供应链的风险研究中，供应链的风险定义及相关概念界定，对现有的定量供应链风险管理方法进行论述。挪威斯塔凡格大学学者 Terje Aven(2015)③对风险评估和管理近四十年相关研究展开梳理和回顾，重点立足概念、评估和管理风险的基础原则和方法，在此基础上分析了相关理论和研究模型的发展，结合这些新理论和新模型背后的基本思想和思维，对未来风险评估和管理发展趋势展开分析，指出风险领域可进一步延伸研究。美国学者 Torben G. Andersen 等(2011)④提供了一个框架，将日内高频数据集成到每日低频回报波动和回报分布测量、建模和预测中，为实际建模和预测与资产定价、资产配置和金融风险管理应用相关的协方差矩阵提供了有力支持。Philip Bromiley 等(2015)⑤回顾关于风险和 ERM 的学术和实践文献，指出管理学新的风险管理方法，企业风险管理（ERM），企业要全面、

---

① 菲利普·阿特巴赫等，邵成军注释. 私立高等教育：全球革命[M]. 青岛：中国海洋大学出版社，2008：19.
② Heckmann I, Comes T, Nickel S. A critical review on supply chain risk－Definition, measure and modeling[J]. Omega, 2015,52(Complete):119－132.
③ Aven T. Risk assessment and risk management: Review of recent advances on their foundation[J]. European Journal of Operational Research,2015, 253(1):1－13.
④ Andersen, Torben G. and Bollerslev, Tim and Diebold, Francis X. and Labys, Paul, Modeling and Forecasting Realized Volatility (January 2001). PIER Working Paper No. 01－002. Available at SSRN: https://ssrn.com/abstract=267792 or http://dx.doi.org/10.2139/ssrn.267792.
⑤ Bromiley P, Mcshane M K, Nair A, et al. Enterprise risk management: Review, critique, and research directions[J]. Social Science Electronic Publishing,2015,16(1): 2－5.

综合、连续地处理所有风险,而不是单独管理风险,目前该学术研究还处于起步阶段,论文主要发表在会计类和金融类期刊上,为管理学者提供一个新研究领域。2007年,美国大学风险管理与保险学会(University Risk Management and Insurance Association)发布题为《高等教育的全面风险管理》(*ERM in Higher Education*)的公告,该公告对高等院校运行全面风险管理的背景、实施框架以及院校如何形成个性化的制度建设进行研究,并展示了加州大学实施全面风险管理的案例。

美国私立高校风险分类的研究。美国学者威利特(A. H. Willet)博士提出风险是客观存在的,其造成的破坏和损失是不确定性的,私立高校经费风险值得关注和研究,具体为办学经费来源单一和经费总量不足两个表现,对于该风险的防范主要应当建立多元稳定的经费筹措渠道。[①] 美国纽约州立大学奥尔巴尼分校教授(Levy D C)(2011)[②]认为私立高等教育的公共政策显示出许多与分散化、多元化体制相关的特征,认为政府对精英型(或准精英型)、宗教型(或文化型)以及需求吸纳型三种私立高等教育机构的资助和监管政策不同,无论目前公共政策的现实如何,支持和反对更多政府资金和监管的论据因私营部门的类型而异。

国外高校风险防范的相关研究。奥地利因斯布鲁克大学学者 Christian Huber(2009)[③]认为风险监管是一种相对较新的治理模式,它不仅提供一种从外部控制机构的方法,而且还提供一个机构的成就可视化的可能性,作者对高等教育机构可能面临的风险进行了评析,并阐述基于风险的监管方法从英国背景转移到具有不同高等教育传统的整个欧洲背景时的治理变化过程。澳

---

① Willett, Allan Herbert. The economic theory of risk and insurance[J]. Studies in Higher Education, 2019,(3):4—7.
② Levy D C, Zumeta W. Private higher education and public policy: A Global View [J]. Journal of Comparative Policy Analysis: Research and Practice, 2011,13(4):345—349.
③ Huber C. Risks and risk-Based regulation in higher education institutions[J]. Tertiary Education & Management, 2009, 15(2):83—95.

大利亚学者 Ann Brewer, Ian Walker(2011)①描述了在高等教育环境中识别和管理风险的通用方法,概述一个框架,使风险管理能够纳入机构的治理,这里的新方法是将风险嵌入质量保证框架中,进而包含在战略规划和预算编制过程中,以建立一个管理澳大利亚主要大学风险的综合系统,包括将风险管理与整体风险管理相结合并增加价值的过程。澳大利亚格里菲斯大学学者 Craig Cameron, Christopher Klopper(2015)②认为工学结合项目相关的大学面临着重大而明显的法律风险,大学律师、管理人员和大学管理者负责管理法律风险,作者对41名澳大利亚大学律师进行定量研究,研究结果为所有司法管辖区的大学管理层、行政人员和大学律师提供了系列与风险管理相关的建议,特别是建议任命一个专门律师会,一个清晰描述风险管理的责任,通过大学政策和教育与更大的律师和大学之间的合作会,管理员在改善机构中掌握特定的风险管理。鲍里·S. 德沃肯(Bari S. Dworken, 1998)在《风险管理律》一书中对高校风险与危机管理提出若干条应对策略:书面呈现出那些开始实施的危机控制计划,建立清晰、诚信沟通机制,培养训练有素的员工,形成良好的社区关系,虚心学习经验,了解周边环境特点,积极应对媒体和考虑长期影响等。③埃丽卡·迈克威廉(Erica McWilliam, 2002)等在《博士教育——危险与风险管理》一文对风险管理的实施改变了博士教育管理者与申请者之间的传统关系这一现象进行了相关研究。④

国外高校其他专项风险的相关研究。美国学者 Katharine Brumbaugh

---

① Ann Brewer, Ian Walker. Risk management in a university environment[J]. Journal of Business Continuity & Emergency Planning, 2011, 5(2):161—172.
② Cameron C, Klopper C. University lawyers: a study of legal risk, risk management and role in work integrated learning programmes[J]. Journal of Higher Education Policy & Management, 2015,37(3):1—17.
③ Dworken B S. 10 Commandments of Risk Management[J]. Camping Magazine, 1998, 71(Sept—Oct):18—22.
④ Mcwilliam E, Singh P, Taylor P G. Doctoral education, danger and risk management[J]. Higher Education Research & Development, 2002,21(2):119—129.

Gamble,Glenn Lightsey(2013)①研究概述了大学生制作卫星的风险管理计划,通过遵循标准的行业方法来识别风险,确定缓解技术,跟踪设计里程碑之间的风险进展。西班牙学者 Angel M. Gento,Ma Dolores Minambres 等(2001)②将汽车工业中的质量、功能、部署(QFD)风险体系——这是一种改善开发周期并使产品更加贴近客户要求的工具,QFD 的基本设计工具被称为"质量屋",运用在大学风险管理中。阿联酋学者 Al—Jundi,Salem,Reyaz,Ahmad(2016)③对阿联酋 Al—Ain 科技大学风险管理模型展开论述,认为风险被定义为对组织目标产生负面影响的某物或某个人,必须有计划来预测和管理此类事件。美国詹姆斯麦迪逊大学学者 Bauch,Todd M(1997)④对 652 家高等教育机构的冒险课程进行调查研究,探寻风险管理实践的使用情况以及机构特征与风险管理技术之间的关系,结果显示超过 84% 的机构有风险管理政策,但只有 66.9% 的机构有办法将政策分发给员工。Abraham,Janice M(2013)⑤为完善的风险管理提供可靠的建议和最佳实践,重点关注了董事会成员与机构领导人在经营和战略风险方面的合作,该研究主体是风险管理——大学和学院董事会的责任指南,涵盖了财务管理和稳定性,应急准备和安全,学生事务——包括校际体育、教职工就业、财政资助和招生管理、学业质量和成绩、创业项目等内容。巴西学者 Aleciane da Silva Moreira,Ferreira

---

① Gamble K B, Lightsey E G . Application of risk management to university cubesat missions[J]. Journal of Small Satellites, 2013,2(1):147—160.
② Gento A M , Minambres M D , Redondo A , et al. QFD application in a service environment: A new approach in risk management in a university[J]. Operational Research, 2001,1(2):115—132.
③ Al—Jundi S , Reyaz A . Risk management model for Al—Ain University of Science & Technology, UAE[J]. Social Science Electronic Publishing, 2016,17(22):70—72.
④ Bauch T M . Risk management practices of university based adventure programs [J]. Adventure Education, 1997:14.
⑤ Abraham J M. Risk management: An accountability guide for university and college boards[J]. Association of Governing Boards of Universities & Colleges, 2013:148.

Elisabeth Loiola,Sônia Maria Guedes Gondim(2017)[①]比较研究两组大学生的创业动机、创业计划和风险管理,分别是已经拥有企业的大学生(有经验的企业家)和打算创业的大学生(有潜力的企业家)两组,结果表明潜在学生企业家的创业动机高于有经验的学生企业家,在创业过程中,两组学生都对经营风险的管理持谨慎态度,但潜在的学生创业组对经营计划的关注程度明显高于经验丰富学生创业组。美国学者 Brett A. Sokolow(2010)[②]立足对社区学院环境,提出建立适用于社区学院的风险管理流程。

三、研究述评

风险管理研究已经成为社会组织为顺利完成战略目标而进行的必要性举措。从 20 世纪 90 年代末开始,国内有学者把风险管理理论用到高校管理研究中,与公办学校相比,非营利性民办高校的办学风险有其特殊性和多样性。国内许多学者对民办高校如何化解和规避办学风险已有一些研究。国际上私立高校发展的时间较长,并且有较为完善的扶持与监管政策,与公办高校地位大致相等且相对较为成熟,相对来说国外对于私立高校的风险研究也是较少的。

(一) 已有研究不足

第一,已有民办高校办学风险的相关研究主要集中在分类管理之前,对分类管理后非营利性民办高校办学风险的研究较少。现有"投资办学"为主要特征的民办高校向非营利性民办高校转型中,其办学风险问题是《民办教育促进法》修改后民办高等教育领域亟须研究的关键问题。第二,对民办高校办学风

[①] Ferreira A, Loiola E , Gondim S. Motivations, business planning, and risk management: Entrepreneurship among university students[J]. Rai Revista De Administrao E Inovao, 2017;S1809203917300335.

[②] Sokolow B A . Risk management in the community college setting[J]. New Directions for Community Colleges, 2004,(125):85-94.

险相关研究主要分为两大类,一是对民办高校的宏观综合办学风险进行研究,如民办高校整体风险研究和风险文化建设研究;二是针对某一个单项风险展开专门研究,如主要集中在债务风险及财务风险上,对全面的办学风险研究不够。国际私立大学办学风险防范研究呈现碎片化,主要侧重于防范模式与防范技术等研究。第三,从研究理论上来看,国内研究多采用公共产品理论、利益相关者理论和治理理论等,从企业全面风险管理理论迁移到民办高校风险研究的较少。第四,民办高校风险比较研究主要有两类,一类是国际比较,针对不同国家高校的风险展开比较研究分析;另一类是公办高校与民办高校的比较,营利性和非营利性民办高校对比研究较少。第五,对非营利性民办高校办学风险的研究缺乏多学科视角,且实证研究较薄弱,调查范围和样本量小,缺乏对代表性学校的跟踪性、剖析性案例进行分析研究。

(二) 本研究的重点

鉴于当前国内外民办(私立)高校风险防范问题的研究现状,从全面风险管理理论视角,紧紧围绕"如何有效防范非营利性民办高校办学风险"这一主体问题展开研究,强化对学校办学风险的覆盖面及深度、广度和效度进行观测。总体上从四个方面加大对非营利性民办高校办学风险防范的研究:一是在研究理论的使用和选择上,运用跨学科方法把全面风险管理理论和内部控制理论融合应用到民办高等教育研究领域,推动和丰富中国民办高等教育研究理论建设发展;二是在办学风险种类的系统性选取界定上,民办高校的发展史就是一部创业史,其办学风险具有一定的复杂性和隐蔽性,研究者成为民办高校的实践亲历者,走进、走入民办高校的实际办学中去感知和发掘、剖析现实中的办学风险,运用系统性思维来确定内外部办学场域中主要办学风险种类;三是从研究方法的使用上,重点通过真实案例研究、同类型高校比较研究和挖掘实际问题的深度访谈等研究方法,呈现民办高校办学累积风险和转型面临的隐患问题,了解民办高校基本原貌,为做好风险防范工作提供客观事实问题;四是从建立办学风险防范的措施上来看,做好非营利性民办高校办学风险防范,解决制约转型发展的实际问题,促进民办高校稳步发展,实现办学目标是本研究的最终落脚点,建立防范制度和内控机制是办学风险防范的重要举措。

综上所述,基于已有文献较多的是在民办教育分类管理政策出台前开展的研究,本研究采用跨学科理论,结合案例研究、比较研究和深度访谈研究等方法,运用全面风险管理理论和内部控制理论分析框架,从民办本科高校一线"内部人"的实践视角,对独立设置的非营利性民办本科高校所处社会环境和面临转型发展的内外部风险因素进行系统性研究,聚焦内外部办学风险涉及的风险源,并不局限于单一专项风险开展研究。基于民办高校发展实然状态,正视拟选择非营利性办学的民办本科高校基本生态,发掘制约其转型发展的羁绊和累积办学隐患,通过寻找风险源、进行办学风险识别和风险分析,找到非营利性民办高校办学风险背后缘由,同时借鉴国际经验,建构基于内部控制的办学风险防范机制,主动回应民办教育分类管理政策,推动非营利性民办高校始终坚持公益性和走高质量发展之路。

第二章 理论基础与研究设计

全面风险管理理论与内部控制理论是组织管理理论中较为经典的理论,世界上主要发达国家较早研究和发布了风险管理体系框架及风险管理标准,其中COSO[①]起草和颁布的关于内部控制和风险管理的指导框架最具代表性和实践意义。两个理论已成为世界上风险管理理论和实践领域较为权威的发展成果,对于组织风险管理有着重要的指导意义和实践价值。两个理论既有一定的区别,也存在密切的联系,内部控制与风险管理都高度关注组织内部防范风险的作用,双方在实践中不断融合发展成为现实趋势。本章通过了解全面风险管理理论与内部控制理论的内涵、流程及主要特征,以期运用两个先进理论的分析框架对非营利性民办高校的办学风险开展全面分析与防范应用研究,为识别和应对非营利民办高校办学风险防范工作打下坚实的理论基础。

第一节 全面风险管理理论

全面风险管理理论注重组织对风险管理的整体覆盖性,为非营利性民办高校办学风险防范研究提供理论支持,通过了解全面风险管理理论发展的历程与特性,可以理解和掌握组织内部的风险管理流程,为我国非营利性民办高校办学风险防范管理提供分析框架和管理流程。

---

① The Committee of Sponsoring Organization of the Treadway Commission,美国反虚假财务报告委员会下属的发起人委员会,简称"COSO"。

一、风险管理发展演变与主要流程

(一)风险管理发展的历程

在世界上,美国首先引入"风险管理"概念。随着社会经济的发展,风险管理理论与实践也得到相应发展。目前在学术界,大多数学者认为"风险管理"发展可分为三个不同的阶段(如图2-1),即传统、现代和全面风险管理阶段。①

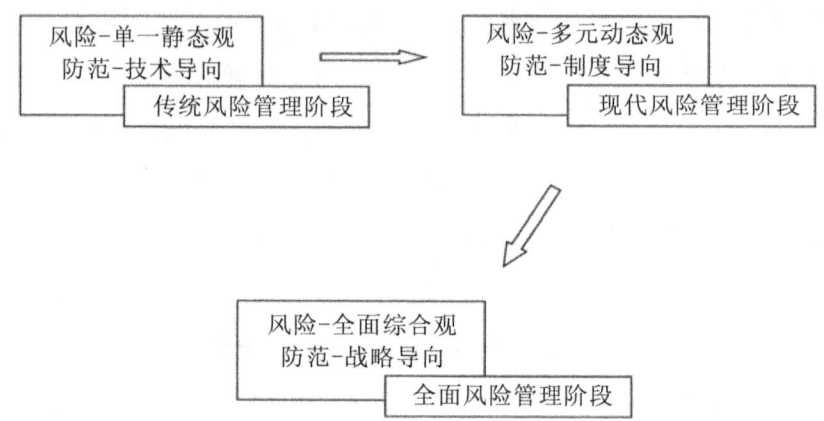

图 2-1 风险管理发展的不同阶段

传统风险管理阶段。在20世纪90年代以前是传统风险管理阶段,这一时期的风险管理主要是针对信用和财务风险领域,具有分散和不全面的特点。此阶段对于风险管理理论的研究比较单一和局限,缺乏从整体出发看待问题,未涉及多层面风险耦合分析的管理问题。② 在企业中体现为单一的、纯粹的风险管理。在传统风险管理阶段,业界关注风险带来的危害,很少涉及针对潜在风险进行预先分析和操作,管理者主要集中力量管理风险带来的损失,这是此阶段风险管理区别于其他发展时期的主要特征。在20世纪90年代以前,

---

① 严复海,党星,颜文虎.风险管理发展历程和趋势综述[J].管理现代化,2007(2):30—33.
② 卢安文.我国商业银行操作风险形成机理及度量模型研究[D].重庆大学,2010.

无论是理论还是实践,热门研究都围绕"纯粹风险"这一话题。保险是传统风险管理中重要的研究领域,一般情况下,保险所关注的是风险带来的损失,即如何通过保险的手段来分摊风险可能带来的经济损失,而对于一些收益与损失并存的非传统风险来说,保险并未太多涉及对此类风险的管理。

现代风险管理阶段。经济全球化促使经济环境、社会环境发生极大变化,企业风险也出现多样化。这一时期,在亚洲及拉丁美洲部分国家出现了金融危机和金融动荡并引发经济重挫,大量企业破产倒闭,经济和社会发展严重受阻,这使大家意识到风险不再是单一的、静态的,而是多种风险因素交织在一起的。1993年,CRO[①]的出现意味着传统风险管理的结束。现代风险管理倾向于从整体出发进行综合管理。这个阶段风险管理发展主要集中在两个方面,即各种风险相关国际标准化组织的成立和整体风险管理理论研究的开展。澳大利亚和新西兰是现代社会企业风险管理标准制定的先驱,1995年,两国标准委员会联合成立的技术委员会制定和出版了全球首个风险管理标准——AS/NZS4360[②]风险管理框架,为各行各业提供风险管理框架,此标准对风险管理定义、管理范围、管理目标、管理要求、管理方法和步骤等多方面进行新的定义和阐释,适用范围更为广泛,且对于其他国家的现代风险管理具有较为深远的影响力[③],推动资本主义国家和地区制定本国风险管理标准。与此同时,随着学术界对于风险认知的加深,人们意识到越来越多的风险是以多种风险耦合形式出现,并且不同的风险之间具有更为紧密的相互联动性[④],因此,从整体、系统角度出发把握全局,对风险进行综合管理非常必要,风险管理理论在这一时期应用范围仍限制在金融及财务领域。

全面风险管理阶段。进入21世纪,全球经济一体化加速发展、新一代信息科学技术不断革新,企业、组织、政府机构受到各种层出不穷的风险冲击越

---

① Chief Risk Officer 的缩写,首席风险总监。
② 澳大利亚/新西兰国家标准委员会制定的企业风险管理标准。
③ 张佩. 中国企业年金全面风险管理研究[D]. 西南财经大学,2010.
④ Froot K A, Scharfstein D S, Stein J C. Risk management: Coordinating corporate investment and financing policies[J]. Journal of Finance,2012,48(5):1629-1658.

来越多。特别是 2004 年 COSO 发布的《企业风险管理整合框架》标志着全面风险管理时代来临。各种风险造成的影响及潜在后果也不断放大，已有风险管理理论和模式受到冲击和挑战，适用范围更广、更具普遍指导意义的全面风险管理理论诞生，并快速受到广泛重视和发展。在这个时代背景下，从战略高度出发，以更加综合、全面的视角来剖析和防范未来可能出现的风险，凸显其必要性和迫切性。全面风险管理理论的应用范围更为广阔，无论是企业，还是非营利性机构以及公共事业管理，全面风险管理的概念以及分析框架被逐步引入到风险管理与管控中。①

（二）风险管理的流程

不同于风险的概念，风险管理流程相对来说有较为固定的模式。风险这个概念在不同学科以及学术领域具有不同的定义。风险并没有适用于所有领域的万能定义，基于不同的视角和研究方法，风险具有不同偏重的内涵和定义。② 风险管理发展的历程就是人们对于风险认识不断加深的过程，在这个过程中基于对风险认识不同形成不同阶段的风险管理理论。风险管理流程以风险发生的时间轴为基准，侧重实践性的操作，把"事前、事中、事后"构成一个完整的风险管理操作流程。虽然业界认为风险管理具有相同的管理过程，但是针对具体操作步骤来说，并没有清晰且明确的规定。世界上首个针对风险管理颁布的标准 AS/NZS4360 创新性地把风险管理分为不同的步骤，如图 2-2 所示。

为有效管控风险，以最小的成本使企业尽量减少因风险可能带来的损失，国内也有学者将风险管理程序划分为六个步骤，如图 2-3 所示。

---

① 王稳，王东.企业风险管理理论的演进与展望[J].审计研究，2010(4)：96—100.
② 汪忠，黄瑞华.国外风险管理研究的理论、方法及其进展[J].外国经济与管理，2005(2)：25—31.

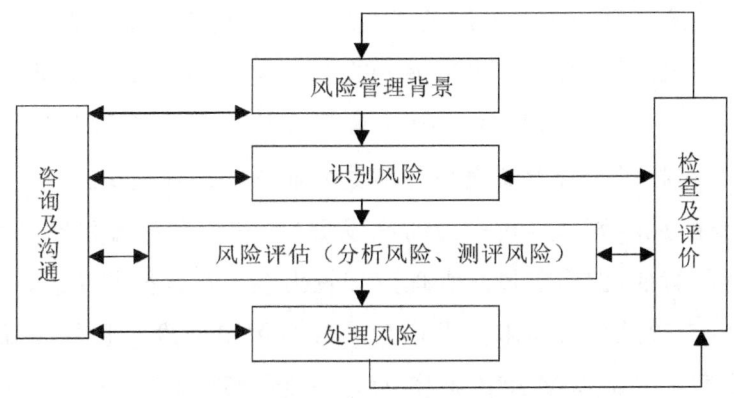

图 2-2　AS/NZS4360 规定的风险管理流程

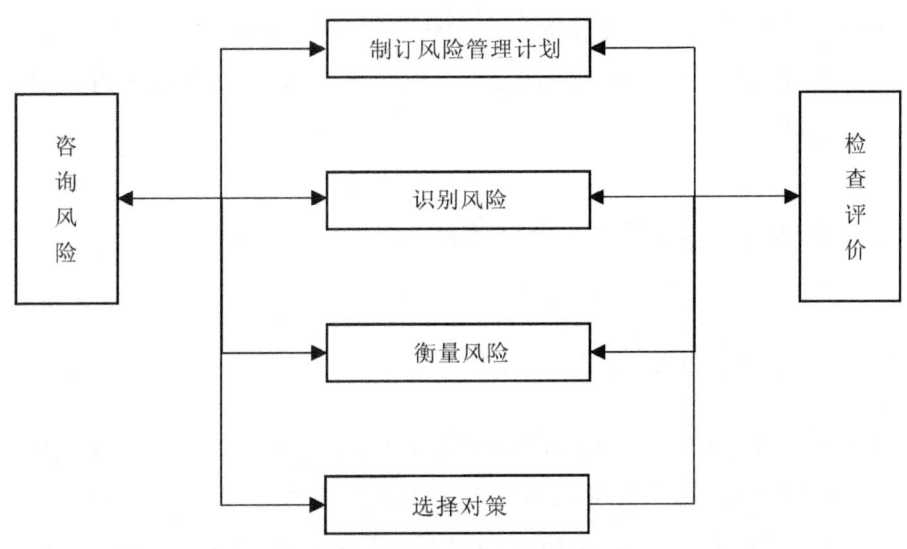

图 2-3　国内学者规划的风险管理流程[1]

风险管理研究与风险管理实践既是共生，又不能一成不变。一个组织可行的风险管理方法分为规避风险、降低风险、转移风险或留存风险四种。[2] 结合已有风险管理实践，也可将组织的风险管理流程分为九个步骤：组建核心小组→执行官倡议→制订实施计划→评估当前状态→规划公司风险管理愿景→

---

[1] 李宁,胡爱军,崔维佳等.风险管理标准化述评[J].灾害学,2009(2):110-115.
[2] [美]希马皮等著.整合公司风险管理[M].王瑾瑜,郑海涛,等译.北京:机械工业出版社,2003:20.

能力发展→实施计划→改善发展模式与优化资源配置→管理监控。从上述列举的不同种类风险管理流程,可以发现在风险管理过程中必须遵循一定的逻辑步骤,但在实际操作中,根据不同的需要有些步骤可能是合并起来同时进行,有些情况是将风险管理流程划分得更为细致以便管理实施。

综上所述,风险管理经过一段时间发展后,其体系和流程已经具备清晰、成熟和完备的特征,但由于风险管理流程较为偏向实践操作层面,不同的研究者、企业管理者等从各自需求出发增加或减少风险管理流程的步骤也存在现实中。本研究主要借鉴澳大利亚/新西兰风险管理标准,以风险发生时间为轴,通过事前风险识别、事中风险分析和事后风险防范三个主要流程,对非营利性民办高校办学风险展开分析和专项研究,有别于固有标准风险管理流程,对风险事后处理主要在于防范和化解,化危为机,以此促进非营利性民办高校的高质量发展。

二、全面风险管理理论内涵与特性

(一) 全面风险管理的提出

进入现代社会后,对于很多前瞻性的企业来说,风险管理已不是单纯的保险概念,很多企业开始逐渐将风险管理视为额外价值的创造途径,这样可以鼓励企业主动竞争,获取更多的利润,我们将其称之为"攻击性(offensive)"体系。目前中国的大多数企业对于风险管理的理解停留在"防御性(defensive)"做法。很多企业把风险管理作为应付监管机构的要求,部分企业甚至认为风险管理是负担。在疫情肆虐与危机并存的不确定和复杂多变时代,全面风险管理理论与实践已经融入各种组织的日常工作中。目前在一些发达国家,很多社会组织和高校已经建立全面风险管理系统,越来越多的企业也在建立内部防范风险管理系统。而民众对全面风险管理的理解从不同角度加以界定,构成了各种相异的认知。风险管理对于企业来说,不仅仅是一种有效防范机制,而且还是有利的竞争优势,领导战略和治理素质已日益成为风险管理的重要问题,就风险的本质而言,它们是不断变化、复杂和高度互相依赖并存。

风险选择及风险利用是现代风险管理的突出特点。现代风险管理具有五方面的特性:一是现代风险管理是从预防潜在风险、减少潜在损失为起点,过渡到规避潜在风险并且将其利用的统一体系。二是现代风险管理更加强调在风险管理过程中的系统性、统一性和大局观。传统风险管理是所有的风险都由归属部门管理,而且有专门审计部门监督,其最大的问题是所有的管理内容是彼此独立的、缺乏整体性。协同、统一是全面风险管理显著的特点,为实现组织共同目标,需分析达到目标过程中企业存在的潜在风险和把握发展的机会。在此前提下,以获得利益多少做出符合企业利益的风险选择,这是全面风险管理区别于传统风险管理的核心内容。三是强调信息平台的建立。企业都有一种管理惯性或惰性,如果管理者被调整工作,其负责的部门无人马上接管,离开原管理者就不能运行,什么原因?说明信息的占有是保守的,这与企业管理者信息共享存在相悖。信息系统建立最主要目的就是信息公开,在信息公开的基础上进行信息检索,检索出哪些是对企业决策、经营有利的信息,经过加工形成在各个层面的决策依据。依照决策来指挥行动,建立信息平台是全面风险管理的重要部分,其不仅强调信息的全面性,而且强调信息高度共享,这是其最明显的特点。四是全面风险管理采用的分析方法比之前的风险管理模式更为先进。总的来说,现在的风险管理还停留在定性分析基础上。定性分析的作用很重要,但只靠定性分析是不够的,应该在定性分析基础上,辅以定量分析。例如,风险模拟图等先进的手段就很少被应用到全面风险管理中。全面风险管理可以结合定量分析的手段①,采用数学模型来模拟和运算是一种重要的方法。五是企业管理的重点正是全面风险管理,它存在于企业管理的全员过程中。

(二)全面风险管理的要义与特征

全面风险管理,顾名思义就是对覆盖所有潜在风险因素进行全方位管理,

---

① 成小平,庞守林.全面风险管理对公司绩效影响实证分析——来自中国上市公司的经验证据[J].西安电子科技大学学报(社会科学版),2015(3):17-23.

这些潜在的风险因素不仅仅来自种类相异的风险,也可能来自不同地域范围(如不同的国家、地区等)、不同的管理部门(如一个企业中不同的职能部门)以及不同的管理层面。全面风险管理着重从大局把握风险因素,关注全体成员、注重全过程、从全方位的角度去分析是基本逻辑。全面风险管理是一个完整的系统,健全理论与实践一体管理是全面风险管理的核心任务。除此之外,培育企业风险管理文化是防范风险的重要任务,同时要构建风险管控策略以及内部管理架构能效系统和信息平台系统。全面风险管理不仅要管控潜在的、可能带来损失的风险因素,还要把握与风险并存收益,全面风险管理是一种新型"进攻性(offensive)"风险管理模式。全面风险管理的最大目标就是通过运营和管理使企业利益最大化,全面风险管理偏重分析和考虑企业内部、外部环境的不确定性以及由此带来"不确定性"。随着经济全球化发展,人们对于现代社会有了全新认知,全面风险管理系统内容建设(如图 2-4)成为不确定时代组织的重要设计工作,正确认识企业内部、外部环境的不稳定性成为企业生存必须面对的问题。

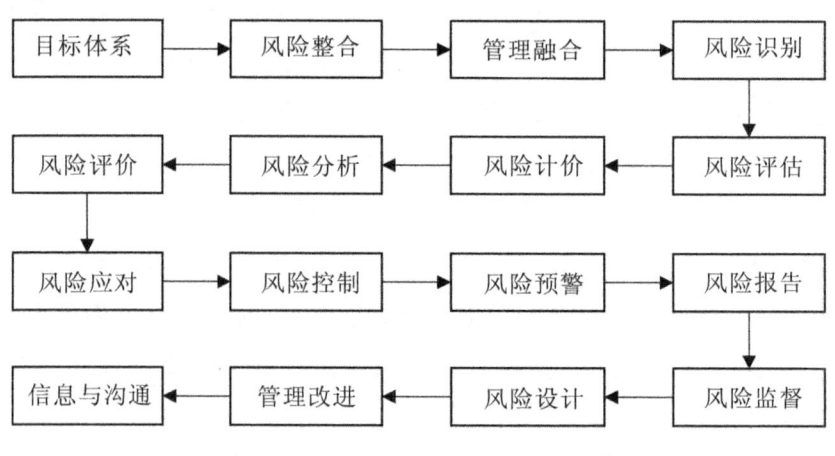

图 2-4　全面风险管理系统主要内容①

全面风险管理的主要特征。从管理学的基本理论来看,任何管理和管控措施的首要任务都是确定所需管理或管控目标。目标对于企业来说,是一个

---

① 王宏伟,孙建峰,吴海欣等. 现代大型工程项目全面风险管理体系研究[J]. 水利水电技术,2006(2):103—105.

有着多重含义的词,目标不仅代表着任务(Mission)和目的(Purpose& Target),还代表着定额(Quotas)以及期限(Deadline)等含义。全面风险管理是企业管理的全部,既对企业战略管理负责,也对企业运营进行监管。第一,凸显目标性。在整个管理过程中有了方向和路标,企业目标代表组织在未来的发展愿景,企业或者组织的目标有时可以用来调节组织在社会上的地位或角色,有时也能够为组织的活动提供动力;在目标确立和管理过程中,设置合理目标是先导,严格执行目标任务是过程,采用绩效评估完成对于起初目标设置考核是结果认定。第二,凸显战略性。明确组织经营战略是风险管理的顶层设计问题。COSO内部控制报告和COSO风险管理框架都明确战略设定是风险管理前提条件。内部控制报告认为,建立战略目标是管理过程和拟定风险管理框架的重要因素。COSO认为目标的设立是事项识别、风险评估及应对的前提条件,并且认为目标的设立过程是灵活的,既可以是经过正式讨论过程之后得出结论,也可以是通过非正式的过程商议得出结果。但这并不意味着目标的内容是随意得出的结论,无论是管理层在分析和考量潜在风险,清晰的战略目标都必须是首要条件。第三,凸显相融性。对于企业来说,目标不是单一的,而是一个目标体系,体系中的个体是相互联系且共生互动的。中国国有资产监督管理委员会2006年发布《中央企业全面风险管理指引》是我国首部全面风险管理的指导性纲领,其核心是指全面风险管理不仅为企业在风险管理操作过程中提供方法论,而且还为企业构建风险管理文化、完备全面风险管理架构提供理论依据。所以,风险管理所覆盖的范围比内部控制更为广阔,风险管理的概念更为全面。董事会、各级管理层以及管理过程中的其他个体通过联合作用,协助规划企业整体战略,共同进行全面风险管理,通过全面风险的管理理论来分析和考量潜在的风险,为实现企业目标提供可靠保障。

三、全面风险管理使用策略与目标

用全面风险管理推动组织产生效益。一是机构效率。设立综合的风险管理机构,可为各个部门有效地开展风险管理进行协同,不仅有企业面临的单独风险,而且还有因这些风险之间相互依存和融合而产生错综复杂的联系。二是风险报告。确定主持风险管理工作的职能部门和人员,以便开展风险情报工作。在全面风险管理过程中,一个综合风险管理机构可以从整体出发,通过把握全局,从企业的总体损失、政策争议、潜在风险事件、主要风险口、初期预警指标进行衡量和分析,以"风险管理指示板"的形式及时而简明地标识出具体事项,可以在一定程度上解决分散的风险管理方式下无人进行综合风险报告的情况。利用全面风险管理手册来明晰企业风险管理过程中可能面对的风险,制定相应的防范措施是有效的方法。风险战略制定的主要流程见图2-5。

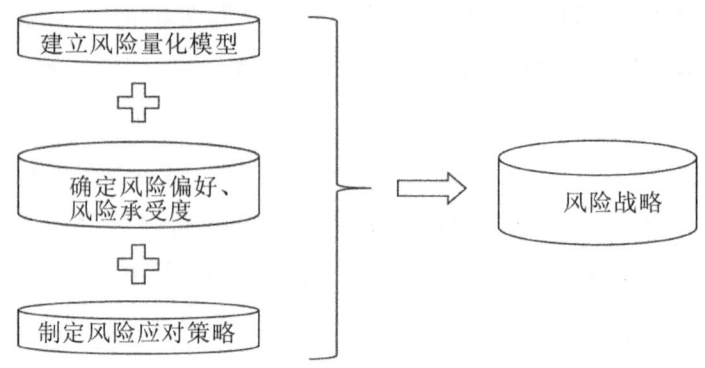

图 2-5　风险战略制定的流程

建立风险量化模型:结合传统风险分析方法以及信息时代的计算机模拟方法,也可建立风险量化模型,见图2-6。

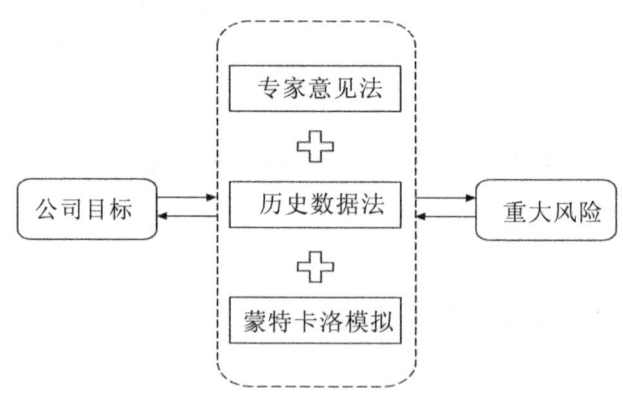

图 2-6　风险量化模型的建立

企业风险管理的承受度与应对策略。用风险量化模型对风险偏向及目标波动的承受能力进行判断，进而逐步细分企业目标，确定企业对于主要风险的承受度开展评议和分析。对于企业来说，在风险管理过程中需要遵循收益与成本匹配的原则，依据企业风险承受度，企业风险管理部门应发布企业内部统一风险应对策略指南。经过企业内部的风险管理委员会评价，递交至企业核心管理层进行审批决议后执行。综合风险管理部门主要负责针对所有潜在风险制定对应的策略，监控企业内部潜在风险并直接向CEO及董事会负责。对于体系健全的企业来说，综合风险转移策略在企业风险管理过程中非常重要。在传统"竖井"方式风险管理下，风险转移策略在一项交易或个别风险的基础上执行，这种传统做法过于单一，并没有综合考虑将不同类型风险进行整合分析，也没有将同一种类型风险内部不同因素进行系统梳理，造成过度对冲所需覆盖的范围太大。全面风险管理在企业范围内整合分析潜在风险，适当利用衍生品及其他风险来对冲，被管理层认为影响后果是微不足道的残余风险。

建立全面风险管理的目标。一是增强风险防范意识的目标。企业风险意识不强，通过加强全面风险管理，增强企业风险防范意识是风险管理的重要文化保障，企业中的每个个体都应该增强风险防范意识。二是控制风险容量和经营战略目标。在全面风险管理框架中，应该从全局角度出发，将协调风险容量与战略目标视为组织的首要任务。风险管理部门应该衡量主题风险容量，在确定与战略相契合目标的过程中建立风险管理机制。三是坚持控制风险的目标。全面风险管理出发点和归宿就是控制主体面临的各类风险，企业能在出现风险时降低消除所发生风险带来的损失，从而降低企业运营成本。四是应对干预危机的目标。风险一旦发生就变成危机，就会造成不同程度的损失。利用全面风险管理建立防范风险的目标，并为处理各种危机提供整体解决方案。五是抓住和利用发展机会。风险管理不仅是管理风险，而且还要抓住对企业有利发展机会。因此，把握发展机会就是全面风险管理不可忽视的目标。当然，全面风险管理的有效程度就是合理保障企业实现上述五个目标。所谓的保障是指针对企业在运营过程中可能面临的潜在风险做出管理操作①,通过对风险的控制为企业实现其经营目标提供可靠保证。

第二节 内部控制理论

内部控制理论②是全面风险管理理论的一个子集,是全面风险管理成熟发展的前置性框架,内部控制理论与全面风险管理理论具有高度的融合性,都高度关注组织的目标和自我控制,并用感知和分析来识别风险。内部控制框架是建构非营利性民办高校风险防范机制的重要框架,其主要特征是管理的主体性、边际的相对性、宏观的协同性和过程的完整性,内部控制的本质是健全制度体系和防范机制建构问题。

一、内部控制理论的内涵与主要特征

（一）内部控制理论的内涵与演变

内部控制理论的内涵。内部控制是指组织自身为了降低内部各层级之间代理问题而建立的一套风险控制机制。内部控制的目标是通过保证内部各层级委托代理关系中代理人信托责任的履行,进而保证组织目标实现的过程。③内部控制也是基于企业董事会、各级管理部门及每一级员工为了保证企业实现计划的基本目标而进行的一系列管控操作,例如自我调控、制衡、评议以及其他的控制方法和程序。最终是围绕企业的经营战略目标开展管控工作,不

---

① 焦清平. 中国商业保险业的风险管理研究[D]. 武汉理工大学,2008.
② 内部控制理论是基于内部控制的一种指导性理论,是单位内部建立的一种使各项经营活动相互制约措施、方法和程序问题,例如相互制约的职责分工制度和业务组织形式等。
③ 丁有刚,胡兴国. 内部控制、风险管理与风险控制——基于组织目标的概念解说和思想演变[J]. 会计研究,2007(12):52.

断提高经营效率和管理力度,执行和完成企业战略目标是内部控制的重要工作任务。COSO在其编纂发布的《内部控制整合框架》中将内部控制定义为一个必要的过程,这个过程受企业内部多个因素的综合影响,董事会、各级管理层、职员个体都对内部控制构成影响。内部控制是实现企业战略目标的重要抓手,使企业安全得到最大利益和最高效率是内部控制的核心,该报告把内部控制概括为控制活动、风险评估、控制环境、监督和信息与沟通五个要素(见图2-7)。总而言之,内部控制回归到企业管理需要的内生性本质,仍是企业管理的一个过程和一种工具。① 内部控制的组织机理是防范组织风险发生的主要规制,一般侧重对已有的风险从发生可能性和潜在影响度进行分析与评估认定,内部控制理论的本质与核心问题就是组织的内部控制机制和内部制度体系建设问题。

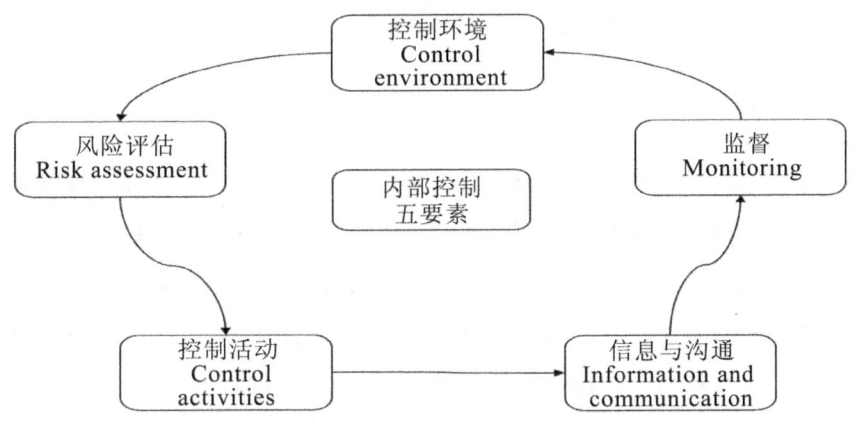

图2-7 内部控制的五要素

内部控制的发展演变。从内部控制的发展历程来看,内部控制基本上经历了内部会计控制——内部控制整体框架——企业风险管理框架三个主要过程,COSO在其中发挥了主导作用。② 特别是从2004年起,COSO在发布的《企业风险管理:整合框架》中将风险管理嵌入了内部控制管理中。在强调风险管理重要性的同时,进一步加深对内部控制的认识,逐步将内部控制的领域

---

① 肖光红.企业内部控制基本理论问题研究[D].西南财经大学,2014.
② 王稳,王东.企业风险管理理论的演进与展望[J].审计研究,2010(4):97-98.

拓宽,并与风险管理领域进行融合。COSO 自 2013 年开始,逐步对内部控制制度进行改进和完善,发布了不同版本的内部控制及风险管理的相关标准制度。根据内部控制的概念与发展目标,结合内部控制在实践过程中的演变经历,企业内部控制的边界可以概括为:企业内部活动的结构控制、过程控制和行为控制三方面。① COSO 对于内部控制的构建,是对西方近一个世纪内部控制理论与实践的一次权威总结和成功升华。首先,它明确提出内部控制的"经营、财务报告和合规"三个目标,抓住了内部控制的本质特征;其次,它明确提出内部控制的五大要素,事实上,"风险控制"是其基本内涵;最后,对于内部控制的功能做出全新定义,即内部控制是为了使得目标实现而提供合理的保障,而不是绝对的保证。因此,在客观帮助构建"企业风险管理"的目标框架就是风险控制的前提和指向,风险正是对目标实现的偏离和影响,合理保证只是防范化解偏离目标实现风险控制的必要管理。

(二)内部控制理论的主要特征

内部控制理论的主要特征有四个,一是管理的主体性。内部控制就是由相关企业或者机构内部的人员对于企业内部事务和操作进行控制。内部控制的主体责任是企业法人负责实施企业的内部控制。"内部"正式区别于"外部",内部控制由供职于企业内部的职员完成,区别于承包给企业外部人员进行的工作,如企业外包的财政审计工作等。企业的管理层是内部控制的责任主体。在实施具体内部控制措施时,一般由总经理或者相关的管理层统领内部控制,发布内部控制的总体任务框架,财务部门承担实施内部框架的任务,其他部门以及职员积极配合落实与其所在部门或者岗位做好相关内部控制。二是边际的相对性。内部控制对企业来说涉及的管控边界既是非常"广阔"的,也是非常"狭窄"的,广阔是因为内部控制涉及企业从上而下,自董事会到各级管理层再到每个个体在企业内部所进行的事务,狭窄是因为内部控制只限于企业内部,所有的内部控制操作都必须在企业内部进行,强调的是企业自

---

① 周继军.企业内部控制与管理者代理研究[D].华中科技大学,2011.

身应该重视对其经营管理活动的有效监控。① 三是宏观调控性。内部控制的主要内容涵盖从控制程序、政策制定到流程管理和政策实施。内部控制并不是具体化的依靠仪器设备等进行控制,而是抽象化的控制程序、政策管理系统的集合,这也对实际开展内部控制工作提出了要求,即在进行内部控制操作时需依据实际情况和相关标准进行调控,以保障企业经营活动处于预设的控制范围之内。四是过程完整性。内部控制是一个完整过程,这个过程是为企业最初制定的控制目标提供可靠保障,依靠在内部控制中制定的政策和程序,进行严格控制制度的贯彻与执行。因此,内部控制是一个完整过程,从制度制定到实施,最终在完成实施后还要进行效果评定,通过对各环节过程管理来保证内部控制目标的实现。

（三）内部控制理论的运营架构

反馈和监督是内部控制的重要环节。反馈是控制科学与工程中的基本概念,使用会计信息为反馈信息,对经营过程进行反映,对控制目标的完成度进行判断,看其是否偏离原本目标的程度,及时调整不利的经营行为。内部控制也起着改进治理结构的作用,企业治理架构的建立是一个长久过程,而企业治理结构是控制环境要素的重要部分,企业治理结构与内部控制互为影响和互为支持。

建立健全内部风险控制框架至关重要。一个健全的内部控制框架应该从控制环境入手,建立符合现代社会企业组织架构。对于董事会来说,需要使其发挥最大的引领作用；对于管理者来说,对其应摒弃由传统行政管理层决定的方式,改由市场决定管理者的价值；对于员工来说,一方面应加强企业文化建设,另一方面应该加强对员工的激励,明晰个体权责并加强风险评估。在现代社会,随着经济的发展,金融环境错综复杂,企业所面临的潜在风险种类增多且不确定性更大。因此,企业应加强管理层以及监督机构作用,定期对潜在

---

① 白华.内部控制、公司治理与风险管理——一个职能论的视角[J].经济学家,2012(3):46－50.

风险进行评议。

健全内部控制信息披露机制有助于提升管理水平。对来自企业外部第三方独立审计人员来说,他们通过信息识别可了解到企业内部控制的实情。因为对一个企业来说,其信息的可靠度和内部控制是正相关的,内部控制越好,在审计时需要实质性操作就越少。由于审计时间和技术局限性,其并不能完全揭露企业内部控制的真实情况。一个健全发展的企业是有必要定期在内部进行自我控制评价,经过评价之后还应向社会披露,有助于企业提高管理水平。如上所述,在企业内部进行的定期内部控制自我评议是非常必要的,对于企业来说,内部控制体系是一个不断完善的反馈调节的过程。加强对内部控制制度建设和制度实施效果评价是企业内部控制工作的主要内容,便于企业自我完善和提升管控能力。①

提升内部质量管理体系建设助推高效率运营控制。质量提升是任何一个企业最基本的任务。内部控制体系正在积极地参与到企业管理各个层面,保证企业正常的工作秩序和可持续发展。首先,内部控制与质量管理标准两个体系相互补充。质量管理体系认为,产品品质是人们需要、市场需要,生产、经营、技术、工艺控制是企业的核心,品质出效益;在内部控制理论体系中,风险是潜在的,是无处不在的。战略目标是核心,风险管理出效益。对于风险管理来说,其开始和结束都是内部控制的战略目标,风险管理是现代社会企业生存和发展的基础,是企业生命力的保障,两者相辅相成,缺一不可。其次,两个体系的组织应相得益彰。质量管理体系涉及企业中的每个人,涉及经营活动中的每个环节,涉及经营活动的细节,生产技术人员是企业的财宝,内部控制体系的人员必须是各单位业务骨干。不论是质量管理体系还是内部控制体系建设,都是共用一个流程,执行同一个岗位,运作是同一个组织体系。企业的负责人既是质量管理体系的负责人对产品品质负全责,同时又是内部控制体系的负责人对风险管理负全责、对企业的可持续发展负全责。质量管理体系认为,品质保障是一个技术体系的建设,品质的保障过程是一个生产过程;内部

---

① 周冰.我国企业内部控制流程设计研究[D].西南财经大学,2014.

控制体系认为,风险管理是一个风险防范和化解体系的建设和管理过程。

二、全面风险管理与内部控制理论的融合发展

(一) 全面风险管理与内部控制的差异性

内部控制理论架构属于全面风险管理的子集,两者不可以彼此被替代,二者之间具有不同的侧重点(见表2-1)。但COSO也指出内部控制是一种有较长研究历史的企业运营管控体系,其促成现代企业风险管理的基础发展,是风险管理过程中必须经过的一步。对于大多数常规的运营风险或者传统业务程序的潜在风险,内部控制是高效率且至关重要的。可以说,完备的内部控制体系是构成企业风险管理系统的基础。

表 2-1　全面风险管理与内部控制的差异

名称	目标差异	风险识别	风险评估	风险应对
内部控制	有经营、财务报告和合规三个主目标	通过感知风险和分析风险两种方法来识别	侧重给定风险,从发生可能性和潜在影响评估	建立科学的控制活动制度体系来防范风险
全面风险管理	在内部控制三个目标基础上增加一个:战略目标	影响战略实施目标带来风险和机会,内外部因素分析	关注相互关联风险,从该风险相关组合角度进行风险评估	对不同级别的风险回避、降低、分担和承受管理,强化主体管理者职能责任

(二) 全面风险管理与内部控制的融合关系

企业风险管理从企业内部控制发展而来。两者在本性与逻辑上具有高度一致性。传统工业化社会之后,随着风险社会的来临,将风险概念转换成控制中心概念,将发展中面临的一切不确定性均视作广义风险或风险因素,特别是一系列企业会计造假丑闻频频曝光,企业面临的内外风险、大小风险、经济政治风险、生态技术风险、经营管理风险等都以前所未有的广度、深度和速度扩展。

管理者自觉把内部控制升级为风险管理。从概念和理念上讲,应该把控

制作为管理的一个环节、一个过程、一种手段、一种职能。从内涵上看,企业风险管理以广义风险为中心,一切目标管理都同时纳入风险管理,这是承上启下的一种风险价值观,同时也是一种新的风险控制观。COSO 认为,内部控制从发展起初到现在所经历的历程一直以来都是围绕风险防范以及控制推进的。对于企业来说,内部控制所涉及的主要对象、基本任务、基本目标、方法论、程序路径等也都属于风险控制的范畴。换句话说,企业内部控制的最高目的就是管控潜在风险。内部控制和风险管理常被认为是一致性的。

全面风险管理和内部控制在发展中互动融合。建立适应企业风险管理战略的新型内部控制体系,企业从内部控制走向全面风险管理。[①] 一是在现代企业,内部控制已经发展到整体战略部署的一部分,风险管理也朝着越来越全面的方向发展,步入现代全面风险管理时期,二者的发展融合性更强。管理层通过内部控制操作进行风险防范,再抓住发展机遇减小企业潜在风险,诸如此类的操作使得内部控制和风险管理走向统一。二是对于二者来说,它们共用一个战略经营目标,为一个经营目标服务,因此二者最终也将走向统一。在企业中将风险管理和内部控制进行结合和调整,更加有利于企业对抗外部环境带来的风险。

基于全面风险管理中内部控制的范畴被扩大。企业可以利用这种融合的方式建立全面的新框架。新框架具有如下特征:一是加强内部控制,将其嵌入组织内部,有利于内部控制实施的高效性。二是从全局及战略角度出发,统筹全局分析、评议以及管理具有战略意义的风险。将企业的日常业务能力提升到战略层面的内部控制能力,对公司的监督和控制能力有所提升。三是将内部控制和风险管理融合在一起可避免由于二者分裂带来的后果。二者的融合使得企业中个体参与感更加强烈。四是二者融合涵盖了对于更多风险的衡量和分析,有利于企业做出更为全面的预测,从更全面的角度进行内部控制操作。

---

① 王农跃.企业全面风险管理体系构建研究[D].河北工业大学,2008.

三、内部控制理论的应用走向与功用

组织内部控制风险技术的迫切性。企业内部的风险管理是一个闭环系统,针对潜在风险管理不是一成不变的。对于组织系统来说,这些变化在完善风险管理系统中会被系统收集并进行自下而上反馈,这样顶层决策者能及时针对现实情况对风险管控策略进行调整。对于风险控制来说最重要的是对潜在风险识别和分析,现代使用计算机技术对于潜在风险进行定量分析,测算潜在风险相对应的概率及损失显得非常必要。风险管理控制技术可从横向和纵向分析,从横向看,可拓宽为技术导向型、财务导向型以及人文导向型风险管理。技术导向型主要是一些具体潜在安全风险防范,如施工单位的项目风险管理,涉及实际安全操作和技术等;财务导向型主要是在金融或者经济领域的风险管理,如宏观经济中潜在风险可能对实体经济造成危害,对其进行分析并提出对策;人文导向型侧重研究人群的行为,是基于心理学对于群体行为的研究,以此从个体的角度出发确保风险管理的高效性;从纵向看,学术界对于风险管理的研究分为主观建构观和客观实体观。主观建构观是以心理学、社会学、人类学与哲学为基础,认为风险由人们特定的社会、文化因素所构成。这种管理观追求构建一套相生相克的体系,谋求机制的平衡和强化,以达到强化管理主体抵抗威胁的能力。另一种客观实体观是从客观的角度出发,认为风险是客观存在的,是可以进行量化指标运算的。[1]

发挥内部控制的主动防范作用。一是统筹协同作用。内部控制并非单位中的个别活动、个别机构为其控制对象,而是涉及单位中所有机构和所有活动及具体环节,由点到线、由线到面、逐级结合、统驭整体。在一个组织中,具有职能各不相同的部门,如果需要达到同一个经营目标,就需要各部门的全面协作。企业通过内部控制统筹各项工作,逐步实现将内部控制和风险管理统一。

---

[1] 汪忠,黄瑞华.国外风险管理研究的理论、方法及其进展[J].外国经济与管理,2005(2):26—27.

内部控制需要对各部门的资源进行整合,同时又需要进行必要的控制。二是制约激励作用。传统的管理是指对各种作业的规划,依据不同任务之间的关系,层层节制,从计划、执行到考核不断循环。内部控制在企业内部起到监督、评价、调节作用,着重监督各项业务的操作是否与企事业利益及规范标准切合,从而进行反馈调节,使得企事业的经营活动有序,进而实现企业目标。三是预防为主作用。任何控制都是为了防患于未然。对于企业来说,内部控制的终极目的就是为了实现最初拟定的企业战略目标。因此,在运营过程中就必须依靠内部控制来调整运营活动方向,以控制现实操作与目标值的偏差。四是促进发展作用。在进行管理或者控制活动时,任何执行者都必须依据最初拟定的指导方针,按照一定规律对于全盘活动进行监督观察,在这个过程中还须了解各职能部门之间的关系,对其各项业务进行合理的监督和评议。总而言之,内部控制注重"控制"原则,注重内部制度设计,要在实际工作中充分发挥内部控制效能,从而促进企业内部管理架构的形成,促进企业的可持续发展。

未来社会组织内部控制的新业态。一是信息传播与内部管控同等重要。在未来,企业将长期和复杂多变的网络环境融合一起,如自媒体的盛行让越来越多的企业抓住机会走向时代的风口浪尖,同时也由于网络信息传递的便捷性使一些企业在面对负面网络舆论时,没有采取积极应对而导致身败名裂。二是个体发展与整体战略同等衡量。在新的发展业态下,风险研究衡量的因素不能仅仅注重客观世界,还要对个体的道德、信誉、心理等主观因素进行分析。这对新时代风险研究提出更为严苛要求,必须具备更为全面的视野,从整体的战略角度去分析和看待问题。三是风险防范与技术运用同步。随着知识产权经济的蓬勃发展,风险管理相关战略研究、高科技研究、程序方法规范等都成为企业竞争的焦点。综上所述,内部控制有利于减少组织日常运营活动中出现的疏忽和风险行为;有利于改善经营活动的效率和效果;有利于培养良好企业文化,激励员工健康向上。

全面风险管理理论和内部控制理论在本研究中的运用。把两个理论与民办高校办学实践结合,解决民办高等教育理论研究与实际办学脱节的现实问题。运用全面风险管理理论和内部控制理论为分析框架，研究非营利性民办高校办学风险防范是新时代推动民办高等教育研究理论建设与实践应用的重要载体，是建立中国民办高等教育理论自信和道路自信的良好体现。本研究借鉴全面风险管理理论提出"管理层要在组织全部范围内考虑可能带来风险和机会的内外部因素要义"，重点结合全面风险管理战略目标与事项识别的内外部因素，把非营利性民办高校办学风险划分为内部风险和外部风险两个大类；运用内部控制理论中风险发生可能性和潜在影响度，建立内部控制防范制度体系来做好风险源发掘和办学风险防范机制的建构。两个理论具有高度的融合性，互为支持、互相影响。本研究立足民办高校办学以来存在的累积性办学风险和面临转型发展的新型风险，以非营利性民办高校办学风险防范战略目标为方向，结合案例研究、利益相关者访谈和比较研究等研究方法，通过建构办学风险的识别框架，并重点通过对影响办学目标实现的内部办学风险进行识别和评估分析，明晰固有风险和新法新政下新型风险的产生缘由，符合两个理论认同基于内部控制下的办学风险防范工作机理，最终提出要建构非营利性民办高校办学风险防范机制来规避和防范办学风险发生。两个理论为中国民办教育分类管理和分类发展政策平稳过渡和"营非"选择提供现实的实践，为实然状态下民办高校选择非营利性办学的举办者和利益相关者提供共同思考。

第三节　研究设计

本研究聚焦民办高校选择非营利性办学与转型发展面临的现实风险，按照"研究问题——理论依据——案例分析——国际镜鉴——研究结论"的研究思路进行研究设计，制定研究风险框架和拟定研究技术路线并按此框架开展研究。

一、理论分析框架

本研究遵循全面风险管理理论和内部控制理论，立足现代全面风险管理阶段的特性，坚持全面综合分析观，把防范非营利性民办高校办学风险作为战略性工作任务，从风险识别、风险分析和风险防范三个维度来研究非营利性民办高校的办学风险防范问题，见图2-8。全面风险管理与内部控制理论高度认同建立非营利性民办高校办学与风险防范主体战略目标，重点基于内部控制来防范各种潜在办学风险的发生。全面风险管理除防范和降低风险的损失性外，也注重风险中蕴含的机会，在风险管理过程中注重把握风险中的机遇，不断增强组织发展的可持续发展力。最终建立办学风险防范干预机制和制度体系，有利于科学防范和规避内外部环境变化产生的办学风险，有利于实现学校的办学目标。

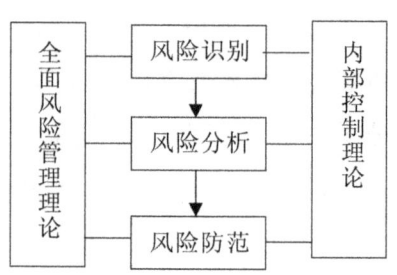

图 2-8　研究分析框架

本研究立足民办高校分类管理的政策背景下，以独立设置的拟选择非营利性民办本科高校为研究对象，以其办学风险防范为研究重点问题，运用全面风险管理理论和内部控制理论，以民办高校"内部人"实践研究视角，通过跨学科研究，结合当前民办高校的办学风险案例和利益相关者访谈等方式，对其办学风险进行识别和评估分析，同时合理借鉴国内外民办（私立）高校成功办学风险防范经验，建立主体风险防范目标，建构"四环节"办学风险防范的内控机制，为现有民办高校进行营非选择与转型发展提供借鉴与参考。

二、技术路线

本研究拟从跨学科研究的视角,采用多种研究方法对非营利民办高校办学风险防范展开研究,特别是新法明确分类管理政策后,非营利性民办高校如何正确认知已有办学累积的风险,认清当前转型发展不能回避的不确定风险,思考构建有效办学风险防范机制。为民办高校非营利性办学和国家分类管理政策平稳过渡提供现实借鉴和有益参考是本书的研究目的,研究技术路线如图 2-9 所示。

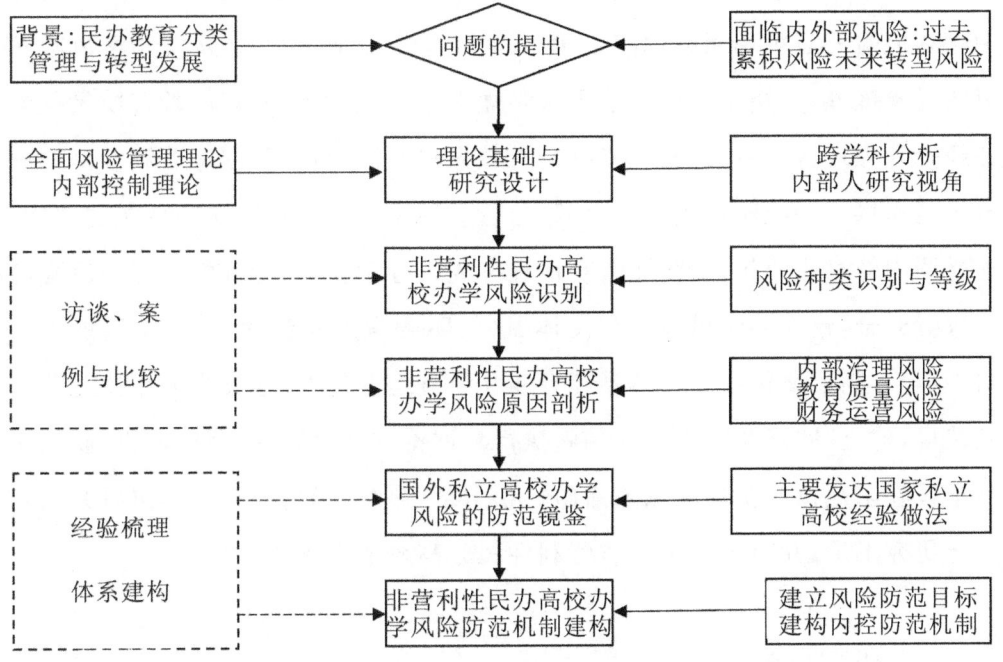

图 2-9 研究技术路线图

本研究主要内容包括:第一章,绪论,提出研究问题,阐述非营利性民办高校办学风险研究的目的和意义,明确非营利性民办高校及办学风险等核心概念并对国内外文献进行综述。第二章,介绍理论基础与研究设计,主要对全面风险管理理论和内部控制理论的概念、特征、流程及两者相互关系进行分析,阐明研究设计、分析框架和技术路线,使用了多种研究方法。第三章,非营利性民办高校办学风险的识别,指出非营利性民办高校区别于公办高校和营利性民办高校办学风险的特殊性,基于全面风险管理分析框架和"内部人"实践研究视角,在真实的办学风险案例研究、相关民办高校的办学主要竞争指标对比研究的基础上,建立了非营利性民办高校风险识别的程序与框架,重点对内外部办学风险的种类与风险源、风险案例做了详细介绍并确定和识别办学风险的有关等级。第四章,非营利性民办高校办学风险的原因剖析,基于内部控制理论的机理,结合深度访谈和案例分析等研究,重点剖析"内部治理、教育质量和财务运营"三种内部办学风险背后存在的缘由,呈现了民办高校办学实际中存在风险的原貌和羁绊隐患。第五章,主要发达国家私立高校办学风险防范的经验镜鉴,介绍了主要发达国家私立大学在现代治理体系、教育质量保障和经费管理运营等方面的发展经验、有效做法及启示,对我国非营利性民办高校发展提供一些经验镜鉴。第六章,非营利性民办高校风险防范机制的建构。通过国内外对比分析,明晰非营利性民办高校办学目标,把办学目标和风险防范进行融合,建立办学风险防范主体目标,明确重点完善和健全"治理能力与治理体系、高质量民办教育体系和专业化财务运营体系"建设中的主体防范制度建设,建立"四环节"(决策、控制、执行和评价)办学风险防范内控机制,提出办学风险防范机制实现的保障措施。第七章,总结了研究结论,提出研究创新点与研究不足,并对未来中国非营利性民办高校的发展进行展望。

三、研究方法

本书立足民办高校分类选择与转型发展面临的现实问题,结合民办高等教育属性,通过查找有价值的文献、对典型办学风险案例进行研究、对民办高校举办者及利益相关者进行针对性访谈,对国内外民办(私立)高校风险差异进行对比分析和合理借鉴,运用多种研究方法开展论述。

文献研究法。文献法是指搜集和分析相关文献资料，以达到某种调查研究目的的方法，是科学研究的基本研究方法。本研究通过高校图书馆、中外文数据库和自身购买书籍等渠道，通过大量的有关民办高校和非营利性民办高校风险防范研究的学术专著、研究报告、期刊等文献资料，通过对重要文献进行挖掘、整理与分析，为本研究开展提供坚实的理论基础和研究依据。

案例研究法。阐明一种具体的现象，包括一系列过程、事件、个体、项目或研究者感兴趣的其他事件或情景，可以通过主位和客位视角对案例进行分析研究。① 笔者是民办高校工作二十多年的管理实践者，在案例选择方面拥有一些优势条件，掌握了民办高校一些基本数据，经常到全国同类民办本科高校进行调查研究与学习交流，能够直接接触民办高等教育的诸多利益相关者，利于研究工作的开展。此次收集整理国内5所民办本科高校真实的办学风险案例（见表2-2），对其进行针对性研究分析，发掘民办高校爆发办学风险背后的缘由与风险危害性，凸显非营利性民办高校办学风险的现实性和实证研究的迫切性特点。

表2-2 国内5所爆发办学风险的民办本科高校案例

案例学校	风险类别	办学风险案例名称
A学院	政策变化风险	频繁转让举办权获利与政策监管漏洞
B学院	市场竞争风险	民办高校被收购后教职工队伍不稳定
C学院	办学声誉风险	违法开除患癌女教师引发的声誉风险
D学院	内部治理风险	管理混乱与盲目扩大而导致办学风险
E学院	财务监管风险	监管缺失下举办者抽逃办学资金风险

深度访谈法。"访谈"就是研究者"寻访""访问"被研究者并与其进行"交谈"和"询问"的一种活动。② 非营利性民办高校办学风险具有一定的隐蔽性和复杂性，真实材料获取确有一定的艰巨性。本书通过拟定访谈提纲，先后访谈了23名民办高校管理、学术研究和行政部门负责业务的领导、专家和主管。

---

① [美]梅瑞迪斯·高尔，[美]乔伊斯·高尔，[美]沃尔特·博格.教育研究方法[M].徐文彬，等译.北京:北京大学出版社,2016:316.
② 陈向明.质的研究方法与社会科学研究[M].北京:教育科学出版社,2000:171.

按照研究目的进行重点抽样,选取国内不同办学类型的9所民办本科高校和在校从事不同重要岗位的9名中高层管理者作为访谈对象(见表2-3),对其开展半开放型访谈,通过收集整理访谈内容并在办学风险成因剖析中予以呈现。为利于研究,同时访谈征询了国内民办教育研究专家和部分省市教育行政部门民办教育业务的主管领导意见,从不同群体和视角整理访谈资料,了解他们对民办高校办学风险防范的有关见解,把可行性意见分散充实到了研究的有关内容中,为发掘民办高校办学过程中累积办学与转型发展面临的风险及防范提供有效依据。

表2-3 9位受访民办本科高校中高层领导基本情况一览表

受访者	学校学科类型	性别	职称	职务	在校工龄	时间/分钟
F—01	工科类	男	教授	董事长	26	40
G—02	财经类	女	教授	校长	8	45
H—03	工科类	男	教授	副校长	15	50
I—04	艺术类	女	教授	副董事长	20	45
J—05	语言类	男	教授	校长助理	9	60
K—06	音乐类	女	讲师	教务处处长	15	65
L—07	经管类	男	教授	分院副院长	18	55
M—08	综合类	女	教授	发规处处长	17	50
N—09	财经类	女	会计师	财务处处长	10	45

比较研究法。比较研究法是通过对人与人之间、事与事之间的相似性或相异程度进行研究和判断的方法,是社会研究中采用最普遍的研究方法之一。鉴于我国民办高校还处于"营非"选择的过渡期,通过公办与民办高校、国内外营利性和非营利民办(私立)高校的办学政策、办学风险进行对比分析,在尊重现实国情下民办高校的办学实际,合理借鉴主要发达国家非营利性私立高校风险防范的有效经验,作为我国非营利性民办高校办学风险防范策略的参考。同时通过多途径文本研究,了解民办本科高校与同类公办高校人才培养方面的实际情况,笔者选取江苏、浙江、湖北、河南四省的41所(21所公办、20所民办)地方本科高校作为研究样本,每省分别选择5所公办本科高校和民办本科高校作为统计样本,从生均教学经费、仪器设备值和专任教师数、生师比、副高

以上职称比、在校教师博士比等6个方面近三年数据进行对比研究,了解公办本科高校和民办本科高校在办学质量方面的差异性。同时收集华中(河南省和湖北省)和华东(江苏省和浙江省)地区12所拟选择非营利性办学的民办本科高校为样本,对其办学定位与发展目标进行对比分析,明晰非营利性民办高校的办学愿景与价值追求。

第三章 非营利性民办高校办学风险识别

人类社会进入不确定和复杂的乌卡时代(VUCA)。① 民办高校也正处于"营非"选择、转型和重构发展模式的时代。风险识别与防范成为瞬息万变时代中各行各业的首要问题。2019年,习近平总书记指出,防范化解重大风险要有防范先手和应对高招。同年,教育部提出要规范民办教育发展,防范化解办学风险,健全风险评估和应急处理等制度建设。非营利性民办高校办学正受到外部和内部因素的影响和制约,办学风险识别成为防范办学风险的关键。结合笔者掌握和调研的民办本科高校数据,重点通过现实中真实办学风险的案例研究,与同类高校进行专项办学指标对比,对非营利性民办高校固有的隐性羁绊和办学风险进行了深度分析。在内部控制理论分析框架指导下,建构了非营利性民办高校"五要素"办学风险识别工具框架,重点呈现了民办高校内外部各种办学风险的表现形式与具体风险点识别,提出内部控制是有效防范非营利性民办高校办学风险的关键。

第一节 非营利性民办高校办学风险的特殊性

办学风险一直伴随民办高校的办学发展过程,既不能忽视,又不能听之任

---

① "VUCA"四个字母分别指易变不稳定(volatile)、不确定(uncertain)、复杂(complex)、模糊(ambiguous)。四个英文字头组合起来与当今社会环境融为一体,构成一个完整的概念词汇——乌卡时代。此概念最早由美军于20世纪90年代用来描述冷战结束后世界的复杂性和不确定性。

之,做好办学风险防范识别是学校有效防范办学风险的关键。民办高校的办学风险具有一定的特殊性和复杂性,只有发掘和面对办学风险中"民办性"的特质,才能有效、精准地做好非营利性民办高校办学风险识别与防范。

一、办学风险是民办高校的特殊风险

我国风险防范管理思想早已出现,春秋战国时期《尚书·说命中》就有"惟事事,乃其有备,有备无患"。中国近代盛极一时的私立高校在教育的历史长河中留下浓彩一笔,而当时最大的办学风险就是内外战争对办学治校的侵扰。我国教育风险的研究最早在20世纪80年代,张育勤(2000)[①]提出"教育风险具有鲜明特征,是指教育机关和人员在教育工作中产生差错的可能性,可分为教育法律责任风险和教育技术责任风险两种"。李钊(2008)[②]提出"管理决策风险、财务风险、教育质量等风险值得民办高校关注"。胡建波(2008)[③]提出"组织结构、风险模型、风险评估、风险文化是高校构建全面风险管理的框架体系"。此后,教育风险研究逐步受到业界关注,办学风险是教育风险的主要体现源,非营利性民办高校和政府教育主管部门都有做好办学风险识别与防范的责任与义务。

(一) 全面风险管理理论视野下的高校风险类型划分

高等学校的办学风险是指学校在办学经营过程中,受到政策法规、财务运营等不确定因素影响,造成办学主体损失的不确定性。[④] 高等学校的办学风险具有一定的复杂性和多变性,办学风险的种类也较繁杂,本研究借鉴全面风险管理理论提出的"管理层要在组织的全部范围内考虑可能带来风险和机会

[①] 张育勤.教育风险的类型及其防范[J].教育评论,2000(3):12—14.
[②] 李钊.民办高校办学风险防范研究[D].武汉:华中科技大学,2008.
[③] 胡建波.关于构建高校全面风险管理体系的探析[J].西北大学学报(哲学社会科学版),2008(6):172—175.
[④] 文川,莫秀全,江雪珍.民办高校发展与法律风险控制[M].昆明:云南大学出版社,2018:11.

的内外部因素"的要义观点,基于现实中民办高校的内外部办学大环境,把办学风险分为外部风险和内部风险两个大类。外部风险主要是涉及国家法律法规和系列规制等有关的政策风险,具有一定的突变性。内部风险主要是办学过程中涉及的各项管理和经营风险,具有一定的渐变性。内部风险和外部风险一直伴随高等学校的建设和发展始终。

(二) 在历史演变发展中民办高校一直与公办高校并存

中国近代私立大学在营造多元化高等教育系统、增加高等教育资源总量和形成竞争机制等方面的历史功绩不可磨灭。[①] 在中国近代历史发展的特殊时期,涌现了一批如私立厦门大学、南开大学和复旦公学等非营利性私立大学,这些高校捐资办学的成就举世瞩目,彰显了特殊时代中国私立高等教育的品牌与生命力。新中国成立以后,1950 年召开全国高等教育会议,私立大学进入全面改造阶段,公立和私立大学的区别逐步消失。1978 年党的十一届三中全会召开为"民办教育"恢复建设提供新土壤,特别是 1982 年宪法正式明确"鼓励社会力量兴办教育"的合法性,给民办教育带来重生的机会。民办高等教育在改革开放的政策下从无到有、从小到大,不断发展。经历了"恢复许可"(1978—1987 年)、"成长补充"(1988—1992 年)、"快速发展"(1993—2001 年)和"依法规范"(2002 年至今)四个阶段。特别是自 2003 年以来[②],我国民办高校的数量持续增长,占到高等教育大体量的三分之一(如图 3-1)。截至 2020年 6 月底,我国有普通本科高校 1258 所,其中民办本科高校 434 所,占比34.49%。教育部高教司吴岩司长指出,民办本科高校在全国本科教育中占比具有"345"的特点,即学校数占 1/3、学生数占 1/4、专任教师数占 1/5。民办高校在促进高等教育大众化、有效缓解国家财政投入和给求学者提供多样化选择等方面的任务已经完成,实现了从"拾遗补阙"到"重要组成部分"的转型。我国民办高等教育发展历史不长,产生后不久又人为中断,改革开放以后恢复

[①] 宋秋蓉.近代中国私立大学发展史[M].西安:陕西人民教育出版社,2006:5.
[②] 中国统计年鉴 2007 年以前统计民办高校数量时未包含独立学院,从 2008 年开始统计时包含了独立学院。

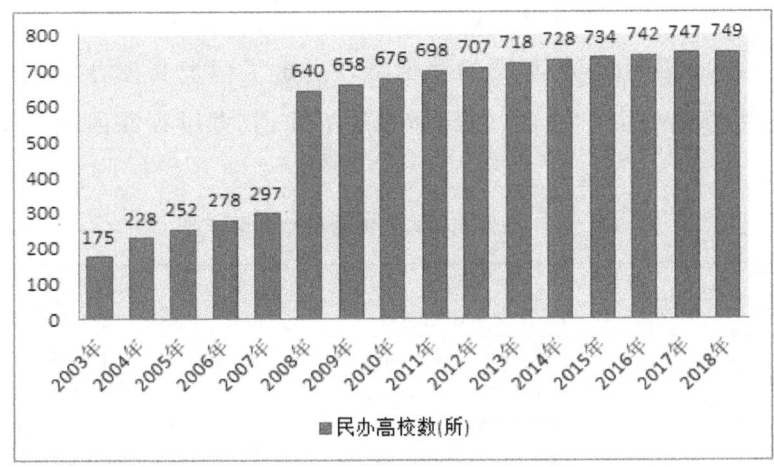

图 3-1　2003 年以来中国民办高校数量增长图（含独立学院）

数据来源：根据 2003—2018 年中国统计年鉴数据汇总。

发展的民办高校与 1949 年前私立大学无直接历史关联和连续性，基本属于另起炉灶。① 目前中国现有的民办高校与近代私立大学所处社会形态与国情等方面存在巨大的不同。当前，中国民办教育随着新法新政下分类管理的深入推进，特别是中国高等教育由大众化过渡到普及化教育的大背景下，民办高等教育已经走出规模效应，逐步走向高质量发展阶段。民办高等教育群体发展生态将进行重构，非营利性民办高校和营利性民办高校的两种办学样态成为新的办学模式选择，这与近代私立高等教育所处的社会环境是完全不一样的。从学校的举办属性来看，近代私立高等教育的举办均以捐资办学为主，教育的公益性特征非常明显。而新中国成立后，改革开放以来的民办高校绝大部分都以"投资办学"为主要特征，捐资办学和产权属性还没有完全与非营利性民办高校的本质要求相匹配。从历史发展视角来看，公办高校与民办高校共同发展助力高等教育强国建设的路径并没有改变，过去如此，现在、未来也会如此。因此，研究非营利性民办高校的办学风险防范须立足当前现实社会和实际国情下的民办高校应然生态。

作为中国高等教育两种重要的组织类型，公办高校和民办高校办学确有

---

① 徐绪卿.新常态下民办高校发展的若干思考[J].浙江树人大学学报，2016(1)：3.

不同之处(如表3-1)。双方最大区别是法人属性、内部领导体制、办学经费来源和教师人事归属等问题,不同的办学特点决定了两类高校办学风险也不尽相同,由于民办高校办学属性、领导体制的不同,其办学存在风险有一定的特殊性。

表3-1 公办高校与民办高校的办学区别

要素	公办高校	民办高校
法人属性	事业单位法人	社会组织(民办非企业法人)
领导体制	党委领导下的校长负责制	董事会领导下的校长负责制
举办者性质	国家或地方政府举办	自然人、企业或社会组织
教育层次	本科和研究生为主	专科和本科为主
经费投入	政府生均财政拨款	收取学费和社会贷款
人事归属	国家人事编制为主	聘任制人事代理为主

二、分类管理下办学风险的特质属性

(一)营利性与非营利性民办高校办学政策区别

2017年9月1日修订后的《民办教育促进法》正式实施,民办教育"营非"分类管理用法律正式明确。随后国家"1+4"配套文件陆续发布。[①] 在此背景下,国内30个省域先后出台地方促进民办教育健康发展的意见。可以看出,新的"二分法"基本解决了民办高等教育发展40年来未解决的"营非"分类办学问题,反映了国家对民办教育"规范与支持"的立场。分类管理给现有民办高校在过渡期进行"营非"选择画出跑道和指明方向,研究非营利性民办高校办学风险识别既要弄清现有办学风险,又要预知未来的办学风险。在新法新政下,不管是营利性还是非营利性民办高校都存在办学风险,立足分类管理的基本内涵,通过厘清中国民办高校开展两种办学政策的差异(如表3-2),更加

---

① "1+4"配套文件是民办教育研究者群体对国家出台有关新政的一种简称。主要指《关于鼓励社会力量兴办教育促进民办教育健康发展的若干意见》《民办学校分类登记实施细则》《营利性民办学校监督管理实施细则》和《关于加强民办学校党的建设工作的意见(试行)》等四个文件。

有益于准确识别和把握非营利性民办高校的主要办学风险。

表 3-2 营利性与非营利性民办高校办学政策的差异

区别要素	非营利性民办高校办学群体	营利性民办高校办学群体
法人属性	社会服务机构/事业单位法人	企业法人
办学结余	不能用于个人分配	可以进行个人分配
收费政策	政府调节	市场调节
会计制度	民间非营利性组织/事业单位会计制度	企业法人会计制度
资产处置	剩余资产继续用于办学	剩余资产可以分配
税收待遇	与公办学校同等待遇	按照规定交纳税费
政府扶持	较大扶持	一定扶持

（二）营利性与非营利性民办高校主要办学风险区别

办学结余的利益诉求是营利性民办高校与非营利性民办高校最大的本质区别，在此基础上对标两类学校涉及的主要办学风险因素区别（如表 3-3）。

表 3-3 营利性与非营利性民办高校主要办学风险因素对比

比较因素	非营利性民办高校	营利性民办高校
利益诉求	有诉求但不能分配办学结余	有诉求可以分配办学结余
办学自主权	小/限制增多	大/限制减少
学校管控权	弱/与举办者无直接关联	强/举办者通过出资比例控制
政策风险	政策基本确定	政策不确定性大
市场风险	招生、收费受限多，短期实现稳定长期市场不稳定	招生、收费相对宽松，短期市场不确定长期市场或许有利
品牌风险	长期积累	短期投入
声誉风险	注重公益性	注重收益性
教育质量	长期质量效应	短期质量成效
内部治理	共同治理	举办者治理
财务运营	注重科学预算	注重成本控制

通过对比发现两类高校办学特质存在不同，两者在办学自主权、内部治理等方面有较大差别。随着非营利性民办高校政府支持和监管不断加大，学校办学自主权和政府监管权与未分类前有了较大区别，而两类高校在外部因素（政策、市场、声誉等）、内部因素（内部治理、教育质量、财务等）方面也不尽相同。分类管理给举办者利益诉求带来制约，这些潜在风险因素会影响和制约学校可持续发展。

(三) 非营利性民办高校办学风险的特质

任何组织受到内部和外部诸多不确定因素的影响，都会面临一定风险。非营利组织工作的重点是在实现组织使命和社会价值上。① 作为高等教育机构的非营利性民办高校，遵循教育属性和提供高质量的教育产品是其基本任务。而预防和规避办学过程中不确定性风险导致办学损失，建设高质量、人民满意的大学是非营利性民办高校的重要使命。总体来说，办学风险受到来自外部和内部风险影响，外部办学风险主要涉及政策、市场变化、声誉影响等，具有突变性的特点，内部办学风险主要涉及内部治理、教育教学质量和财务运营等，具有渐变性特点。

民办高校办学时间短、国家监督机制不足和学校内部积累的诸多问题是制约学校发展的隐患。② 民办高校自创办之日起就有风险的种子，内外部风险伴随其生存到发展，涉及办学各个方面且有别于公办高校和营利性学校。非营利性民办高校办学风险的特质是：学校的公益性与投资办学的营利性矛盾突出，从"投资办学"向"非营利性民办高校"转型发展面临诸多特殊问题；学校特有的办学经费来源和领导体制决定了其区别于公办高校的固有办学特点；学校已累积的办学运营管理模式与现代大学制度建设的要求存在不匹配性。

第二节　办学风险识别的内涵及识别框架

非营利性民办高校办学风险要立足分类管理与转型发展的现实来识别。正视民办教育的历史属性、政策变革、观念桎梏和模式依赖等影响，既要看到民办高校快速发展的态势，还要识别隐藏在其后很多复杂多变的办学风险，建构风险识别框架是做好风险识别的有效工具，对于准确识别办学风险源具有重要作用。

---

① [美]彼得·德鲁克著.非营利组织的管理[M].吴振阳，等译.北京：机械工业出版社，2019：9.
② 朱浩.民办高校办学内部管理风险防范研究[J].湖北师范学院学报（哲学社会科学版），2013(4):111—116.

一、办学风险识别的要义与程序

(一) 风险识别源于组织的实践

美国 COSO 组织指出:风险是发生的事项给目标实现带来负面影响的可能性。企业风险管理构成要素中"事项识别"是指"识别影响主体目标实现的内部和外部事项,区分风险和机会,机会要纳入组织战略目标的拟定中"。我国审计署《关于内部审计工作规定》将风险管理纳入审计职责。"高校风险管理是组织风险管理在高校中的特殊应用。"[1]办学风险进行识别既要借鉴企业风险识别的方法,又要结合民办高校的办学风险特质。民办高校的外部和内部风险是制约和影响民办高校发展的外因和内因,不同时期的办学风险并不是一成不变的,各个风险之间也是存在很多的互联关系,有时某一个风险点爆发,很可能影响整个学校的健康发展,造成学校的重大隐患甚至走向倒闭。所以,在民办高校分类管理转型发展的特定阶段,准确识别办学风险,避免和减少办学风险的发生,才能有益于其办学使命和发展目标的达成。

(二) 办学风险识别的基本要义

风险识别(Risk Identification)是管理者识别影响组织发展的潜在事项,发掘负面危险和正面机会,把机会运用到组织战略中,同时考虑可能带来风险和机会的内外部因素。[2] 风险识别主要有两种形式,一种是感知风险,通过对风险的调查了解,对风险进行判断;另一种是分析风险,是通过对风险类别进行归纳、区分,认识风险产生的原因和条件,掌握风险具有的性质。[3] 综上所述,办学风险识别就是学校举办方识别对办学产生影响的潜在事项,通过感知

---

[1] 柳清秀,熊峰.高校风险管理的现状分析及对策[J].教育与职业,2008(6):37.
[2] 美国COSO制定发布,方红星,王宏译.企业风险管理——整合框架[M].大连:东北财经大学出版社,2017:49-57.
[3] 沈开涛.风险识别[M].北京:北京大学出版社,2015:14.

与分析手段判断办学负面危险和正面机会,围绕办学目标,科学识别和防范办学涉及的内外部风险的活动。风险识别是风险防范管理的前提和基础,没有风险识别的防范存在很大的盲目性,甚至丧失对风险的准确预防与管理机会。

(三)办学风险识别的根本属性

任何一个非营利性组织存在的目的都是改造人类和社会。① 首先,是否获取办学收益是识别办学风险的根本特征。非营利性民办高校是不追求经济回报,不对组织个人进行利润分配。学校不获取办学收益,收益仍然用于学校的继续办学当中。而营利性民办高校具有公益性和营利性两个属性,办学结余可以进行分配。其次,是否给学校带来正面导向和负面影响是识别办学风险的关键。通过对影响办学潜在的内外部事项的分析,如果确定是正面机会,就要把它融入建设高质量非营利性民办高校的战略规划与发展计划中;如果确定是负面危机,就要加强对办学风险进行评估和风险防范应对。对于正负两个方面兼有的影响风险进行认真论证、研判和有效鉴别。

(四)办学风险识别的主要程序

规范办学风险识别程序。识别办学风险需要高层管理者要直面办学实际中遭遇的羁绊与隐患,进行风险与机遇的甄别。从感知和分析两个方面做好风险识别,进而做好研判与评价,建立风险识别程序(如图 3-2)是做好办学风险识别与防范的重要工具。

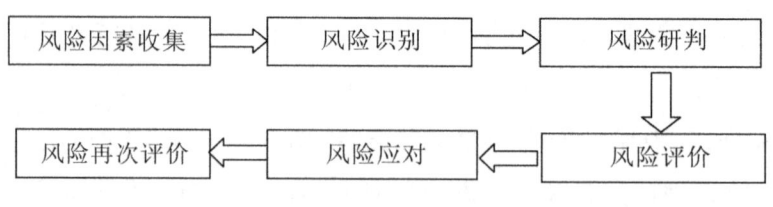

图 3-2 风险识别程序图

---

① [美]彼得·德鲁克著.非营利性组织的管理[M].吴振阳等,译.北京:机械工业出版社,2019:107.

明晰办学风险识别的流程。正确识别风险的负面危机可以防范和有效减少损失,合理运用机会和抓住机遇增加学校发展动力。学校内外部办学风险具有明显的特质性和内生性,用好风险识别程序和提取影响办学风险的主要因素是做好办学风险识别的主要任务。一是发掘学校内外部办学风险的主要影响因素。主要影响因素是清晰反映办学存在显性与隐性问题的标志,是办学实际过程中触发办学风险的爆发点,受到外部风险和内部风险制约时,危险与机会同在,"内忧外患"是民办高校的办学风险产生的重要根源。二是按照风险影响强度研判风险等级。根据风险主要影响因素,运用专家征询、案例调研、对比研究等方式方法,综合判断建立风险点清单,分析预测学校发展潜在影响与后果损失性,最后拟定风险等级。

二、办学风险识别的原则与框架

(一)办学风险识别原则

第一,制度性考量原则。办学风险识别是每个组织的科学管理活动,政策与制度是考量的主要标准。从1982年宪法提出"支持社会力量兴办教育"到2017年修订后的《民办教育促进法》实施"明确民办教育分类管理",现有存量的民办高校和新设置民办高校都要按照国家政策与地方有关制度办理,分类管理也须在国家政策与制度的轨道内规范运行,"是否获取办学收益和办学结余如何利用"成为区别"营非"两类民办高校的重要原则,这是国家"支持与规范"民办教育的上位规制,制度考量是民办高校办学的重要圭臬。

第二,规律性衡量原则。符合事物科学发展规律是减少和规避风险的一种实然状态。民办教育从初期缓解国家财政压力、助推大众化教育进程,到如今适应普及化教育阶段人民群众对优质高等教育的需求进行转变。从计划经济向市场经济的转型中,民办高校的嗅觉非常灵敏,其举办者具有教育家、企业家和创业家的精神,学校专业设置、办学特色、就业安置等工作都是紧密结合市场需要,民办高校在没有国家财政经费资助下,必须立足区域,尊重质量文化与高校育人规律,这是时代赋予民办高等教育的使命。

第三,系统性评测原则。办学治校是系统工程,对内外部环境考量和办学绩效的评价也要系统化。外部办学风险的识别以国家政策制度为准,内部办学风险的识别则是以内部控制为重点。立足高校办学目标进行风险识别与分析是评测的重要工作。民办高校由于经费及人员配置的局限性,更需要系统性设计风险防范工作评价机制,对办学主要环节涉及风险进行标准化识别,加强校院两级管理风险识别,从招生、教学、学生事务、就业等主要环节进行系统性风险防范设计,增强风险源识别的准确性,重点对关键性风险与损失幅度较大风险进行评测。

第四,科学性预防原则。办学风险会随着政策环境和经营环境的变化而发生变化。如部分学校举办者变更、关联交易和代际传承等发生变化,学校的办学风险也随之发生新变化;如国家对民办高校"支持与规范"政策变化,也会使现有或新设置学校产生新的办学风险,而且民办高等教育办学市场的新变化也会造成学校的变化,民办高校的办学风险伴随着民办高校自始至终,是民办高校生存与发展的写实见证,要积极应对复杂的办学风险,超前做好分析研判,防患于未然。

(二)建立办学风险识别框架

立足防范非营利性民办高校办学风险的实际,建立办学风险识别框架,既有助于防范办学风险,又能科学预防与避免办学事故发生。结合全面风险管理理论分析框架,根据办学风险识别程序和原则,建构非营利性民办高校"五要素"办学风险识别框架工具。首先确定大类风险、表现形式;其次找出影响风险的主要识别指标,并对主要影响因素结合民办高校实际进行研判,客观分析办学风险出现的结果或潜在可能性损失;最后按照风险的影响程度与潜在损失结果,把办学风险分为高、中、低三个风险等级类型(见表3-4)。风险等级的确定方法是:高度风险意味着办学风险概率极高,损失难度极大,对学校经营发展产生重大危机;中度风险意味着办学风险概率较高,损失幅度较大,对学校经营带来一定程度影响;低度风险指形成风险的概率较低,产生损失较小,对学校经营影响不大。

表 3-4　非营利性民办高校"五要素"办学风险识别框架

大类风险	表现形式	风险的主要识别指标	风险后果或潜在可能性	风险等级(高、中、低)
风险种类	风险表现要点	影响或造成风险的具体因素	分析风险危害损失程度	研判风险所属等级

(三)外部办学风险的主要识别影响因素

1. 政策风险识别的因素

政策变化的主要影响因素是举办者的逐利问题。非营利性民办高校举办者逐利问题的核心风险就是以"非营利性"之名图"营利"之实。我国是国家主导型的高等教育系统建设,为促进民办高等教育分类发展,2015年国家修订《教育法》时在法律条文中删掉了"不得以营利为目的"的条文,为实行营利和非营利性教育扫除政策障碍。2017年修订后的《民办教育促进法》规定分类管理后,在过渡期民办高校最大的办学风险就是既走非营利性办学道路还想获得经济利益,这是投资办学特征的举办者存在获利动机造成的,与分类管理现行法律存在冲突,甚至有些会造成"违法"行为。

政策执行主要影响因素是办学章程和法人财产权问题。一是遵照办学章程规范办学问题。民办高校设置时都要制定办学章程才能接受国家高校设置评审,遵守办学章程是民办高校办学的基本规范,学校章程是学校的"宪法",是规范办学过程管理的指南。然而在现实办学中,部分民办高校未按办学章程规范办学,有的仍是举办者高度管控模式,造成学校民主管理与决策机制缺失,利益相关者的师生员工获得感差,学校内部的发展动力、活力不足,学校发展滞后。二是法人财产权未按时过户问题。虽然国家要求举办者依法把办学土地、校舍和其他资产足额过户到学校名下,而当前未落实此项规定的民办高校仍然存在,如2011年广东省只有6%、[1]2012年江苏省只有7%[2]的学校完成资产完全过户。未执行此规定主要是举办者怕失去对学校人事、财务和后

---

[1] 李强,徐林.给民校"民办事业单位"待遇[N].南方日报,2011-06-16(2).
[2] 李勤,钟建芳.制度视阈下的我国民办高校法人治理结构分析[J].黑龙江高教研究,2014(9):56-58.

勤等控制权。

政策滞后的主要影响因素是举办者变更监管问题。举办者变更与民办高校发展是一体的，早期民办高校举办者变更较为隐蔽，且往往是学校面临重大风险和困难的情况下才进行变更。但是，近年来一些办学时间长、办学水平和知名度较高的学校进行举办者变更。从2018年5月到2020年8月，教育部发布的全国有13所民办高校进行了举办者变更（见表3-5）。从变更的类型来看，个人变更企业6所，企业变更为新的企业7所。举办者之所以愿意变更主要出于获得举办权继承和股东变更手续简便考虑。举办者变更企业后可以通过公司股份继承方式间接实现对举办权的继承；而民办高校举办者变更的手续烦琐，每次都有清算等强制性限制条件。将自然人变更为公司举办者，可按照工商层面的股东登记政策间接实现对举办权的变更。政府层面制度性建设滞后于民办高校实际发展，由于发展没有固定模式和前车之鉴，政策滞后性是民办高校转型发展时期的必然特征。

表3-5　2018年以来教育部批复的部分民办高校举办者变更名单

序号	所属省份	学校名称	变更类型	批复（公示）时间
1	黑龙江省	哈尔滨华德学院	个人变企业	2018.5.21
2	吉林省	长春理工大学光电信息学院	企业变企业	2018.8.20
3	湖北省	湖北民族学院科技学院	企业变企业	2018.7.18
4	黑龙江省	黑龙江工程学院昆仑旅游学院	个人变企业	2019.3.22
5	湖南省	湖南交通工程学院	个人变企业	2019.5.7
6	湖北省	湖北师范大学文理学院	企业变企业	2019.11.22
7	湖北省	湖北文理学院理工学院	企业变企业	2019.10.10（公示）
8	山东省	山东协和学院	个人变企业	2019.11.22
9	湖南省	长沙医学院	个人变企业	2020.6.16
10	江西省	南昌职业大学	个人变企业	2020.8.18
11	北京市	北京邮电大学世纪学院	企业变企业	2020.8.18
12	四川省	四川外国语大学重庆南方翻译学院	企业变企业	2020.8.18
13	辽宁省	沈阳城市建设学院	企业变企业	2020.8.18

2. 市场风险识别的因素

市场风险的影响因素主要是办学市场和生源市场竞争。一是民办教育办学市场风起云涌。民办高校教育生态群体出现多元化的办学类型竞争。公办高校创建"双一流""本科转型试点"等国家项目得到财政资助，营利性民办高校成为中国高校的一种新办学形式出现,独立学院在国家政策主导下均要转设,高起点的中外合作办学不断出现。应该说,非营利性民办高校面临"前有埋伏、后有追兵"的竞争局面,非营利性民办高校须加强办学投入,增强办学实力,寻找差异化发展道路。二是生源市场不稳定增加了竞争难度。学生是民办高校生存与发展的重要砝码,"进口旺"和"出口畅"是民办高校的两个重要关口。民办高校竞争在某种程度上就是生源市场的竞争。首先,社会对民办教育仍存在偏见。民办高校与公办高校的生源来源质量区别度较大。人们受传统"官尊民卑"和"高收费"思想的影响,很多考生在选择高校时把民办高校作为备选或保底。近年来民办高校设置增多和区域人口出生比例的不平衡,各省域生源出现旱涝不均,造成有的民办高校门庭若市,有的民办高校门前冷落。而部分民办高校不恰当的招生方式也造成了生源不稳定,如有的民办高校利用市场资源通过中介打包招生,有的在宣传中过于夸大学校的优势甚至虚假宣传,这些情况给学校造成了不好的社会形象,导致很多考生直接拒绝报考,给学校造成负面影响。其次,民办高校的就业质量制约了学校吸引力。在人们心目中,高等教育规模扩大导致就业形势严峻给提供补充教育的民办高校带来困难。[①] 民办高校的生源质量与就业质量的正向关系非常明显,造成民办高校大学毕业生就业弱的主要原因是对口就业率问题,也是影响生源的重要因素。在一项民办高校学生毕业后找到理想工作的问卷中,有51.6%的学生表示"心中没底",分别有16.8%和3.4%的学生表示"几乎没有信心"和"完全没有信心"。[②] 民办高校很多学科布局是财经类和艺术类,由于投入问题,工科办学较少,学生就业与公办高校竞争中处于弱势,现在仍有一些企事业单位对民办高校毕业生存在歧视政策,有些工作岗位还是优先选择公办本科高校毕业生,这也成为考生在选择民办高校时犹豫不决的重要缘由之一,民办高校毕业生就业竞争弱势影响生源质量。

市场发展风险主要影响因素是学校错位发展模式缺失。民办高校办学资

---

① 陈武元等.私立高等教育研究:理论与政策[M].厦门:厦门大学出版社,2019:30.
② 陈国和,王伟忠.民办高校学生特点分析及学生工作对策的思考[J].中国高教研究,2000(4):47—48.

源相对匮乏,软硬件建设都存在现实性不足。错位发展模式的核心是培育办学特色问题。在公办教育大投入的倒逼下,民办高校在短期内很难克服解决"办学经费不足和优质教师缺失"的两个瓶颈问题。民办高等教育推进实现高等教育大众化后,现在最重要的是解决人民日益增长的文化需求与优质教育不足的矛盾问题,民办高校大部分是企业和个人投资办学,在创新办学模式、特色育人等方面还有较大差距。民办高校内涵发展的短板效应明显,存在潜在的可持续性发展危机。

市场交易风险主要影响因素是关联交易难以监管问题。民办高校在分类管理与转型发展阶段,办学市场在不断发生新的变化,由于举办者不同的办学认知与价值观等缘由,个别举办者在"营非"选择的过渡期内,利用国家政策频繁进行关联交易,不乏新的举办者用巨资获得学校新的控制权。一些"关联交易"造成举办者占用学费,用学校平台向社会融资后从事商业投资行为。[①] 有的甚至在关联交易后抽逃办学资金违反法律,损害全校师生合法利益,给民办高等教育带来负面影响。

3. 声誉风险识别的因素

整体声誉风险主要影响因素是非个体层面发生的影响事项。伯顿·克拉克认为:"大学竞争的实质就是声誉的竞争。"[②]"大学声誉是一种主观评价,可以反映大学的社会地位并影响大学的未来发展。"[③]学校声誉是学校的信誉与口碑,是其在社会公众中形象的集成物,是学校重要的无形资产。民办高校的声誉是"自画像",稍有不慎就会增加负面影响。首先,办学规模越大爆发声誉风险概率越高。马陆亭(1994)[④]认为,规模和经费是影响大学声誉的先决条件。收取学费是民办高校最大的经济来源,只有扩大规模增加学费收入来筹措资金。而规模越大学校体量越大,办学开支范围也会越多,这种看似不断壮

---

① 董圣足.民办学校"关联交易"的规制与自治[J].复旦教育论坛,2018(4):30-36.
② Clark,Burton R. The Higher Education System: Academic Organization in Cross-national Perspective[M]. Berkeley,CA: University of California Press,1983:165-166.
③ 舒颖岗.大学声誉培育与高水平大学建设[J].国家教育行政学院学报,2011(12):21-25.
④ 马陆亭.大学声誉的生产战略[J].高等工程教育研究,1994(4):24.

大的发展模式只会让学校包袱越来越重,直至形成恶性循环。而规模大、投入少时学校风险点就会增加,大学的良好声誉是质量内涵的深远影响而非规模打造出来的。办学经费越充足,大学整体声誉塑造越有利,越能主动服务好教师和学生。随着民办高校规模扩大,部分民办高校违规办学、招生欺诈、师生权益受损引发的群体事件频频爆发。其次,精细化管理缺失导致多项风险点爆发。民办高校大多数均是"巨型"万人大学,而学校的人力资源管理系统内,普遍存在人员紧张,干部一人多用、校内兼职较多,筋疲力尽。在学校日常运营管理中,如遇制度不健全或执行者责任心不强、管理精细化不够等原因,就会带来不同风险点爆发的可能。如学生发生意外伤亡,引发家属组织人员大闹学校,干扰正常教学秩序;学生因学籍等原因产生上访事件,一旦学校和管理部门未及时掌控风险,就可能爆发群体性事件,迅速让学校名声在外。对民办高校风险问题处理非常棘手,如果处理不好就会让学校声誉受到很大打击,特别是现在的媒体披露,产生蝴蝶效应,给学校带来一系列负面影响,造成学校声誉和公信力受损。

个体声誉风险的主要影响因素是举办者不当行为造成不良声誉。我国民办高校的举办者主流还是个人或企业办学,举办者(企业和个人)的办学风格就是民办高校的灵魂与旗帜,举办者的办学思想、办学情怀与追求目标等决定了学校发展的效度。首先,个人办学型中举办者不当行为造成学校不良声誉。一些举办者权力过大,导致董事会领导下的校长负责制流于形式。举办者个人的办学动机与遵纪守法问题就会导致学校出现大概率的办学风险。在民办高校董事会制度不够健全的情况下,举办者掌握民办高校的生杀大权,其行为既可以促进学校发展,也可以把学校送上倒闭之路。一些举办者家族经营氛围浓厚,子女代际传承问题未解决好,导致出现特殊风险。举办者在世期间学校发展平稳而有特色,一旦举办者离世子女拿到接力棒后学校就走下坡路,因为有的掌门人不懂高等教育规律,又没有大学治理的经历,既不注重管理团队建设,又凸显个人主义,导致大多数管理干部和教师等出现不满情绪,开始频繁流动,给学校带来不好的声誉影响。其次,企业办学型遭遇市场危机造成旗下学校的负面影响。企业办学型是民办高校办学的主流形式,企业举办者更多注重市场发展和获得收益,在办学中会把企业的管理理念、考核评价做法植入民办高校的管理中,在一定程度上制约了学校办学自主权的发挥。如果企业一旦遭遇危机,甚至挪用办学资金来挽救企业,就会给学校带来巨大风险与负面声誉。

4. 外部办学风险的等级量表

围绕"政策、市场和声誉风险"的表现形式与风险主要识别指标中的具体影响因素,按照"五要素"办学风险识别框架,对外部办学风险进行风险后果或潜在可能性进行分析和识别,最后确定风险等级量表(见表3-6)。

表3-6 外部办学风险主要识别因素及风险等级量表

大类风险	表现形式	风险的主要识别指标	风险后果或潜在可能性	风险等级（高、中、低）
政策风险	政策变化	"非营利"之名来"营利"	严重违法违规的行为	高
	政策执行	未按办学章程规范办学	违规或影响学校发展	中
		资产未过户到学校名下	造成违规的办学行为	高
	政策缺失	举办者变更难以监管	控制权变更的新风险	高
市场风险	市场竞争	办学市场的激烈竞争	综合办学竞争力不强	中
		生源市场不稳定因素	生源影响学校继续发展	高
	市场发展	错位发展的模式缺失	与同类高校竞争不足	中
	市场交易	关联交易损害师生利益	违规抽逃办学资金	高
声誉风险	整体声誉	学校的办学声誉受损	社会声誉急剧下降	高
	个体声誉	举办者个人不当行为	举办者风险负面效应	中

(四)内部办学风险的主要识别影响因素

1. 内部治理风险识别的主要因素

董事会制度不健全影响学校内部科学决策。董事会是民办高校内部治理的最高权力机构。一是董事会组成人员结构不符合要求。在独立设置的民办本科高校中,董事会人员组成数量基本符合国家规定,但人员结构很多不符合要求。董圣足、黄清云(2010)对45所民办高校进行问卷调查,调查显示近半数(约48.89%)的学校理事会成员中没有教职工代表,近1/3的学校党组织负责人没有进入董事会。① 民办高校董事会集权、家族化浓厚、监督机制不完善及学术权力弱化等现象较为普遍,教师参与内部治理的制度设计缺失,民主权力有弱化现象。特别是自然人举办的高校董事会成员中很多没有教职工和党组织代表,有的党组负责人未进入董事会,董事会成员组成结构不合理。二是董事会决策制度问题重重。作为学校最高决策机构其职权配置和运行机制对法人目标起决定作用。② 王一涛等学者调查发现,举办者控制型董事会有"高度控制权、家族化和隐蔽性"三个明显特征。③ 通过了解87所民办高校官网,发现大部分并未向社会公开学校董事会成员名单。在现实中很多民办高校的董事会每年专题开会少,有些重要决策并未通过董事会研究论证进行表决。自然人举办的学校好多举办者就是董事长,企业举办的学校举办者也会委派亲信进入董事会,幕后掌握关键权限,这种"单一治理"结构的矛盾性导致学校民主决策的缺失。大学决策权力主体"唯一化"是一个错误。④ 这是民办高校目前内部治理最大风险之一。三是关键岗位执行亲属回避的制度不严格。作为自然人举办的民办高校,举办者家族和子女都在学校重要岗位任职,大多数负责财务和后勤工作。办学30年以上校龄的民办高校,老一辈举办者退休或离世都选择了代际传承,一般都是"子承父业或女承父业",举办者的直系子女通过接班继续担任学校董事长,其他子女或直系亲属也在校担任重要职务,这种情况在滚动发展的民办高校很普遍,与新法新政规定学校关键岗位亲属回避制度有一定矛盾。

校长管理权限缺失导致学校行政运营存在风险。一是校长来源与角色定位不一致。当前,举办者兼任、外部聘任公办高校退休校长和举办者代际传承或自身培养是民办高校校长来源的主要方式。举办者兼任校长高度集权,而

---

① 董圣足,黄清云.我国民办高校董事会制度的重构——基于45所民办院校的调查分析[J].黄河科技大学学报,2010(4):7.
② 王义宁.非营利性和营利性民办高校法人治理结构比较[J].浙江树人大学学报,2018(6):4.
③ 王一涛,刘继安,王元.我国民办高校董事会实际运行及优化路径研究[J].教育研究,2015(10):30—36.
④ 龚怡祖.大学治理结构:现代大学制度的基石[J].教育研究,2009(6):23.

外聘校长认为受雇于举办者,打工思想浓,不愿与举办者有左右决策偏见;举办者子女接任校长,举办者仍在幕后指挥,由于代际传承问题与举办者意见有的不一致,存在博弈或甚至分道扬镳。二是董事会未能保障校长行使职权。有些董事会"一董独大",认为校长是给董事会打工,未按照法律赋予校长应有行政权力,不能保障和全面支持校长行使工作权力,造成校长对学校行政管理工作的缺失,成为董事会的校长,不是学校的校长。三是校长行政运营权力不平衡造成工作不畅。2017年修订后的《民办教育促进法》规定了校长的职权,但自然人举办的学校校长普遍权限受制,公司举办的学校校长权限较大。校长作为职业校长甚至是执行校长,既要接受董事会的领导,还要与党组织、行政部门处好关系。否则,在推进行政工作时会遇到人力资源、财务经费等保障方面阻力,造成学校的日常行政运营工作低效率,导致学校发展受阻。

监督机制缺失造成学校出现管理风险。一是监事会制度缺失,监督工作流于形式。虽然《若干意见》和《送审稿》规定了民办高校监事会的建制和工作权限,但在学校内部监督实际工作上还存在漏洞与风险。一方面很多高校监事会和董事会不是平行机构,很多监事会是董事会的隶属机构,董事直系亲属在监事会担任监事,与国家规定不符,监督机制缺失和容易滋生决策风险;另一方面党组织领导班子成员在监事会工作很少,很多民办高校监事会不设置独立监事制度。二是党组织未参与监事会,对董事会决策监督有缺失。有的民办高校监事会作用名存实亡,缺乏监督制约董事会决策职能。监事会机构与工作职责在民办高校很多中层干部与老师并不知道,监事会是一个虚设的机构,监事会的人员组成、监督作用、功能与监督措施还未形成一套有效保障民办高校董事会科学决策操作性制度。

2. 教育质量风险识别的主要因素

"本科"意识淡薄造成办学定位与培养规格的模糊。一是应用型本科教育意识不强造成办学理念模糊。我国民办本科高校都是新建本科高校,普遍存在"办学条件薄弱和办学起点较低"的问题,都面临"学校内涵升本难、单一向多学科专业过渡和依赖传统办学向应用型办学转型难"的问题。① 有的学校升本了,但办学理念与定位还未升本;有的学校认为升本科就要模仿学术型大学来办本科教育,追求优势学科和高层次学术地位,这种不符合自身实际与办学定位攀高的做法容易给学校带上枷锁。二是本科教育质量观缺失导致学校可持续发展受损。高等教育质量观的核心是满足受教育者需求和遵循教育发展规律、培养全面的人。② 民办高校举办者和教师在教育质量观认知方面存在一定短板,内生性质量意识淡薄,通过教育行政部门外部评估才感知到质量管理的强烈信号,平常只注重规模效应,内涵与质量建设只在口头上。教育质量观的缺失导致办学行动缺失,导致学校缺乏竞争力,最终办学就像逆水行舟。三是办学规模过大制约学校高质量发展的步伐。由于没有高校生均财政拨款(现重庆、上海等地已有支持)资助,只能通过扩大规模收取学费维持办学运营。现在独立设置的民办本科高校均有过万人的办学规模,体量越来越大。但受制于办学基础弱,体量增大给办学带来很大的压力,专业教师短缺、教学条件紧张等各种影响制约质量内涵提升,各种生均标准低于国家办学要求,能保住本科办学基本标准与底线已属不易。

人才队伍缺失成为制约办学质量提升的首要瓶颈风险。第一,教师对民办教育的认知缺失造成不稳定。选择民办高校就业的青年教师对民办教育的认知存在缺失。在就业形势的压力下,民办本科高校招聘教师条件水涨船高。很多名校毕业的硕士研究生除了继续读博,绝大部分直接就业,大量的硕士研究生到民办高校做专职教师成为常态。一是毕业生对民办教育一知半解的认知导致稳定性差。很多学校对新入职教师缺少讲解民办教育的前世今生,缺乏发掘宣讲民办教育公益性与闪光价值,很多毕业生认为到民办高校工作就是"跳跳板"和"中转站"。二是新进教师对工资待遇与工作环境一旦不如意就跳槽。教师跳槽动向的特点就是向公办高校流动,由于民办高校是合同聘任

---

① 教育部高等教育教学评估中心.新型大学新成就——百所新建院校合格评估绩效报告[M].北京:教育科学出版社,2015:19—21.
② 史秋衡,王爱萍.高等教育质量观:从认识论向价值论转变[J].厦门大学学报(哲社版),2010(2):77.

制,教师退休的社会统筹按照当地企业职工最低比例来缴纳,比同类公办高校教师退休金要低得多,教师的后顾之忧一直成为困扰和制约民办高校发展的重要瓶颈,特别是博士毕业和评上高级职称的优秀教师频频流动到公办学校成为新动向。三是新进教师面临现实问题而不断更换工作。例如,异地成家、住房和独生子女赡养老人等问题困扰,不久就会离开学校回到户籍所在地工作。四是教师数量与结构不合理制约教学质量提高。民办高校每年招生规模增长远远大于引进专任教师的比例。如通过对已接受本科教学工作合格评估的两所民办本科高校进行督导发现:招生规模扩大后师资增加不足或反而减少,生师比不达标,说明民办本科高校规模扩张与教师数量增长不匹配是存在的(见表3-7)。

表3-7 两所民办本科高校教学工作合格评估后教师数对比

学校	复查时在校生数	比评估时增加比	专任教师数	比评估时增减比	生师比	规定生师比
A学院	8254	47.5%	339	增加12.8%	24.35:1	22:1
B学院	17458	26.3%	685	减少9%	25.49:1	

作为我国民办高等教育发展"高原"的西安,政府对民办高等教育的扶持工作一直是国内地方政府的楷模。"十二五"和"十三五"期间陕西省政府每年拿出3亿支持(总计10年30亿)民办高校的可持续发展。2017年陕西省又提出"四个一流"(一流大学、学科、学院、专业)建设,到2020年建成3所、培育3所国内一流民办高校(含1所民办高职院校)。韦骅峰(2019)对陕西省部分入选"一流学院"建设同层次公办和民办本科高校专职教师队伍对比发现,公办高校教师比民办高校教师队伍整体优越大。民办高校教师队伍的现实问题制约本科教育质量的提升(见表3-8)。

表3-8 陕西省部分民办与公办本科高校专职教师队伍对比①

校名	性质	专职教师数/人	高级职称教师数/人	占比/%	硕士及以上学历/人	占比/%
西安外事学院	民办	1149	463	40.3	772	67.1
西安欧亚学院	民办	881	309	35.1	478	54.3

---

① 韦骅峰.分类管理背景下陕西民办高校发展的特点、困境和出路[J].浙江树人大学学报,2019(3):22.

续表

校名	性质	专职教师数/人	高级职称教师数/人	占比/%	硕士及以上学历/人	占比/%
西安培华学院	民办	1200	410	34.2	600	50.0
西安文理学院	公办	721	359	49.7	532	73.7
商洛学院	公办	568	254	44.7	485	85.3
西安医学院	公办	823	492	59.8	631	76.7

第二，教师结构问题制约人才培养质量提升。民办高校教师结构在相当长的时期内仍是"哑铃型"结构。随着学校招生规模的扩大，专职教师缺口成为主要矛盾。在公办高校花大力气争抢"帽子"和高层次人才的同时，民办高校却没有雄厚的资金去吸引高层次或博士进入教师队伍，只有每年引进一定数量硕士研究生充实到教师队伍中。鉴于新进教师成长、职称评聘与胜任专业课教学要有一定周期，为此，民办高校开始争抢公办高校的退休教授成为师资竞争的一个新特点，公办高校退休教授既能担任本科专业核心课，评估时职称又满足要求，更重要的是只发课时费或基本工资，不需解决养老统筹问题。民办高校在成本意识的影响下，把引进退休教授作为师资队伍建设的蹊径。而面对新时代信息化背景下成长起来的大学生，有些退休教授授课方式与教学法却得不到学生认可而被迫下课，这种师资的结构性矛盾成为制约民办高校人才培养质量的"固有"枷锁。

第三，高层次人才队伍缺失制约学校上层次。高层次教师是高质量发展的重要人力资源保障。2017年《中国民办本科教育质量报告》指出民办高校具有硕博学历的专任教师占比为62.7%，但青年教师仍占比大，缺乏高层次专业带头人，制约和影响学校的内涵提升。当前，已有个别民办高校在高层次人才建设方面做了较好探索。如西湖大学作为高水平民办大学，其人才支撑工作是跨国际的；吉林外国语大学等5所首批具有专业硕士招生与培养资格的民办高校，通过研究生教育培育一批硕士生导师；西京学院引进300名博士作为教师和科研人员来提升内涵与质量，提升办学水平。而大部分学校在高层次人才建设方面有缺失，因为没有高层次人才支撑与投入，很难培育出领军人才，在短时期内不可能打造高质量发展模式，只能跟跑于公办高校后边，这是民办高校人力资源建设的重要引擎。

第四,大学教师发展工作滞后影响教学质量提升。大学教师发展的内涵有师德、教师学术水平和教师职业知识、技能三个方面。① 2012年10月,教育部批准并给予各校500万支持30个国家级教师教学发展示范中心正式建设。随后,各省属、地方本科高校陆续设立教师发展中心或教师教学发展中心。民办本科高校教师发展工作一直是进行时,但不同的是在机构、人员与经费方面与公办高校区别较大,基本是业务主管部门抽一个副处长监管,每年开展一些教师培训活动,而民办高校教师教学工作量较饱满,没有时间参加教师发展活动,经费又严重制约教师发展工作开展,教师发展中心自身的发展问题还没解决。很多教师认为教师发展中心就是组织培训,自己只对专业发展感兴趣,不喜欢占用自己业余时间。长此以往,民办高校教师发展工作流于形式。

人才培养体系的同质化制约办学质量提升。第一,人才培养方案同质化问题。民办本科高校在人才培养规格界定方面有模糊性,拟定人才培养方案时往往会沿袭公办本科院校的方案。特别是自身教师队伍具有教授职称教师少,只能聘请公办本科院校退休的教授担任本校院(系)院长(主任)或专业带头人,这些院长(主任)组织制定本科人才培养方案时很多要参考自身原所在学校方案,这是人才培养方案与公办本科高校同质化的重要原因。因为民办本科高校办学条件、教师与学生基础的差异,在执行人才培养方案时会出现很多不可控的问题,如教研室工作质量、专业实验室条件有限、专业课教师短缺、教材版本过于老化和学生接受程度差异等问题。在短期内由于退休教授的路径依赖和新进教师的专业能力受限,不可能很快形成一个严谨规范与学校定位高度匹配的人才培养方案。第二,高层次学科专业成果的竞争力弱。一是学科意识不浓。学科是一所高校内涵与质量建设的龙头,高质量的学科建设是一所高校竞争的"高峰"或"高地"。作为新建本科院校以应用型人才培养为主,打造优势应用学科需要领军人物引领、研究团队组建、学科方向凝练和平

---

① 潘懋元,刘丽建,魏晓艳.潘懋元高等教育论述精要[M].福州:福建教育出版社,2015:190.

台打造等关键因素。二是高层次人才缺失制约教科研成果产出。民办高校学科建设还在初级阶段，高层次人才领军还是"奢侈品"。国家批准带"国字号"的学科、专业、课程、教师、实验室、科研项目和教学成果奖等在民办高校都是稀缺品。第三，内部质量保障不够导致教学质量管理风险。教学质量保障体系可以分为外部和内部质量保障两个方面。国家统一组织开展的本科教学工作评估都是外部质量保障范畴。内部质量保障主要是基于学校校本开展的教学质量保障体系构建与自我评估。民办高校的内部质量保障还处于初级阶段。朱士中(2017)[①]指出，到20世纪末中国高校大规模扩招以后研究质量保障体系才逐渐增多，地方本科院校好多还是处于迎接评估而制定的初级评估阶段，特别是机构、标准建设和自我评价等滞后于学校发展的需要。魏红、钟秉林(2009)[②]指出，我国高校内部质量保障体系初具雏形，但在要素结构和建设内容上还不完善。第四，国家本科教学工作合格评估显示地方本科高校内部质量保障体系问题居多。2009年以来，国家采用本科教学工作合格评估和审核评估的外部质量评价手段来促进高校向内涵发展。外部评价工作开展以来专家组对地方本科高校内部质量保障体系建设一致认为存在以下问题：一是高校内部质量保障体系建设的规范性和契合度不够，各校已有质量保障体系同质化情况严重，落实的力度和深度不够；二是人才培养主要环节的质量标准界定不够清晰，人才培养过程关键环节的内涵与衡量标准缺乏论证；三是开展质量监控的反馈和改进不到位，很多高校把质量监控认为就是日常教学检查，在全员、全方位、全过程方面缺乏统筹组织和认定，院系两级质量保障管理重视程度不一，实施过程不平衡；四是自我评估和闭环管理有缺失，有的高校重视组织实施和检查评价，但检查评价后及时反馈和改进管理方面未善始善终，难以实现闭环，影响高校质量可持续改进。第五，内部质量保障的长效监督机制未形成。由于办学历史较短，自我评估意识不强，在内部质量保障机

---

① 朱士中.突出自我管控，强化高校教学质量保障体系建设[C].全国新建本科院校联席会议暨十七次工作研讨会学术论文集.北京：北京理工大学出版社，2017.
② 魏红，钟秉林.我国高校内部质量保障体系的现状分析与未来展望——基于96所高校内部质量保障体系文本的研究[J].高等工程教育，2009(6):66.

构、人员和监督措施方面有缺失,有些高校参加教学评估时单列质量管理机构和人员,评估结束后又放到教务处。

3. 财务运营风险识别的主要因素

资金来源和投入不足影响办学质量提升。首先,民办高校办学经费紧张。随着扩招以来在校生人数的增加,学校须投入更多资金来改善教学设施和学生学习生活条件保障等。在校生达到一定数量,老旧校区达到严重饱和状态,原有的占地面积、建筑设施已不能满足需求,甚至要买新校区缓解办学压力,要投入大量资金,基于滚动式发展的民办高校已不能满足基础建设外的巨大投入。其次,资金来源不足会影响办学质量。学校办学条件建设一直在路上,教学设备、科研实验室、体育场馆、创业实践中心等建设需要大量的开支。办学资金来源不足一旦波及教师合法收入降低就会直接导致教学质量下滑。

财务管理水平直接影响学校财务风险大小。首先,财务部门机构设置不规范,制度建设有缺失。有些民办高校财务组织设置不健全,岗位职责界定不清晰,运行管理较为混乱。财政大权一般都握于举办者之手,缺乏从全校科学运营与发展的层面上进行统筹规划,有的学校工作人员身兼数职,各岗位之间界限模糊,层级不清、权责不明,随着工作内容的变动,业务事项容易造成空挡,发生争议时无据可依,出现问题时相互推诿。财务运营管理混乱现象普遍存在于民办高校中。财务专业人员和管理制度的缺失,容易给正常财务运营管理造成工作漏洞。在民办高校普遍存在财务审批一支笔制度,甚至学校高级管理层对财务制度建设都不够重视;有些学校的财务制度设计未经过调研、草拟、讨论、评审、批准、发布等必要的程序,照搬企业会计制度或事业单位财务管理制度,往往存在一定缺陷。其次,财务运营不规范,考核评价工作缺失。民办高校财务信息化管理建设滞后于工作实际,经常出现财务管理制度与管理实际相脱节的情况,财务制度与学校实际情况存在一定的差异性,容易造成操作时的管理混乱现象。大多数学校未真正实施财务预算制度,造成资金无法合理配置,绝大多数高校对财务预算不够重视,有预算的也是用简单粗放的基期预算编制方法,这种"拨款多少就用多少"的观念使得预算管理发挥不了应有作用。虽然民办高校每年都会对预算工作进行总结和分析,但没有将预算管理的绩效与各部门业绩考核挂钩,没有奖惩机制使得预算工作近乎形同虚设,不能提高各部门工作主动性,从而使民办高校的财务预算工作整体约束力、影响力始终处于较低的水平,不利于本来就紧张的资金合理配置。

　　财务监管不到位造成资金流失、信贷风险和审计风险。第一,上级专项资金监管不严。目前有部分省份对民办教育设立专项财政扶持,如陕西省设立专项资金用于民办高校整体上层次建设,河南省设立民办高校学科专业专项建设资金,重庆下拨民办高校生均专项资金等。个别民办高校由于基建或其他大项开支紧张,会挪用这些专项资金,造成专项经费未专项使用。由于我国对非营利性民办高校会计监管政策实施办法还未发布,在内部治理不规范的学校,存在国家财政资金未用于办学的潜在风险,造成国有资产的流失。第二,贷款偿还能力不够制约学校正常开支。国家鼓励民办高校与金融机构进行合作来缓解办学资金的紧张。运用信贷手段向银行贷款就是一种较为普遍的做法。然而民办高校有时迫于实际发展需求,只能忽略真实偿债能力而利用银行贷款或集资形式进行校园扩建、基建建设、设备采购、硬件升级,如果贷款业务监管不严格,有可能发生信贷危机。有的学校甚至在还款期限临近时通过贷新债还旧债,这种挖东墙补西墙的方法,结果往往使其陷入巨大的信贷危机之中。第三,财务审计工作不到位。民办高校经费管理基本上是高度集中,实行"财务一支笔"制度。在学校预决算工作未能规范开展的前提下,学校的审计工作也是形式大于内容。学校日常经费支出和教学、科研、基建等专项经费支出都受制于举办方,由举办方直接管理或委托财务进行管理。由于民办高校教师流动、财务管理人员少、审计制度缺失等原因,学校对二级学院的专项经费和上级划拨的专项建设项目经费使用审计不够,如有的学校对科研经费并未全程监管,对学校基建工作细目并未直接审计,对采购重点大额度支出不能及时监管等。

　　4. 内部办学风险的等级量表

　　围绕"内部治理、教育质量和财务运营风险"的表现形式与风险主要识别指标中的具体影响因素,按照"五要素"办学风险识别框架,对内部办学风险进行风险后果或潜在可能性进行分析和识别,最后确定风险等级量表(见表

3-9)。

表 3-9 内部办学风险主要识别因素及风险等级量表

大类风险	表现形式	风险的主要识别指标	风险后果或潜在可能性	风险等级（高、中、低）
内部治理风险	董事会制度	董事会制度不够健全	董事成员不符合规定	中
		董事会民主决策缺失	董事长单一高度集权	中
	校长作用	校长的治校权限不够	校长无治校规定实权	高
	监督机制	监事会地位监督不足	监事的监督流于形式	中
		党组织参与监督缺失	党组成员未在监事会	中
教育质量风险	办学质量	本科办学理念模糊	人才培养定位不清晰	高
		教育质量观缺失	质量管理行动不重视	中
		只追求办学规模	规模贪大求全质量低	中
	人才队伍	民办教育片面认知	教师不稳定流动率高	高
		教师队伍建设滞后	数量不足结构不合理	中
		高层次人才队伍	高层次人才严重缺失	高
		教师专业发展缓慢	教师培养重视投入少	中
	培养体系	照搬公办本科方案	培养方案同质化严重	高
	科研成果	学科专业内涵不足	成果层次与数量很低	中
	质量保障	内部质量管理薄弱	质量保障体系不健全	中
财务运营风险	资金来源	办学经费来源单一	经费单一且投入不足	中
	财务管理	财务管理规范不够	机构人员运营不规范	中
	监管审计	监管与审计有缺失	经费审计与考核漏洞	高

第三节 非营利民办高校办学风险种类与表现

民办高校办学固有风貌和社会环境是累积办学风险形成的直接原因。民办高校发展过程中累积的办学羁绊与存在隐患是其转型发展的现实性风险。结合全面风险管理中事项识别的内外部因素分类,本节重点从外部和内部两个视角呈现非营利性民办高校办学风险种类的内涵与风险源表现,同时证实内外部风险因素的辩证关系。

一、办学政策、办学市场和办学声誉风险

(一) 政策风险的含义与风险源表现

1. 政策风险的含义

民办教育因为国家政策而诞生与发展壮大。政策变化导致民办高校发展受阻的风险称为"政策风险"。[①] 政府政策是民办教育发展的指南与纲要。政策风险是国家政策给民办学校发展带来不确定性影响。[②] 民办高校政策风险(political risk)是民办高等教育在发展中受政策法规与机制的不确定影响而产生的风险。[③] 政策法规的利弊决定了民办高校风险的程度。[④] 综上所述，政策风险是在国家制定民办教育政策基础上，学校在办学中由于政策变化、政策执行和政策缺失等方面出现的不确定性风险。从30个省域出台促进民办教育健康发展的意见来看，上海、浙江、陕西、海南、云南等地域的政策有明显促进区域民办教育发展突破与创新性举措。民办教育政策总是滞后于民办教育的实践发展，教育政策也是在教育发展与实践中形成解决或指导工作的规制，民办教育政策制定的价值观也在规范发展中不断完善。

2. 政策风险源的表现形式

政策变化与举办者诉求矛盾的风险。政策驱动、需求拉动、举办者主动是民办教育发展的基本动力。[⑤]出资风险、控制风险和回报风险是非营利性民办高校举办者关注的重要问题。一是举办者合理回报风险。投资办学与合理回报是匹配的。阎凤桥、林静提出"商业性市民社会"概念来论证我国民办高校

[①] 李维民.民办教育的创新与发展[M].西安:陕西人民出版社,2005:149—150.
[②] 孙杰夫.民办学校办学风险防范机制研究[M].沈阳:辽宁教育出版社,2015:89.
[③] 李钊.民办高校办学风险防范研究[M].北京:社会科学文献出版社,2009:89.
[④] 李钊.防范办学风险:政府和民办高校的责任[J].高等教育研究,2007,(11):50—51.
[⑤] 单大圣.改革开放40年我国民办教育事业的发展及展望[J].浙江树人大学学报,2019(1):13.

举办者投资属性。① 新法的实施条例如不能正视举办者的呼声,而使举办者铤而走险触犯法律给政府监管增加难度。② 2017年修订后的《民办教育促进法》规定虽涉及非营利性民办高校盈余导向问题,但并未对补偿奖励条款有清晰的规定,导致非营利性民办高校举办者无法得到稳定的产权预期,举办者合法权益没有得到保障,甚至会有举办者恶意终止办学以求得补偿和奖励,这样导致现有举办者以投资办学逐利的办学动机与法律规定形成博弈,这是举办者权益保障中的最大风险源。二是举办者出资的风险。我国分类管理是在民办高校投资办学为主的基础上提出来的。个别地方政策出现否定举办者收益权,弱化民办教育影响办学稳定和质量提高。③ 虽然非营利性民办高校经费来源由学费(含其他服务收入)和政府财政资助构成,受政策法规等不确定因素制约,民办高等教育投资不可避免地存在着风险。④ 如果政府对非营利性民办高校的收费进行限价,国家财政资助又不能及时到位,就会造成民办高校收支失衡的风险。而举办者得不到合理诉求会减少对学校的办学投入,会给学校可持续发展带来新风险。三是举办者控制学校的风险。较多民办高校的举办者主要目的是获得对学校的控制权,从而获得经济利益。⑤ 现有民办高校,大多数实行家族式管理控制学校,学校关键岗位均由举办者子女或亲属负责,这是由民办学校现实发展"惯习"所决定。如果政府对学校过度管制,又会压制学校办学自主权,造成内部管理风险产生。

政策执行不到位带来的管控风险。目前在办学章程落实、资产过户和关联交易三个方面存在监管或执行不力的管理风险。一是办学章程执行不到位

---

① 阎凤桥,林静.商业性的市民社会:一种阐释中国民办高等教育特征的视角[J].教育研究,2012(4):57-63.
② 邵允振,李杏姣.举办者权益保障与实现的重要举措——试析条例《征求意见稿》有关举办者权益的设计[J].教育与经济,2018(3):14-15.
③ 徐绪卿.浅论教育政策滞后性现象——以民办高校分类管理政策为例[J].教育与经济,2019(6):77.
④ 张剑波.民办高等教育投资风险及其规避[J].高等工程教育研究,2007(2):82-86.
⑤ 文东茅.走向公共教育:教育民营化的超越[M].北京:北京大学出版社,2008:55.

的风险。王维坤、张德祥(2017)①曾对我国105所民办本科高校的章程文本分析,发现民办高校章程存在"内容不健全、内部权力不平衡和民主监督机制不健全"等问题。从侧面反映出教育行政部门对民办高校的办学章程审定与执行检查还有待加强,部分民办高校的办学章程只是形式上存在,大多数学校的办学章程未在政府指定网站和学校网站公开接受社会监督。二是法人财产权未过户的风险。从"教育部25号令"公布以来,举办者仍有把办学资产未足额过户到学校名下的现象。通过对91所民办高校的调查发现,94.4%的民办学校设立了学校名称的银行基本账户,5.6%的民办学校尚未设立学校名称的银行基本账户,资金管理不规范。这给政府监管带来一定的阻力,给民办高校独立享有权利和履行义务带来较大影响,容易导致无法规避的一些办学风险发生。三是举办者变更滋生的办学风险。民办学校的"举办者"是指以出资、筹资等方式,发起倡议并具体负责创办民办学校的社会组织或公民个人。②分类管理后,举办者变更较为频繁,反映出举办者对学校控制权的强烈愿望。

案例1:频繁转让举办权获利与政策监管漏洞

A学院经国家批准创建的某地第一所民办高校。根据所在城市会计师事务所审计,从2000年到2008年的8年时间,有企业给该学院加大投资。至2008年9月,R公司从S投资公司手中购买了A学院80%的举办权,R公司共支付1.93亿元的交易费。2014年2月,R公司资金链断裂,债务产生,被迫出售该学院的举办权来化解资金困难,法院公开拍卖R公司持有该学院80%的举办权,T公司以2.24亿元竞得该学院80%的举办权。2014年7月,教育部门下发批文,同意该学院80%的举办权由"R公司"变更为"T公司"。在这个交易过程中,R公司拥有该学院80%的举办权增值3100万元。仅过了2个月,P公司将T公司持有的该学院80%的举办权调整到V公司名下。2015年1月,教育部下发批文,同意该学院80%的举办权由T公司变更为P公司。

---

① 王维坤,张德祥.我国民办高校章程文本表达现状研究——基于105所民办本科高校章程的文本分析[J].中国高教研究,2017(7):47.
② 教育部政策研究与法制建设司,国务院法制办公室教科文卫法制司.民办教育促进法实施条例释义[M].北京:中国青年出版社,2004:44-50.

就在教育部门下发批文后的一个月,P公司未经过教育行政部门将100%的股权转让给W公司,价格为2.6亿元。这笔交易又使该学院80%的举办权增值3600万元。在该学院举办权频繁变更中需要注意的是,股东转让的是股权,此时该学院的举办方仍是V公司,但公司层面的股权变动无须教育部门审批。

案例分析:此案例是典型的民办高校举办权频繁变更获利问题。一是举办者为了获取更多利益进行举办权频繁变更问题。以"投资为主"举办者心里一直想获得利益,这是举办者办学动机的充分体现。通过举办权变更来获得增值收益给政府监管、学校办学和考生选择报考学校带来很大的公信力挑战。目前无论是否利用VIE架构上市或举办者变更举办权获利的民办高校,都存在举办者控制权利益问题,这是现有民办高校向非营利性民办高校办学转型的新型问题。二是暴露政府监管政策的缺失问题。本案例高校三次进行举办权变更,每次都有交易价格的变化与增值,而公司层面的股权变动教育行政部门无法监管,政府在政策导向或制度设计与监管实施过程中需不断规范流程,对民办高校举办权的变更国家教育行政部门应该出台有关规制,规范举办权的频繁变更,以此加大对民办高校举办权变更风险监管工作,防止民办高校以非营利之名行营利之实,防止举办者办学价值观与目标追求的错位。

(二)市场风险的含义及风险源表现形式

1. 市场风险的含义

在经济领域,所谓市场风险,是指银行因市场价格的波动所引起的内外交易头寸损失的风险。[1] 在教育领域,市场风险是指教育活动中生源、就业等情况的变化而给学校带来的不确定性影响。民办教育是市场经济的产物。[2] 民办教育的兴起和发展是新时期我国改革开放的一项标志性成果。[3]

---

[1] 李仁真.国际金融法学[M].上海:复旦大学出版社,2004:79.
[2] 陶西平,王佐书.中国民办教育发展报告:2003—2009[M].上海:上海人民出版社,2010:411.
[3] 袁贵仁.在中国民办教育协会成立大会上的讲话[N].中国教育报,2008-6-26(3).

2. 市场风险的风险源表现形式

与公办高校办学市场的竞争风险。民办高校从创办以来就是弱势群体，其办学一直在教育市场的竞争中不断发展壮大。在新时代民办高校的竞争对手越来越多。2017年9月21日，国家建设世界高水平大学"双一流"工程正式启动。随后一系列配套政策与大额经费投入"双一流"高校建设。2019年3月29日，国家建设特色高水平高职院校的"双特"计划正式启动，标志中国高职院校也进入高水平建设的序列。国家财政支持的两项大的建设举措没有民办高校进入，而民办高校一直没有国家建设工程来引领支持。公办高校与民办高校在办学市场中的竞争分类有所不同（见表3-10）。政府给公办高校的投入越来越大，公办高校已经走出规模扩张时代，在学科高地、高层次人才、经费投入、科研条件等方面早已领跑民办高校。

表3-10 公办高校与民办高校在办学市场中不同的竞争分类

划分标准	具体分类
竞争核心	办学经费、师资队伍、学校品牌
竞争形式	学科专业名次、科研项目层次、社会服务水平
竞争层次	研究型、应用型、技术技能型
竞争程度	良性竞争、恶性竞争
竞争结果	健康发展、畸形发展

同类高校优胜劣汰的品牌竞争风险。民办高校品牌竞争力进入以质量和服务赢得受教育者信任的时代。随着政策与市场的成熟，新型民办大学的崛起将吞噬没有规模与特色的学校，而将取代办学效率低下的公办高校，重组高等教育格局，民办高校应从一元走向多元。首先，新型非营利性高水平民办高校进入高等教育办学市场。近年来一批新型民办高校建设品牌成为整个高教市场"黑马"引人注目，除2012年国家批准试点的5所民办高校试点专业硕士培养外，如秉承"高起点、小而精、研究型"的非营利性新型高校——西湖大学2018年4月教育部批准诞生，开创社会力量创办建设世界高水平民办大学的先河。更名为吉林外国语大学的民办非营利性本科高校开始基金会办学模式改革，积极开展教育博士立项规划建设单位。其次，民办高等教育市场逐步形成多类型办学主体举办学校。改革开放四十多年来，民办高校办学以自然人

和企业举办为主,近年来基金会办学逐步显现,民办高等教育在高起点与多样化的发展模式下,彰显"高质量、内涵式、多元化、公益性"的办学新特点,办学市场越来越注重"高起点、优质化、前瞻性和顾客满意度"。

人口变化带来新的生源市场竞争风险。人口增长形势变化给民办高校生源带来严峻考验。根据我国生育率统计与预测(如图3-3),未来我国新增人口数量总体上会呈下降趋势,而且在各个省域不平衡,新增人口数量降低预示着未来各学段生源总量会不断减少。在普及化高等教育阶段,优质教育成为各高校共同追求的办学目标,这样会导致学校增多、生源减少的风险,甚至会出现部分高校因此倒闭。

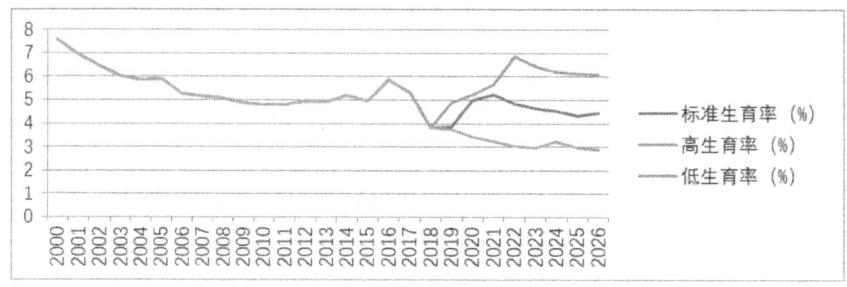

图3-3 我国生育率统计与预测

数据来源:根据中国统计年鉴2000—2019年统计数据并进行预测。

民办高等教育可能进入"战国时代"。面对学生的多元化选择,会形成学校跟学生双向选择的格局,在高度分化的生源市场,公办和民办高校都有自主决定招生权利时,民办高校如何向教育消费者证明自己实力,提供什么样的教育服务才能信服学生来选择民办高等教育。① 随着世界高等教育的发展,高校发展因素趋于高质量与内生发展。高等教育进入完全质量时代,优质教育和具有国际视野的"全人格"公民将得到更多学子的追捧,民办高校如跟不上发展潮流,将生源愈下,风险丛生。

举办者"关联交易"造成学校影响力下降风险。民办高校举办者频繁变更就是对获取学校控制权的收益期盼。一些上市集团以大额资金购买民办高校

---

① 张力.2020—2030中国民办教育发展趋势——在2016年第七届AGAUC国际论坛上的报告[R].西安:西安外事学院,2016.

的控制权,转移既得办学利润,使学校在办学质量提升和改善办学条件等方面难以得到保障,对学校的可持续发展极为不利。① 从2017年到2019年全国就有10个教育集团参与并购国内36所民办高校,并购涉及18个省市、自治区、直辖市,并购总金额达到136.864亿元(见表3-11)。这种关联交易(涉及举办者变更)行为,容易使行政主管部门和社会民众对民办高校办学产生怀疑,暴露举办者追求利益的办学动机。集团(公司)大规模并购民办高校一旦遭遇市场风险,学校公信力急剧下降,容易爆发风险,股民甚至会走上街头游行,生源突变减少,学校可能走向倒闭或停办。

表3-11 2019年9月前民办高等教育集团收购民办高校名单

并购时间	并购方	并购标的与金额
2017年	民生教育	安徽文达信息工程学院51%(5亿元);重庆电信职业学院51%(1.25亿元)
2017年	新高教	新疆财经大学商务学院56%(1.83亿元)(2018年10月终止)
2018年	中教控股	西安铁道技师学院62%(5.77亿元);郑州城轨交通中等专业学校80%(8.55亿元);广州大学松田学院、广州松田职业技术学院(5.379亿元)
2018年	新高教	洛阳科技职业学院56%(1.02亿元);兰州理工大学技术工程学院(2亿元);广西英华国际职业学院三所学校51%(1.472亿元);哈尔滨华德学院73.91%(3.82亿元)
2018年	民生教育	河北工业大学城市学院(合作办学)(2亿元)(2020年1月终止);云南大学滇池学院(5.825亿元);曲阜远东职业技术学院51%(0.918亿元)
2018年	宇华教育	湖南涉外经济学院等3所(14.3亿元)
2018年	陕西金叶	西北工业大学明德学院(1.19亿元)(深交所上市)
2018年	洪涛股份	广州涉外学院55%(3.4亿元);四川城市职业学院55%(5.1亿元)(深交所上市)
2019年	中国新华教育	南京财经大学洪山学院(6.1亿元)
2019年	民生教育	南昌职业学院(5.1亿元)
2019年	中教控股	山东泉城大学100%(4.75亿元)(一次追加)
2019年	宇华教育	山东英才学院(14.92亿元)
2019年	中国春来	苏州科技大学天平学院(8亿元)
2019年	中教控股	四川外国语大学重庆南方翻译学院(10.1亿元)

---

① 文川,莫秀全,江雪珍.民办高校发展与法律风险控制[M].昆明:云南大学出版社,2018:366.

续表

并购时间	并购方	并购标的与金额
2019年	中国新华教育	昆明医科大学海源学院60%（9.18亿元）
2019年	希望教育	鹤壁汽车工程学院95%（1.6亿元）；贵州大学科技学院100%（1.48亿元）（一次追加）；苏州托普信息职业技术学院/昆山技工学校（4亿元）；银川能源学院等4所（5.5亿元）
2019年8月	新高教	湖北民族学院科技学院89.2%（0.71亿元）
	10个	并购36所学校、金额136.864亿元

数据来源：根据香港证券交易所和深圳证券交易所公开数据整理。

案例2：民办高校被收购后教职工队伍不稳定

B学院是某市创建于1998年的首所民办普通本科高校。拥有在校生三万多人，是本省规模与办学质量较为知名的民办高校之一。学校坚持开放办学，重视内涵建设，积极创新办学模式，人才培养在全国同类高校一直保持领先优势，有几个"国字号"项目（实验教学示范中心、国家级精品课程）非常亮眼，在同类民办高校中算是翘楚。该学院在2019年中国民办大学综合实力排行前三。在2017年修订后的《民办教育促进法》公布前一天，国家网站公布了其举办者变更和新增办学地址的函件，该校举办者由自然人变更为公司。两年后被某教育集团以数十亿高价收购90%的举办者权。以"B学院被收购后的影响"在"百度热搜"有14,800,000多条相关信息，新法后民办高等教育办学市场行为的变化对社会影响较大，民办高校举办者由教育集团收购引起很多利益相关者的普遍关注。B学院被收购后不久，学院有部分中高层干部和老师陆续离岗到公办高校或其他单位就业，举办者变更后的新接管方管理行为跟以往一旦不同，教职员工就会有较大的波动。

案例分析：新法新政后，民办高校办学市场发生巨大变化，教育集团收购民办高校并控制举办权，举办者由自然人变更为公司的逐步增多，办学市场不断催生举办权变更的发生。本案例反映出两个基本问题：一是原有举办者办学认知变化产生新的办学选择。B学院的举办权变更直接反映举办者对分类管理政策的防御性认知，在举办者内心对学校控制权与获利权的平衡中选择了后者，这与非营利性办学的要求或初衷出现矛盾，非营利性民办高校的办学仍是教育属性，向社会提供公共教育产品仍是学校的基本职责，矛盾的背后隐藏的还是控制权私利问题。二是不同办学管理模式催生不同的办学风险。办学集团派出新管理班子对收购学校进行管理或改革原有管理模式时，原有教师与管理干部等会出现不适应并扎堆纷纷离岗，这些变化说明利益相关者对学校发展期望值与实际差距拉大而产生不平衡行为，而新的举办方用企业管理方式一味复制于高校管理时，有的违背教育属性，就会滋生新的办学风险出现在举办方的面前。

（三）声誉风险的含义及风险源表现形式

1. 声誉风险的含义

《牛津英语字典》中声誉的定义是：公众对于某人性格或其他品质的总体评价，是对某人或某物的相对评价或尊重。高校声誉危机是因某些重大事件或虚假信息所引发对高校声望、形象和名誉带来巨大损失的情况。[①] 民办高校声誉风险是基于民办高校系统整体和个体产生的事项涉及其在社会评价中形成损失的风险。民办高校的声誉风险可以分为集体声誉和个体声誉。民办高校声誉风险具有常态化、关联化、多维化和脆弱化特点。[②] 声誉风险在大学治理体系和治理能力现代化的建设中显得尤为重要。办学声誉是办学市场中的口碑与品牌传播的重要载体，声誉好，学校兴，声誉差，学校衰，声誉风险成为民办高校办学风险的重要风险之一。

2. 声誉风险源的表现形式

办学公信力带来的集体声誉风险。好的学校集体声誉可以美名远扬，不好的集体声誉可以让学校走向衰落。21世纪初，民办高校从精英教育到大众化教育过渡的进程中，有部分国内知名的民办高校，他们办学业绩辉煌，学校规模适中，在国内有了较好声誉；但有的学校办学定位没有规划好，一味扩大办学规模，对学校集体声誉重视不够，片面追求经济效益，最后出现集体声誉风险带来不良后果。如当时部分民办高校在招生方面搞市场运作，投入经费

[①] 姚卫浩.高校声誉危机管理初探[J].中国劳动关系学院学报,2013(6):105-106.
[②] 于长福.民办高校声誉风险机理分析与管理机制的构建[J].黑龙江高教研究,2013(2):73-74.

多,但在人才培养条件设施和教师队伍建设方面较为吝啬,不愿加大投入。在招生和对外宣传时介绍学校教师队伍如何强劲,高层次人才济济,办学条件和教学条件一流等。然而,当新生入校发现与招生宣传时有很多不符,博士等高层次人才和教师队伍少得可怜,而且自己所在专业班级的辅导员和任课教师经常离职,兼职教师大于专职教师,甚至一届学生其辅导员可以每学期换一个,这些状况举办者没当回事,认为有市场运作,生源不愁,未考虑改进和提升办学有关条件。随着本省人口出生和高考人数减少,学生和家长逐步失去对这些学校的信任,在社会上也爆出学校的负面影响,导致考生和家长认为"该校以营利为目的,对外宣传与实际不符,说做不一,利益为主"。在负面信息的传播与影响下,学校的集体办学声誉产生很大风险,靠市场运作招生,学生数量也每况愈下,这些学校走向下坡路,最终倒闭,有的举办者把学校卖给教育投资集团得益,有的由于招生违规受到当地教育行政部门的处罚。

举办者失当行为产生的个体声誉风险。举办者个体的失当行为在民办高校领域中不是少数。如代际传承问题,有的年事已高或去世的举办者接班人没有选好,接班人没有高等学校的管理经历和经验,加上与举办者其他子女因交班问题产生较大矛盾。虽然接班人作为董事长拥有决策学校大事的最高权力,但因管理素质与水平问题造成领导班子之间不团结,以致学校上下政令不通,中高层干部互不服气,经常互相推诿、互相诋毁,最终管理队伍松散,学校运转滞后,老师看不到希望陆续离岗跳槽。办学资金是民办高校发展过程中难以逾越的屏障。[①] 有的学校举办方抽逃资金来满足个体嗜好,在社会上投资新行业,把学校学费收入的大额资金抽出用于经营新的其他社会业务,一旦其他行业发生风险或投入的资金出现危险不能驾驭,学校的办学资金就会在很短时间内成为泡影,举办者私下行为其实是违规违法行为,但政府在学校没有发生风险时很难监测,学校爆发危机时已经不好挽救。

学校违规行为导致的社会舆论风险。在信息化时代,高校"丑闻"事件频

---

① 陈武元.中国民办高校如何走出办学水平不高的困境——经费来源结构的视角[J].教育研究,2011(7):43—44.

频爆发,学校被暴露于公众舆论与社会视野之中,对学校的社会声誉和公众信任度产生负面影响,降低学校公众形象力,成为影响和制约学校发展的新顽疾。近年来,民办高校的负面舆论不断增加,不断暴露学校办学存在的不规范和内部治理混乱现象。我国民办高校的人事管理机制基本是聘任制,有的人事管理制度缺失造成违反劳动法解聘教职员工,引起离职员工状告学校事件,致使社会对民办高校人事管理与制度规范产生怀疑与偏见,影响学校声誉;有的民办高校因办学条件或教学工作未按国家规定开展,学校教学工作中心位置不明确,其他工作经常充斥教学工作的重要地位,教学和人才培养工作走向边缘化,久而久之,师生对教学工作的评价满意度降低,在参加教育行政部门教学工作水平评估时,暂缓通过或不通过结果使社会反响较大;有的民办高校组织学生校外实习,实习内容与专业相关度小,学生整个学期在外实习,对实习不满意,学生和家长联合把不满投诉到政府平台,引起社会公众对高校人才培养教学安排的质疑,负面舆情造成学校负面影响,使学校知名度下降,处于被动局面,最终影响学校事业发展。

案例3:违法开除患癌女教师引发的声誉风险

硕士毕业生刘某应聘为C学院的一位普通教师。2014年7月,刘某患重疾入院治疗期间,C学院停发其工资和停交医疗保险。2015年1月,又以其连续旷工违反劳动协议下文解除其劳动关系。刘某和家人对学校的行为十分不解,2015年3月,刘某向所属县级劳动仲裁委员会投诉并向法院提起诉讼。10月20日,该县人民法院一审判决C学院开除刘某决定无效,要求双方恢复劳动关系,而C学院没有按法院判决执行。2016年8月,刘某因癌症去世。去世后她的遭遇经记者联系校方进行求证,该校校办主任表示不知情,学校无正面反应与理会。该事件经中央电视台和相关媒体曝光后,引发社会舆论的哗然,大家一致认为该校举办者权力过大,无视国家劳动法律,引发社会对民办高校教师发展现状忧虑的舆论,纷纷认为民办高校的人事管理制度不完善,不重视青年教师身体,无人文关怀。在社会舆论的压力下,该学院才采取以下措施,一是发布向刘某家人的公开道歉信,校长登门道歉;二是对涉事人事处处长停职;三是赔偿刘某工资及抚恤金。

案例分析：此案例是典型的民办高校声誉风险损失案例，主要问题集中在两个方面：一是民办高校举办者依法办学意识的严重匮乏。该院的举办者及管理团队无视国家劳动法律法规，不仅缺乏依法办学意识，而且对教师个体出现问题的处理也缺乏人文关怀，暴露出该院高层管理者的办学情怀与视野局限，教师作为学校教书育人的主体，学校应全力维护教师的合法利益，帮助教师依法获得相关待遇，而学校带头违反劳动法，这是民办高校办学治校很不应该的事。二是轻视"尊师重教"让学校的社会声誉严重受损。该事件暴露出C学院内部人事管理不规范，学校"尊师重教"工作不到位。该校做法被主流新闻媒体曝光后，广大人民群众对民办高等教育的满意度大打折扣，而且引起更加强烈的关于民办学校教师的公平待遇问题，这些舆论风险，造成很大的社会负面影响力，C学院在社会上的公共形象和声誉受到重大损失。这种现象虽然是少数，但给民办高校群体带来很大的负面形象和声誉损失，这也是很多民办高校教师在校工作有临时"打工"思想的根源，也是导致教师队伍不稳定的重要诱因之一。

二、内部治理、教育质量和财务运营风险

内部风险是民办高校办学治校的内核问题，内部治理能力与水平是办好学校的生产力，教育教学质量水平和财务科学运营是制约民办高校可持续发展的重要瓶颈，也是内部办学风险不可忽视的共性问题。

（一）内部治理的含义及风险源表现形式

1. 内部治理的含义

内部治理（internal governance）是法律所确认正式的公司治理制度安排，主要指股东（会）、董事（会）、监事（会）和经理之间博弈的均衡路径。其主要特征是自我实现性和管理理性。[①] 大学治理概念不是从外部和经济学中引进

[①] 陆雄文.管理学大辞典[M].上海：上海辞书出版社，2013：65.

的,而是大学内部固有的。① 大学治理结构的"胎盘"是企业治理结构,其最初的理论源头是公司治理理论。② 民办高校内部控制通过制度、程序和有效防范风险活动来促进学校办学目标的实现。③ 非营利性民办高校的内部治理是通过非营利组织形态,构建内部治理结构,运用制度做好决策、执行和监督工作,最终实现学校办学目标达成的一种行为,内部治理的核心是董事会规制问题。

2. 内部治理的风险源表现形式

董事会制度执行不规范产生民主决策风险。一是董事会组成不规范,家族式管理严重。弗里曼认为,利益相关者应该是那些影响组织目标实现或被组织目标所影响的个体或群体。④ 在学校实际办学中,不管是自然人还是公司投资举办的民办高校,学校成立后一般均由举办者担任董事长并掌控董事会成立与董事调整权力。董事会成员也大多是由董事长推选,教师代表、学生代表和校外人士等很难进入董事会。高飞等(2017)对106所民办高校231名董事调查发现,校内任职者107人,占比高达46.3%(见表3-12)。我国有60%左右的民办高校属于家族化管理。⑤ 董事会核心成员仍是董事长代表者或者其直系亲属,存在家族式管理,董事长子女实际成为掌门人,集中掌控人事和财务权力,在学校关键岗位亲属回避制度执行不好。克拉克·克尔指出,董事会的好坏取决于其成员的优劣。董事会利益相关者也是被动参与,在管理决策中没有话语权,长此以往大家在心理上逐步认同这种集权式管理,很多在民办高校工作多年的教职员工都不知道学校董事会成员是谁或工作职责是什么。二是董事会议事规则不规范,民主决策管理不够。虽然国家审批设置学校时都有办学章程并提出"民主决策"原则,但实践中董事会拥有最高控制

---

① 赵成,陈通.治理视角下的大学制度研究[J].高等教育研究,2005(8):18—22.
② 龚怡祖.现代大学治理结构:真实命题及中国语境[J].公共管理学报,2008(9):70—71.
③ 王阿娜.民办高校内部控制的内涵、特点及基本思路[J].浙江树人大学学报,2019(5):15—16.
④ Freeman, R. E. (2015). Strategic Management: A Stakeholder Approach. Cambridge University Press. https://doi.org/10.1017/CBO9781139192675.
⑤ 卢彩晨.家族式民办高校代际传承问题研究[J].教育研究,2012(9):119.

权,人事、财务等都是董事长说了算,"权力集中"和"单一决策"明显。董事会在履行法律规定的职责时经常上下越位。董事会决策会议制度、议事规则和重大问题表决制度存在不规范或执行不到位等问题。董事会不能汲取利益相关者的集体智慧来科学决策,决策的民主性和透明度欠佳,对举办者个人权力制衡成为一种内部治理的理想,缺乏有效透明的集体决策,给学校发展带来风险。

表3-12　106所民办高校董事校内任职情况一览表[①]

职务	校长、副校长	院长、副院长	职能处室负责人	教师	本校退休人员
人数/人	58	6	6	5	8
占比/%	54.2	5.6	5.6	4.7	7.5

董事会领导下的校长负责制落实不力产生执行风险。一是校长管理权限不到位,校长岗位流动频繁。董事会领导下的校长负责制是民办高校法人治理机构中最重要的核心制度。民办高校校长选聘基本上是举办者及其子女、聘任公办高校退休校长和自己培养的三大格局。经笔者调查,从全国人口第一大省河南省19所民办本科高校现任校长来看,担任校长人员的来源类型分布(见表3-13),其中聘任公办高校退休的校长占比63.2%,举办者子女和自身培养的校长各占15.8%,举办者担任校长占5.2%。公办高校退休的校级领导来担任校长成为主流,举办者子女接班和学校自己培养校长成为一种新趋势。民办高校校长权力保障程度与行政管理力度是成正比的。现实中一些出资人从资本角度与校长从教育教学角度的不同价值取向导致董事长和校长的团队纷争不断。[②] 在董事会集权管理下,学校经营权与管理权未分离,有些聘任的校长"分工不明、职权不清、工作无序",没有科学配置委托代理关系,没有制定学校内部管理中规范运作程序和议事规则,很难落实国家赋予民办高校校长应有权力,校长作用名不符实,成为董事会的传话筒与会议主持者。董

---

① 高飞,于滨.我国民办高校董事会的运行特征与优化路径[J].浙江树人大学学报,2019(3):7—9.
② 费坚,李斯明,魏训鹏.基于复杂性范式的非营利性民办高校风险治理[J].教育发展研究,2018(23):25.

事长和校长经常出现"越位"和"缺位"问题。聘任的校长长期在公办高校供职,到民办高校后面临最大的问题是工作权限受制于董事会,面对"机构精简、人员精干、办事高效"的民办管理机制很不适应,加上前后工作环境对比差异大,存在打工者和不想得罪人等现象,很多没干多长时间就离岗而去,造成民办高校校长经常缺位和频繁更换,有的民办高校平均不到2年就换一位校长,学校内部运行管理无序。二是内部运行机制不畅,校院两级协同效应弱。民办高校人力资源管理是聘任制,特别是学科发展与人事管理岗位也是聘任公办高校退休对应部门的负责人。这些专家教授都是各省域高等教育的宝贵资源,从工作经验、学历、职称上来说都是很好的。但进入民办高校后与聘任的校长有同样尴尬境地,在所从事岗位上得不到人财物保障,也束手无策,甚至推卸责任。而学校自身留校和引进培养的中层干部与退休返聘管理者由于对民办高校认知差别经常出现不和谐,甚至出现明争暗斗的现象,导致部分职能部门、院系两级管理出现"内耗",制约和影响了学校正常的运行管理,成为制约民办高校院两级管理通畅运行的现实问题。

表 3-13 河南省 19 所民办本科高校校长任职来源类型统计

担任类型	举办者担任	举办者子女担任	聘任公办退休校长	学校自己培养
数量	1人	3人	12人	3人
占比	5.2%	15.8%	63.2%	15.8%

监督管理体系不健全造成师生利益受损的风险。一是党组织参与学校决策监督不够,规定职能履行不到位。民办高校党组织在落实国家规定方面存在差异,党组织参与学校监督机制的规范性不够,内部监督有待改进。国家给独立设置的民办本科高校都派驻了党委书记(兼政府督导员),党委书记进入董事会,党组织在规范民办高校党建、监督民主决策等方面应有积极作用。目前在民办高校监事会中党委领导班子成员进入较少,党组织参与民办高校监事会履行监督权存在缺失,党政联席会议制度不健全,学校对监督机构设置与制度规范建设不够重视,缺少对监事会成员的选拔,甚至有学校行政部门代替履行一些监督职能。党组织对举办者和校长的监督作用发挥不够,容易造成"董事会、党委书记和校行政"的"三驾马车"发生"三权分立"。二是内部监督

体系不健全,师生参与学校决策监督少。"三会一层"(党代会、教代会、监事会和中层干部)监督作用未落实到位,监督最高权力制衡机制还未形成。学校在开展决策与管理监督中师生参与少,师生的合法权益保障须不断完善。如黑龙江有40%的学校未建立学生代表大会制度,有的学校教职工代表大会并未正式运营。① 有的学校自我监督机构也是与董事会并存的二元监督机构,监督机构的人员组成的代表性、制度设计的规范性与开展监督保障机制并不完善。近年来由于民办高校内部监督管理不到位,经常发生一些举办者失当行为、教师违反师德、教职员工劳动权益受损等事件,对学校的规范办学和社会形象造成很多负面影响。

(二)教育质量风险的含义及风险源表现形式

1. 教育质量的含义

在《教育管理辞典》中,"教育质量"是指教育活动水平的高低与效果的优劣。教育制度、教学计划、教学内容、教学方法、教学组织形式和教学过程等的合理程度是影响其的主要因素。②民办高校教育质量风险就是民办高校在教育教学过程中受教育思想、质量文化、学科专业水平、教师队伍、学生学习、内部质量保障等因素影响而产生的不确定性危机或风险。教育质量是民办高校办学的生命线,是学校特色和品牌形成的关键点,是学校内涵办学和综合竞争力的内核。教育质量风险属于隐性风险,需要经过一定周期性集聚后才可能爆发,影响教育质量风险的因素也具有多样性和不稳定性。

2. 教育质量的风险源表现形式

办学理念陈旧,教育质量观认知不足的风险。一是办学定位不准确,办学目标不清晰。政府与学校对各自的互相依赖出现同质化问题。③ 民办高校从

---

① 任铭越,黄冬艳,江凯奉,李云波.关于黑龙江省民办高校内部运行机制相关情况的调研报告[J].教育探索,2013(6):107.
② 教育管理辞典编委会.教育管理辞典(第三版)[M].海口:海南出版社,2005:13.
③ 袁利平,靳一诺.我国民办教育分类管理中存在的风险及其规避[J].教育学术月刊,2008(11):52.

专升本以来,学校仍然按照高职专科的办学理念来办学,忽视新建本科高校定位,未把本科办学规格和本科管理规范作为重要抓手,而是盲目跟跑与模仿公办高校建设目标。在没有准确把握一流大学内涵的基础上,甚至提出要建设"国际知名、国内引领"等一流民办大学口号,这种不切实际的目标淡化或冲击了教学中心地位。举办者看到同类民办高校在建设硕士点、申办博士点更觉危机重重,常常"内忧外患"。很多学校不注重发展战略与建设规划,整体办学设计很难提上议事日程,"专家治校、教授治教"只在文字报告中,学校内部管理与服务师生无制度性措施。二是过于注重规模发展,人才培养中心地位不牢。作为独立主体的高等教育质量面临很多风险与挑战,必然要承担更多的责任和风险。[①] 民办高校在科学处理"规模、结构、质量和效益"的问题上,有时举办者和校长引领的管理团队看法不一致,举办者多追求收益,校长多追求教学质量。举办者认为应扩大规模增加学费收入,校长团队认为规模越大,学校的办学条件、师资和教学质量越不能得到保障,应该控制规模。北京大学王义遒教授(2007)[②]指出,学生规模大、师资力量和教学设施欠缺、教学定位不当、教学管理不到位是影响高等教育教学质量的主要因素。我国大多数民办本科高校在校生均达到两万人以上。民办高校规模的扩大,有的生均值达不到国家办学标准。学校一直处于粗放式办学阶段,办学竞争力和师生满意度不高。截至2018年,全国民办高校招生数一直在攀升(如图3-4)。民办高校的招生数量从2003年的8.96%增长到2018年的18.87%,增长2.1倍。公办高校的招生数量从2003年的91.04%下降到2018年的81.13%,下降9.91个百分点,这与国家控制公办高校招生计划有关。

---

① 刘丹丹,李佳孝.高等教育质量风险管理的思考[J].广州番禺职业技术学院学报,2009(4):25.
② 王义遒.高等学校提高教学质量面临的挑战[J].中国大学教学,2007(2):12—14.

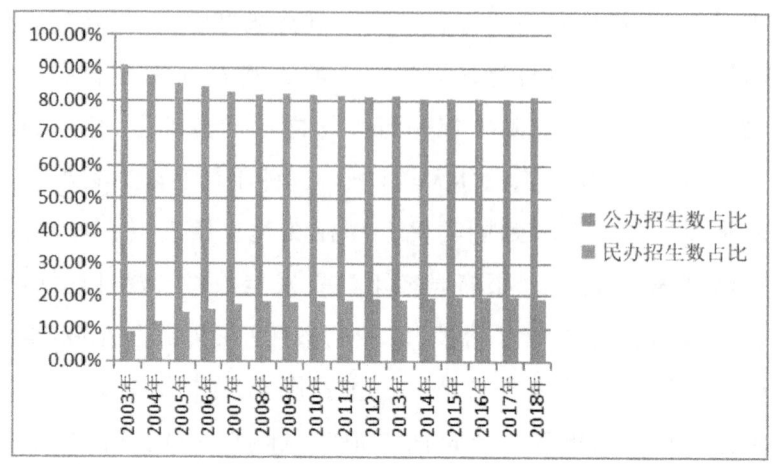

图 3-4 2003—2018 年中国公办高校与民办高校招生数量变化对比

数据来源:2003 年到 2018 年中国统计年鉴。

三是办学经费不足,教学设施条件有限。以学养学和减缩开支导致民办高校教学质量不高。[①] 学校硬件建设中办学设施和教学设备更新有时跟不上学科专业发展需要,软件建设中高层次人才引进和教职员工工资待遇提升与老师期望值差距较大,在此情况下,还有举办者不满足于现状,贪大求全,贷款扩充土地、扩建新校区等。笔者对江苏、浙江、湖北、河南 4 个省域 41 所应用型本科院校(公办本科 21 所、民办本科 20 所)的近三年的生均教学经费和生均仪器设备值进行统计分析,公办本科高校的生均教学经费是民办本科高校的 2 倍(如图 3—5)。公办本科高校的生均仪器设备值是民办本科高校的 2.4 倍(如图 3-6)。虽然民办本科高校学费较高,但公办高校学费加上生均财政拨款和专项建设经费,学生培养费用远远大于民办高校的生均经费。

[①] 曾智飞,黄卫军,喻国英.民办高校追求经济利益与提高教学质量的平衡分析[J].教育与职业,2007(23):48.

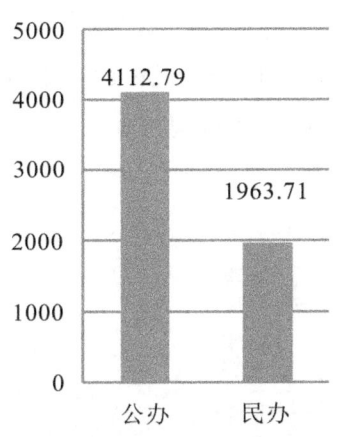 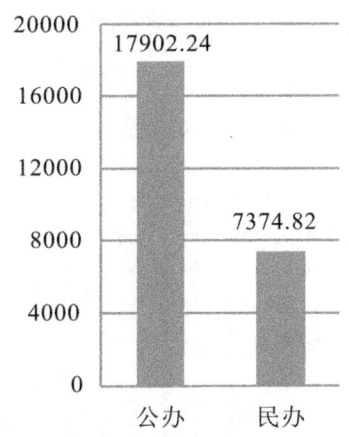

图 3-5　41 所高校生均教学经费（单位：元）　　图 3-6　41 所高校生均设备值（单位：元）

史秋衡教授（2020）[①]指出，民办高校是我国高等教育的重要组成部分，全国每 5 名大学生中就有 1 名在民办高校就读。学校主要依靠学费办学非常单一。民办高校董事会大多数都会紧缩银根，严格控制大额资金的支出，董事会甚至限制校级行政管理领导分管许可的经费审批权限，大幅度减少开支，有的专项工作因无经费支持而流于形式，影响一线管理干部和任课教师工作积极性。

人事管理制度局限，教师流动性大的风险。一是教师对民办教育认知度低，以现有工作为跳板。民办高等教育的教师规模随着民办高校发展规模而不断加大（如图 3-7），民办高校教师队伍数量从 2003 年的 6.49% 增长到 2018 年的 16.42%，增长 2.5 倍。而公办高校教师数量受人事编制管理从 2003 年的 93.51% 下降到 2018 年的 83.76%，下降 9.75 个百分点。民办高校的人事管理特质是聘任制工作。近年来，大批研究生应聘到民办高校工作成为教师队伍的主力军。新进教师的入职培训只是短期行为，加上很多青年教师未接受师范类教育学和心理学课程学习，对民办教育的价值和教师职业认知有一定缺失，刚开始期望值较大，在工作中经常要跟公办高校比，一旦遇到困难就认为民办高校不如公办高校，觉得没有人事编制不如公办高校有保障，工作很

[①] 史秋衡.《中华人民共和国高等教育法》20 年发展报告——基于高校分类人才培养提质增效视角[J].国家教育行政学院学报，2020(2)：21.

短时间就离岗。青年教师常以打工者自居,把工作作为考取博士、公务员或跳槽到公办高校的平台。教师对民办教育认知、薪酬待遇、退休后顾之忧成为队伍不稳定的诱因,这也是民办高校留不住优秀教师的重要根源。

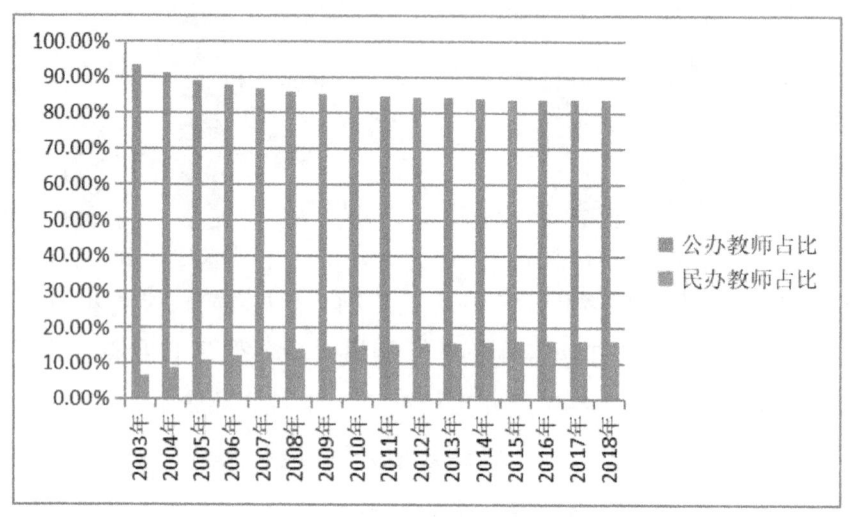

图 3-7　2003—2018 年中国公办高校与民办高校教师数量对比

数据来源:2003 年到 2018 年中国统计年鉴统计数据。

二是教师队伍结构性矛盾大,高层次人才不足制约发展。西京学院院长任芳(2012)[①]认为,教师队伍"数量不足、质量不高、结构不合理"是制约民办高校教学质量的主要因素。公办高校退休返聘和民办高校内外兼职人员组成师资队伍结构给教育质量管理带来不利影响。[②] 民办高校教师职称结构尚不完善,特别是高层人才偏少、"双师型"教师培养难度大、教师队伍稳定性差等具有普遍性。笔者对江苏、浙江、湖北、河南 4 个省域 41 所应用型本科院校近三年的专任教师数、生师比、副高比和博士比(如图 3-8、3-9、3-10、3-11)进行对比发现,公办本科高校的师资力量明显优于民办本科高校,其中公办本科高校专任教师数是民办高校教师数的 1.25 倍,生师比比民办高校低 1.41,副高以上职称比高出民办高校 12.41 个百分点,在校教师中博士比高出民办高校

---

① 任芳.民办高校提高教学质量的途径[J].教育与职业,2012(5):26.
② 张艳花.合并与扩招背景下民办高校教育质量管理改革[J].教育与职业,2016(8):32.

20.67个百分点,民办高校高学历和高层次人才均处于弱势地位。民办本科高校生师比高于国家合格标准18:1,公办本科高校的生师比在合格标准范围内。由于人事体制和聘任待遇与公办高校差距较大,引进和留住人才成为瓶颈。虽然学校出台政策支持教师攻读博士,但教师博士毕业大部分都去公办高校,高层次人才缺失造成内涵建设原地踏步,在学科领域无法打造高地,只能跟在公办高校后边,高层次人才缺失严重和教师不稳定成为制约民办高校教育质量提升最大短板与风险。

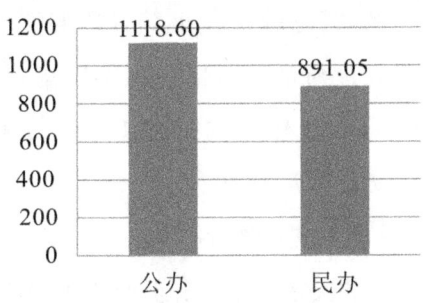

图 3-8　41 所高校专任教师数

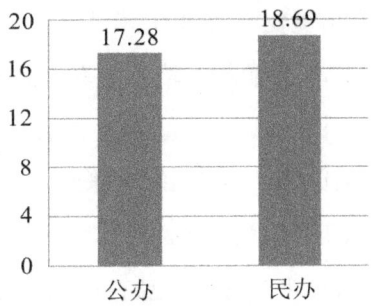

图 3-9　41 所高校生师比

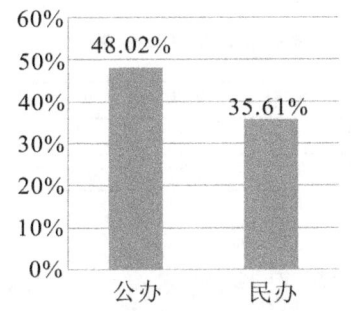

图 3-10　41 所高校副高以上职称比

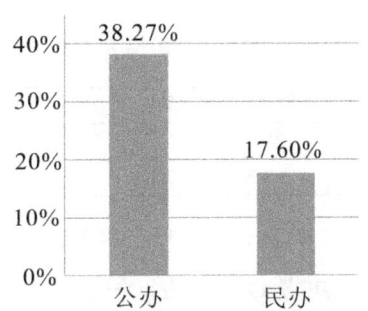

图 3-11　41 所高校在校教师博士比

三是教师专业发展滞后,基层教学组织凝聚力弱。民办高校教师发展机构设置滞后,存在"三无"现象,即无专门机构、无专门经费、无专门人员。学校层面,因为办学经费紧张,面对青年教师多、专业发展需求大的问题,很多学校只是在暑期请专家做培训讲座。教师专业发展缺少顶层规划与设计,教师专业提升与职业规划制度缺失,教师外出进修机会少,基层教研室内涵建设不足,专业带头人缺失,开展教学研讨少,年轻教研室负责人学术与专业能力未得到认可,致使教研室无研究方向、无凝聚力,群体协同建设无内生动力,在学科专业建设方面得不到重视与支持,基层教学组织缺少动力,出现软弱涣散,造成基层教学组织工作质量下降。

本科教学体系不完善,教学过程管理不规范的风险。一是培养目标不切实际,培养规格与学校定位错位。适应外部需求、改革传统人才培养模式是民办高校加强教育教学质量的首要问题。① 现实中民办本科高校的人才培养方案与公办趋同现象严重,培养方式以课堂灌输为主,产学研合作只是签约而履约不够,应用型人才培养内涵存在"虚化"现象。有的学校在论证人才培养规格时,提出宽泛与厚重的学术人才培养规格,宽泛的专业培养目标使课程体系设置时很难支撑人才培养定位,造成培养过程与培养目标定位不匹配,最终培养效果难以达成。二是专业设置雷同居多,专业建设的后劲不足。专业设置一窝蜂和以招生人数论英雄而忽略教育收益滞后性规律。② 笔者对2018年全国154所独立设置的民办本科高校开设学科进行统计(见表3-14),发现理工科类高校占比37%,综合类占29.9%,财经类占20.8%,其他学科占比都低于5%。

表3-14　2018年全国独立设置的民办本科高校办学性质分类

学校性质	财经	理工	农业	师范	医药	语言	艺术	综合
数量	32	57	1	1	1	8	8	46
占比	20.8%	37%	0.6%	0.6%	0.6%	5.2%	5.2%	29.9%

数据来源:教育部2018年教育统计数据。

鉴于办学成本原因,民办高校举办工科类、医学、艺术类大学相对较少。由于专业带头人缺失,仍然由公办高校退休的教授负责专业设置与院系建设,在路径依赖下仍沿袭原来人才培养体系。专家教授因年龄与身体健康原因,担任院系主任及专业带头人的人员经常更换,专业设置与专家教授的擅长不同也在调整,没有形成系统的专业集群。由于部分专业招生规模过大,造成不

---

① 陈新民,周朝成,任条娟等.深化教学改革 推进民办高校人才培养转型——全国民办普通高校教育教学改革研讨会综述[J].中国大学教学,2009(5):95.
② 陶咏梅.基于系统理论的民办高校风险管理模型构建及风险规避[J].教育与职业,2015(32):25—26.

同专业的招生比例失衡,人数多的专业教师和教学资源捉襟见肘,与公办高校加大投入、高层次人才引进和专业设备升级形成鲜明对比,造成专业结构不合理,专业学生实践能力和创新能力培养质量不高。三是教学管理队伍培育缓慢,过程管理规范不够。由于教学管理队伍的选拔、培养与提升机制薄弱,教学管理人员学历、职称较低,面临"细、繁、杂、忙、累"的工作量,只能维持正常运转,教学过程管理规范度不足。在粗放式教学管理下,质量风险是无法避免的,更是无法估量的。① 从参加民办高校本科教学工作合格评估的专家组反馈意见可以看出,民办高校教学管理薄弱,学校教学管理队伍工作经历、职称与学历普遍不高,人员不稳定;校院两级教学管理制度不够完善,学校集中管理多,院系组织的责权利不明;特别是本科教学工作中的主要教学环节质量不规范,考试规范性和本科毕业(论文)设计整体质量不足,学生的专业实习分散失控,实习对口度不高,管理不严等问题较多,校外实践教学过程规范管理缺失;院系级教学督导工作人员不足、督导力度不够,没有发挥好"督教、督学和督管"的"三督"作用。

教学科研标志性成果少,核心竞争力薄弱的风险。一是专业建设成果少,竞争优势不明显。2018年6月,教育部启动"双万"建设计划。2020年1月,公布的首批4054个国家级和省级6210个一流本科专业建设点,有10所民办本科高校(含独立学院)入选(表3-15)。从统计表中看出,民办本科高校在422所高校中最好的一流专业才排在319名,其他专业基本上排到入围本科高校的最后。说明民办本科高校与公办本科高校在同类别的专业竞争中并没有很大优势,支持专业建设的教学、科研成果在全国高校的竞争中均处于劣势地位。

表3-15 部分民办本科高校首批国家级、省级"一流本科专业"布点

民办高校榜单排名	全国高校榜单排名	学校名称	国家级	省级	所在省市
1	319	大连东软信息学院	3	6	辽宁省

---

① 杨炜长.防范教育质量风险:民办高等教育快速发展中的迫切需要[J].中国高教研究,2010(8):75.

续表

民办高校榜单排名	全国高校榜单排名	学校名称	国家级	省级	所在省市
2	388	辽宁对外经贸学院	1	5	辽宁省
3	393	西安翻译学院	1	3	陕西省
4	394	沈阳城市学院	1	2	辽宁省
5	397	中山大学南方学院	1	1	广东省
6	408	沈阳工学院	1	/	辽宁省
7	416	宁夏理工学院	/	8	宁夏回族自治区
8	418	宁夏大学新华学院	/	7	宁夏回族自治区
9	419	银川能源学院	/	7	宁夏回族自治区
10	420	中国矿业大学银川学院	/	7	宁夏回族自治区

数据来源：根据搜狐·国际教育在线网站整理。

二是国家级教学成果极少，民办高校覆盖面微乎其微。国家教学成果奖是高校教育教学质量的最高荣誉，是全国高校教育教学评价体系中唯一的标志性成果。截至2019年，我国高校教学成果奖共评选了八届，直到2009年第六届国家教学成果奖评选才看到民办高校的获奖身影（见表3-16）。从近三届国家教学成果奖民办高校获奖看出，民办高校获奖是凤毛麟角。近三届获奖率分别为：0.15%、0.07%和0.44%，平均在1%以内。可以看出，获奖的民办高校特别重视教育质量品质和团队建设，在大学生综合素质教育、人才培养模式改革、创新创业教育体系与信息化融入教学等方面都进行有效改革与实践，用好民办体制机制优势，强化投入，凸显领军人物引领和教学改革创新是培育教学成果奖的基本经验。

表3-16 近三届国家级教学成果奖项中民办本科高校获奖统计

序号	届别	主持人	奖项名称	获奖单位	获奖总数	民办高校	占比
1	第六届国家二等奖（2009）	赵作斌	大学成功素质有理论与实践	武汉科技大学中南分校	651	1	0.15%

续表

序号	届别	主持人	奖项名称	获奖单位	获奖总数	民办高校	占比
2	第七届国家二等奖（2014）	杨雪梅	民办高校应用型人才培养模式创新与实践——以黄河科技学院为例	黄河科技学院	1320	1	0.07%
3	第八届国家二等奖（2018）	盛振文	观念引领·内融外协·全程帮扶 应用型大学创新创业教育体系构建与实践	山东协和学院 青岛大学 曲阜师范大学	452	2	0.44%
4	第八届国家一等奖（2018）	徐晓飞主持（公办）吴明晖参与（民办）	跨区域跨校在线开放课程"1＋M＋N"协同教学模式创新与实践（2018）	哈尔滨工业大学、浙江大学城市学院等院校			

数据来源：教育部2009、2014、2018年公布的国家级教学成果奖获奖文件统计。

三是高级别科研成果偏少，科研实力不平衡的风险。民办本科高校定位于应用型本科人才培养，不唯科研成果来评价办学水平的高低，但作为本科高校还需有学科与科研支撑，高质量科研工作是提升本科教育教学质量的重要原动力。从2017年中国民办教育研究院发布的民办本科高校科研竞争力排行榜30强名单中（见表3-17）看出，横向上民办本科高校突出科研成果与公办本科高校差距过大，其中国家级项目寥寥无几，十几所民办高校获批的总额不如一个公办大学。从纵向上看，民办本科高校群体的科研成果也是不平衡，各区域民办本科高校的科研平均分有较大差距，在经济发达省份的学校科研质量整体都在提高。科研质量已经成为制约其建设高水平民办大学的重要瓶颈，成为与公办高校同台内涵竞争的明显标志物。

表3-17　2017年中国民办本科高校科研竞争力排行榜

学校	科研得分	排名	学校	科研得分	排名
浙江树人大学	100	1	三江学院	40.29	13
黄河科技学院	93.3	2	武汉东湖学院	39.28	14
西京学院	90.76	3	西安外事学院	37.87	15
湖南涉外经济学院	67.09	4	潍坊科技学院	34.37	16
浙江越秀外语学院	59.82	5	宿迁学院	33.88	17
宁波大红鹰学院	54.03	6	武汉学院	25.43	18
安徽新华学院	49.76	7	文华学院	24.88	19

续表

学校	科研得分	排名	学校	科研得分	排名
三亚学院	47.61	8	福州外国语学院、沈阳工学院		
山东英才学院	47.36	9	武昌理工学院、烟台南山学院		
长沙医学院	44.66	10	南昌理工学院、北京城市学院	24.83	20—30
江西科技学院	42.12	11	武汉设计工程学院、上海建桥学院		
武汉工商学院	41.6	12	山东协和学院、上海视觉艺术学院		

数据来源:引自2017年中国民办本科高校及独立学院科研竞争力评价研究报告。

四是质量文化建设有差距,内部质量保体系不健全的风险。2017年,《中国民办本科教育质量报告》指出:民办高校质量保障体系建设存在"机构、人员和自我监管"不到位的现象。质量文化建设任重道远,自我评估、院系监控、监测结果使用等需要加强。① 首先校本质量意识不够,质量保障机构缺失。由于举办本科教育历史短,举办者一般比较重视硬件建设,管理质量、学生学习质量和督导质量等软件建设都是在接受本科教学评估时才认识到,自我评估、自我督导、自我监测有时只在口头上,在实际落实时由于人员、机构等制约,常常流于形式。在学校内部质量保障方面组织机构不健全、人员不到位、监督机制缺失。有些学校参加教学评估时单列质量保障机构和人员,评估结束后又压缩人员回到原来部门工作。民办高校院系教学质量保障与学生学风、学习动机和管理激励也存在漏洞,质量保障如果很难解决共性问题,不利于形成常态化和制度化的内部质量保障制度。其次内部质量保障体系不健全,监督与评价反馈闭环不足。很多高校始终没有跳出国家外部质量要求的路径依赖。② 有的民办高校直接套用公办高校教学质量标准,对自身质量的导向作用不明显。③ 很多高校把质量监控认为就是日常教学检查,缺乏全员质量管

---

① 教育部高等教育教学评估中心.民办本科教育质量有了首份"体检报告书"——《中国民办本科教育质量报告》解[EB/OL]. http://edu.people.com.cn/n1/2017/1016/c367001-29588906.html,2017—10—16.
② 黄容霞.我国高等教育质量保障政策60年演变(1949—2009年)——基于历史制度主义分析视角[J].现代大学教育,2010(6):74.
③ 龙艳,孙文红.民办本科高校教学质量标准系统的构建[J].中国成人教育,2015(13):154.

理,院系两级质量保障管理重视程度不一,实施过程不平衡;自我评估和闭环管理有缺失,有的高校重视组织实施和检查评价,检查评价后及时反馈和改进管理不能善始善终,难以实现闭环,影响了可持续改进。从民办本科高校提交的本科教育质量报告可以看出,民办高校主动公开办学信息的效度不够,报告中成绩多,问题少,描述性语言多,数据量化少,本科教育质量报告主动回应社会关注度不够。

(三) 财务运营风险的含义及风险源表现形式

1. 财务运营风险的含义

财务运营是保障组织在财产经营过程中的科学管理行为。对于非营利性民办高校来说,财务运营风险是学校在财务管理过程中受无法控制的因素造成经济损失的风险。民办高校经费自筹、自负盈亏、自主办学的特点,决定了其财务运营风险具有潜伏性、复杂性、高危性等特征。非营利性民办高校财务管理具有很强的复杂性,每个环节都可能埋下隐患,触发一系列风险。一旦出现财务风险,加之控制不及时,很容易造成社会公众事件。如果学校处置不当,学校的品牌形象很容易毁于一旦,既影响学校招生,又造成无法估计的损失。

2. 财务运营的风险源表现形式

办学经费筹措渠道有限,供给不足产生资金来源风险。一是办学经费来源少不能满足发展需要的风险。民办高校办学经费以单一收取学费和以学养学为特点,除保证学校正常运转外,办学经费时常不能满足发展需要的硬件升级建设和教学、科研质量提升的专项投入,即使国家对非营利性民办高校给一些财政资助,但也是杯水车薪,与学校上层次、上水平的投入还有很大差距。虽然科研和社会服务收入可以补充经费不足但实际上的净收入不是想象中"丰盛"。[①] 二是外部筹措资金困难带来经费紧张的风险。民办高校在社会方面的筹集资金能力更是有限,除了贷款和较少的横向科研项目有合同资金外,

---

① 徐明稚.对我国高等教育投入的思考与建议[J].教育发展研究,2009(7):40—43.

很难筹措大额资金来补充办学经费的不足。虽然有的学校近年来加强产教融合协同育人工作,争取通过联合企业增加办学收入,但合作育人需要双方互惠互利,学校要在校内建立相关专业的实践教学楼宇,企业才能给配置专业实训设施,学校投入其实更多。社会捐赠对中国民办高校来说是十分欠缺的事,因为现实中捐资办学的民办高校还是少数,很多学校对校友工作与优秀毕业生关注度重视不够,学生对母校的捐赠文化与行动缺失。2017年,中国三方机构艾瑞深校友会公布国内大学校外捐赠排行榜,上海、广东、湖北、江苏、浙江、福建等南方经济发达省份和14所教育部"双一流大学"建设的中央直属高校在前边。① 而民办高校榜上无名,为促进发展只能银行贷款,而贷款过多也会产生财务风险。

财务管理体制不规范,执行不到位产生的风险。一是管理机制受限的风险。2013年《高等学校财务制度》提出"统一领导、集中管理"是高校财务管理的基本体制。但民办高校财务管理存在特殊性,在学校发生重要大项财务支出与花销时,举办者个人是起决定性作用,加上受制于财务机构精简、人员配置较少和管理流程简单的特殊性,对应支和必建大项资金保障学校不能马上通过。二是执行不力的风险。相当多的民办高校尚未建立全面预算管理制度,在预算执行中存在收支随意、资金周转缓慢、朝令夕改等现象。由于未实施预决算管理,很多财务人员只听领导意见,有的怕与报销人员造成工作矛盾,甚至无视财务管理制度放水,造成学校损失。

内部控制防范不到位,监管不健全产生审计风险。一是内部控制风险。健全的高校内部控制机制是一个组织成熟的标志之一,强有力的内部控制需要科学管理的日积月累。首先,内控制度的制定往往源于上级主管单位,制度制定的过程比实施的过程更受重视,因而这些制度绝大部分停留在纸面上。其次,民办高校审计部门人员配备少、专业能力不强、审计对象多为平级部门甚至上级部门,权利与职责不相匹配,往往使审计部门有心无力。最后,民办

---

① 甘朝霞.我国高等教育成本分担现状与高校社会捐赠[J].商业经济,2018(3):186-188.

高校内部控制缺乏整体性和系统性。各个院系之间业务交叉较少,缺乏沟通和交流,很难做到资源和信息共享,各自为战的现状容易使高校内部控制在实际操作中遇到死角。二是外部监督风险。目前我国对民办高校财务的监督机制尚不完善,在制度建设和监督执行方面存在缺失,无法做到全面监督和审计民办学校财务的运营情况。近年来,民办高校非法集资和违规收费等案件频发,暴露出民办高校财务运营的粗放管理和审计的不足。

三、内部办学风险与外部办学风险的关系

非营利性民办高校在分类管理政策下转型发展,必须面对新风险。风险内外部因素给组织目标实现带来不确定性的影响始终存在于组织活动中。外部办学风险会影响民办高校的内部运营,内部办学风险也会导致学校外部发展受阻。内因和外因是事物的两个方面,坚持公益性办学,办好高质量的非营利性民办大学是其发展的重要使命。在办学风险防范方面,要把执行上位法和民办高校实际相结合,明确方向,抓住核心,防范办学风险,依法发展。结合全面风险管理理论和内部控制理论分析办法,按照马克思唯物辩证法理论"事物的发展由内因决定并受外因影响"理论,非营利性民办高校办学风险防范的重点在于内部办学风险的防范。

(一)非营利性民办高校外部办学风险特性

外部办学风险是学校不可回避的考验。外部办学风险是学校的外部环境,是民办高校生态体系的重要场域。政策、市场和声誉等风险是外部风险的主要表现形式。我国是国家主导型的教育管理体制,教育政策是国家意志和政府行为,从1982年宪法提出支持社会力量办学开始,民办高校之所以能够迅速发展,就是国家政策支持与鼓励,没有国家教育政策的指导与支持,不可能有如今达到三分之一的民办高校存在。虽然我国民办高等教育政策滞后于学校发展,但没有教育政策支持不可能有现在民办高校生态与成效,外部环境随着高等教育发展的竞争越来越复杂。

政策和市场是影响民办高等教育发展的两驾马车。中国民办教育的发展得益于教育政策的红利，因为教育政策是风向标，是国家治理与监管民办高校发展的规制，政策风险与市场风险有时牵一发而动全身。民办教育的两次立法与修正（2002年和2016年）表明了中国民办教育发展的政策逻辑，分类管理正式实施标志中国民办教育发展不断走向成熟，解决了2002年以来制度规定"合理回报"的缺失性问题，把民办高校分为营利和非营利性高校，政策引导做好"营非"选择与各自归位。高等教育进入普及化时代，民办教育从补充性教育走向选择性教育成为教育市场面对的现实问题，教育市场变化倒逼民办高校要依法办学、创新发展，融入竞争才能立于教育市场的不败之地。

声誉是民办高校公信力建设的标志性品牌。声誉就是学校对外塑造公共形象最好的名片和自画像，是学校自我发展与自我进取的品牌效应，是支撑现代大学制度建设的重要评价指标。民办高校的声誉风险比公办高校的声誉更加重要，是办学过程中所体现出来的行为写实积累，又是学校可持续发展的重要显性标志，成为学校品牌文化与质量文化的重要支撑。举办者、教师和学生都是学校声誉的实践行动者和创造者，良好的声誉是民办高校社会公信力与知名度的重要品牌。在外部办学的三个风险中，政策是国家治理民办教育的关键导向，市场是办学竞争力博弈的主要场域，声誉是打造办学公信力的特殊标志。

（二）非营利性民办高校内部办学风险的特性

内部风险是学校防范的重点风险，也是民办高校自身在发展过程中必须面临和无法回避的主要问题。内部办学风险是学校防范办学风险的内生性要求，内部治理风险、教育质量风险和财务运营风险是制约学校"营非"选择与转型发展的重要风险。内部治理是防范办学风险的核心指标。民办高校的内部治理结构与治理能力建设是内部控制系统建设的核心。治理结构的合理性决定了治理能力和治理水平的优化程度，发挥董事会领导，坚持党的政治保证，保障校长治校权限，发挥党组织政治核心作用，建立非营利性民办高校的"良治"或"共治"模式至关重要。教育质量是学校的发展战略的追求目标。非营利性民办高校的办学目标具有"公益性和高质量"的特征,学校的主轴和核心问题是给社会提供教育准公共产品,为国家培养优秀的高素质人才。教育质量是高校内涵建设的重要抓手,没有高质量的办学就没有学校的高质量发展,随着民办高校从"买方"到"卖方"市场的转变,最重要的仍是教育质量的社会认可度问题。民办高校要正视教育质量存在的短板,要有"优质取胜"的办学定位与办学行动。单一的办学经费短缺是制约民办高校提质增效的重要命脉,科学有效的财务运营模式成为开源节流的重要手段,是保障民办高校正常运转的重要砝码,实施科学的经费预决算制度是提升民办高校办学实力的重要支撑。在内部三个风险因素中,内部治理是办学治校的核心,它是教育质量和财务运营的统领,教育质量是根本,财务运营是基本保障。

(三)非营利性民办高校内外部办学风险之间的关系

外部风险影响或催生内部风险的产生。非营利性民办高校作为新时代基于分类管理后的一种民办高校新类型,外部办学风险和内部办学风险是其建设发展目标的两个主要方面。外部办学风险凸显了政策、市场与声誉的影响,对内部办学产生一定的影响与关联。一是政策变化风险催生内部新的办学风险产生。外部办学风险中政策与市场是制约和影响教育发展的两个关键因素,政策能够促使民办高校的内部治理产生优化或改变。如分类管理后,非营利性民办高校除了终止办学才能获得经济回报,而有的非营利性民办高校却以"关联交易"或"举办者变更"等形式获得经济利益,这种"以非营之名图营利之实"就是政策变化带来的不可忽视的办学风险。二是市场竞争风险使民办高校遭遇竞争力不足的问题。把竞争机制引入民办教育,是民办高校走"低成本、快速度、高效率"发展的根本途径。[①] 民办高等教育的办学市场随着分类管理政策而改变,不管是以个人还是企业为举办者的民办高校都在思考学校未来发展走向与竞争力问题。2017年修订后的《民办教育促进法》实施3年来,有很多民办高校被上市教育集团收购。民办高校个人举办者向公司举办

---

① 张向前.中国高等教育发展研究[M].北京:经济日报出版社,2017:75.

者变更加剧,集团化办学模式的出现,给民办教育的市场竞争带来新的挑战与机遇,给政府监管民办教育带来新的考验。三是声誉风险影响民办高校内部稳定与可持续发展形象。民办高校内部一旦发生举办者、教师和学生等突发性事故,在信息化媒介的传播下,马上就会升级为学校办学声誉风险,给学校带来负面影响。声誉风险会影响民办高校的正常社会评价,让民办高校更加重视自身形象建设。外部办学风险与内部风险互为制约、互为影响、互相依赖,其中某一个风险的发生都会影响和制约整个民办高校的发展,减少和有效防范风险是非营利性民办高校赖以生存和稳定发展的基础。

内部风险可以转化和升级为新的外部风险。内部办学风险是民办高校固有的办学现实问题,内部办学风险产生的损失直接转化为外部办学风险新的危机。一是内部治理的缺失直接转化为政策执行的新风险。国家鼓励民办高校走非营利的办学道路,而民办高校如果以"非营"之名行营利之实是违规的。举办者掌握学校最大控制权,在治理学校时由于高度集权等导致内部三权分立(董事长、党委书记和校长)和各行其道成为内部治理最大风险点。学校的举办者如果没有科学行使自己应有的权利,未按学校章程来进行管理和决策,就会造成内部新风险,使国家政策落实不力。二是教育质量的先天弱势导致在办学市场中处于劣势。从高等教育发展史来看,当前非营利性民办高校在整个高教体系中还属于质量较低、特色不够明显的洼地。随着国家加大对公办高校的投入,营利性民办高校的出现,受教育者的选择更加多元化,如果出现"少子化"或是学校学位提供过渡,民办高等教育也会遭遇生命周期,可能出现部分学校破产或者是办不下去,这个风险虽然有时间跨度但是也会存在。三是财务运营管理的科学性是保障学校提升的命脉。民办高校综合办学实力需要教育经费的大投入,如果不打破以学养学的学费为主投入机制,民办高校在市场竞争中会越来越受经费紧张的制约,财务科学运营与对外金融合作等拓宽办学经费的手段成为激活办学经费的重要来源,同时也带来新的运营风险。

（四）内部办学风险防范成为非营利性民办高校的核心问题

非营利性民办高校发展由内部风险决定并受外部风险影响。民办高等教育国家政策划定了外部风险以及有关规制措施，学校遵循与适应即可，而内部办学风险则是影响和制约学校可持续发展的根本因素，是防范办学风险的核心所在。

内部治理与办学治校的正向关系。大学与企业不同的是非营利机构，它的社会价值不以货币量化。为实现自身目标而做系列的制度安排，这就是大学的治理。[①] 民办高校发展至今，内部治理问题成为学校顶层设计的核心问题，成为影响其科学发展的"牛鼻子"。从民办高等教育制度变迁与历史脉络来看民办高校存在事业发展生命周期，民办高等教育从补充型教育走向选择性教育。民办高校内部治理从单一管理走向共同治理。依法办学、规范治教，执行章程，探索新时代民办高校共同治理模式，推动内部治理中"三驾马车"并驾齐驱，开展民主决策和科学管理，使内部治理与治学能力同向同行、正向发力是民办高校办学风险防范的价值与使命所在。

教育质量品牌与核心竞争力的协同关系。民办高校在市场与教育规律中全面提升教育质量是"王道"，创建教育质量品牌有利于赢得广阔的竞争市场，有利于民办高等教育市场的优胜劣汰，有利于带动其他相关专业和区域经济的发展，民办高校品牌具有持久性和可行性的特征。[②] 坚持公益性办学和给社会提供高质量的教育服务成为教育内涵的重要标志，防范教育质量风险就是强化教育质量的管理，树立"质量为王"的教育理念，加强质量文化建设，没有永恒的学校只有永恒的教育质量。

财务运营规范与保障有力的匹配关系。办学经费是制约民办高校发展的瓶颈之一，科学的财务运营与经费保障投入是学校未来竞争与保障的坚实后盾。民办高校办学经费单一的模式决定了其支出模式的局限性，在有限的办

[①] 张维迎.大学的逻辑[M].北京：北京大学出版社，2004：4—5.
[②] 胡大白，樊继轩.民办高校内涵式发展战略研究[M].郑州：河南人民出版社，2013：270.

学经费与国家财政支持还未全面落实的情况下,学校的财务运营与科学规范管理显得尤为重要,高校的竞争在某种程度上就是经费投入的竞争,科学的预算、精准的投入和规范运营管理是保障学校正常办学和日常运转的基本线。

综上所述,在全面风险管理理论指导下,基于企业内部控制的机理下,结合唯物辩证法内因决定外因的理论实然,以作者在民办高校工作二十多年的"内部人"的实践经历与理性反思,通过案例分析等研究,在有效识别不同类型办学风险的基础上可以得出,做好内部控制防范是非营利性民办高校办学风险防范的根本举措。

第四章　非营利性民办高校办学风险的成因剖析

民办高校诞生以来风险就一直伴随左右。在分类管理时代,其投资办学的"惯习"和追求控制权的"原罪"这一烙印不能轻易抹掉。2017年,随着修订后的《民办教育促进法》的实施,民办高校进行"营非"选择是国家意志。当前在实际办学中,民办高校办学风险的主要原因还是自身办学累积存在的羁绊和隐患,本章在"内部人"实践工作理性分析的基础上,选取不同类型办学的民办本科高校,通过对不同重要岗位的中高层领导深度访谈和院校真实案例分析,聚焦非营利性民办高校转型发展中"董事会制度短板、教育质量局限和财务规范缺失"等制约成因进行剖析,以期找到办学风险背后的真正缘由,为未来做好办学风险防范提供直接依据,为推动非营利性民办高校勇于自我剖析和蜕变转型提供思考。本研究重点是基于内部控制机理下非营利性民办高校办学风险的防范研究,外部风险防范主要依据国家政策和法律法规进行依法办学、依规管理,故本章未对外部办学风险成因进行专门研究。

第一节　非营利性民办高校内部治理分析

内部治理是一个组织重要的管理决策系统,董事会是民办高校举办方的最高决策机构,其管理涉及学校办学发展的重要方向,决策、监督、执行是内部治理不可回避的三个重要管理行为,而现实中的民办高校在这三个方面确实问题重重,是影响和制约民办高校的可持续发展的根本原因。

一、决策层面——董事会制度存在短板

（一）董事会制度在科学决策中的正面导向

董事会的决策双重性能够促进学校科学发展。民办高校的治理结构可分为外部治理结构与内部治理结构两个方面。我们在此所指的是内部治理结构，内部治理结构中决策机制是首要的问题。学校内部治理结构的形成主要依托于决策系统，其决策系统主要由股东大会、董事会、监事会和管理层组成。通常情况下，由董事会对学校发展中利益相关者的利益、学校长期发展的重大事件做出决策。一是决策呈现"层级"性质。按照制度经济学理论，层级性是建立在活动分工和有限理性假设基础上的。随着学校规模和办学种类不断扩大，决策的内容从最终的教学和学术决策拓宽到学校如何主动服务地方经济建设上来。董事会、监事会和党政系统决策层面更加具有系统性，管理层级性明显。二是决策具有"二元结构"的特征。高校的学术权力和行政权力一直彰显"二元结构"，科学划分不同部门间应有的权力界限，对办学经营和教学科研、教师管理等都有很大正向作用。学校决策机制的最终目标是提高办学的社会效益，实现学校发展壮大。学校工作的执行力需紧紧围绕着决策目标来进行，董事会作为战略部，对管理层下达执行命令，由管理层对学校决策进行实践。

对决策层有效监督更能增加高层决策的科学性。在学校内部治理实践中，建立对决策层进行监督和制约的内部治理监督机制十分必要。董事会是民办高校的最高决策层，做好学校发展战略和保障校长行使职权是其重要职责，董事会与校长的最好关系应该是委托代理关系，分别代表学校所有权和经营权，两权分离、各自归位是学校更好发展的顶层设计。遵守政策规范、设立权限明确的民办高校决策监督机构是科学管理的合规行为，是保障民办高校科学决策权力的有效监督。监事会作为民办高校内部专职的监督机构，就是对利益相关者进行权益保护的合理配置。

(二)董事会制度缺失在学校运营中的负面影响

董事会制度对学校的治理工作影响举足轻重。董事会制度是彰显学校治理体系与治理能力的核心标志,董事会一旦成为举办者控制学校的工具,就会成为学校办学治校的障碍。一是影响学校制定发展战略与办学实力打造。治理能力现代化是学校发展的战略选择,我国民办高校基本是从无战略规划的状态中发展起来的,能有今天的成就,归功于举办者抓住了国家政策推动、适应高等教育大众化的社会需求。民办高校当前的成就看起来非常壮观,但基本上是外延发展的结果。实质上很多民办高校还生活在贫困线下,还有生源未饱的状态,有的仅能维持生存。面对买方市场,民办高校必须办出特色与水平,而建设高水平民办大学必须进行整体战略规划和有效保障目标实现的落实机制。董事会的重要职能是制定学校战略规划和遴选校长,从委托代理理论的角度来看,校长是执行董事会战略规划的。但在很多民办高校,因为董事会不能全面分析学校发展面临的内外部环境,没有抓住促进和阻碍学校发展的关键瓶颈问题,所以会影响学校未来可持续发展与竞争力打造。二是影响学校整体工作的科学运转与行为导向。董事会定位与归位是学校决策的重要前提,作为法定的学校内部最高权力机构,在不同权力主体参与决策的情况下,如果董事长一直高度集权,内部董事表面上经常一团和气、从来没有不同声音并不是好事。在这种强权治理下,外部董事或内部董事没有话语权,甚至连对话的平台都没有,谁投资谁有话语权,谁是董事长就听谁的,这是民办高校科学决策最大的负面影响。也有并不参与学校具体管理的举办者,因为不了解学校实际,个人对于学校的发展设想就自认为是学校战略规划,结果年年订计划,年年改目标,学校"口号一推,成效未见"。三是影响董事会成员履职尽责的积极性。有的民办高校董事会由利益集团或家族控制,董事会成员只是上报名单上的存在,有的在真实学校重要事项决策上只是知情者,并不是董事会主要意见和重要意见的整合决策者,经常名存实亡。有的学校为了提升知名度和获取更多资源,聘请一些社会名人担任董事会成员。重要的问题是这些外聘董事大多来源于政府部门或公办高校,并不了解民办高校属性,不能从根本上把握民办高校工作的特性,工作照抄照搬。有的还把体制内的权力意识带到民办高校,造成与民办高校现有运营工作的冲突。部分民办高校的发展之所以出现同质化也与此相关,未能反映师生诉求的决策,其生命力不强。

"学校聘请的校外董事,看重的是其社会资源和所处平台,而实际上这些校外董事重点作用并未发挥出来,因为学校与他并没有息息相关的生存关系,只是荣耀性的个人需要,而伴随学校一同摸爬滚打发展起来的民办人,与学校有真感情,每天在学校上班,拿着工作薪水,不去思考和参与学校决策是不可能的,虽然并没有决策权。"(I—04)

民办高校管理政策的科学性主要是指它能够代表利益相关者的利益诉求,这就要求制定决策政策的主体具有广泛的代表性。一是董事会决策层的科学决策至关重要。由于我国民办高校董事会人员构成容易出现家族或利益集团控制或"社会名人"参与居多的现象,广大教师、学生、校友等一般利益主体的意志难以进入决策层,与学校科学决策与办学水平提高往往形成"两张皮"。决策层有时自我感觉良好,容易导致决策的片面或失误,忽略了教育者和受教育者的主体利益。

"我到民办高校做副校长 15 年来,越来越觉得教师和学生两大利益主体的重要性。学校的决策在一定程度上就是看学校服务师生的水平和魄力。民办高校只有决策层重视教师和学生两大群体的教学和学习利益,做好精准设计、及时保障到位与主动开展服务,积极打造民办高校良好的学风、教风和校风,越是注重教师专业发展和学生学业发展的学校越有上层次和上水平的希望,在今天高质量发展的教育普及化时代,这一点哪个民办高校做得早、做得好,哪个学校就能早受益。"(H—03)

二是董事会"以人为本"的决策是师生归属感的重要体现。民办高校留不住师资,除社会保障等待遇性质的原因外,教师在学校的归属感是一个隐性的重要因素。有些民办高校的老师认为,学校是举办者自己的学校,怎么决策是人家董事长的事,普通老师不能怎么样,也不想重点关注,就是要份工作而已。有些民办高校的中层干部认为,在学校自己还是一位中层干部,总算有个名分,干好了有可能继续升值与晋升。这都是教师和干部需要的归属感的体现。现在民办高校通过优化内部治理机制,让教职员工分享学校办学成果,拿出有效激励措施稳定教师队伍,想方设法创造条件给教师归属感。现代大学制度在民办高校的显性标志就是让教师、学生和校友等群体参与到学校决策和管理中。

董事会行为影响学校的公益性形象。董事会制度是民办高校公益性的有效保障,董事会制度的根本价值在于通过多元决策,为学校实现办学目标保驾护航。然而,有些学校的董事会制度运行却有悖于其公益性要求,出现利益相关者组成结构缺失、运行程序不规范等问题。特别是由于决策权力过于集中在举办者及其代表手中的学校,出现利益集团或家族控制学校的居多。曾有举办者指出,学校董事会作为决策机构不是对教育的公益性负责,而是对投资者负责,甚至作为监督机构的学校监事也是如此。[1] 这说明一些举办者控制董事会的目的在于为自己的投资利益负责。在国外,企业家都是用企业的钱来捐赠教育,而我国的个别民办高校举办者在国内外都有经营的新业务,新业务资金短缺时甚至用学费收入来反哺产业。没有规范的董事会制度,学校公益性难有保障。民办高校举办者应是对外公益性宣传的形象代表,却又不自觉地对内打造家族企业形象,而学校的监事制度尚未产生实效,监督程序和手段缺失,董事会成员构成失衡、议事规则不健全、决策程序模糊等,导致董事会因缺少透明度而丧失公信力,结果加剧了人们对民办高校举办者牟利的认识。

二、执行层面——管理团队专业水平低

(一) 职业校长的治校能力不足

民办高校校长的职业能力对学校发展具有引领作用。从委托代理关系来看,职业校长或多或少存在"道德风险"和"逆向选择"问题。一是职业校长能

---

[1] 张文国. 中国民办学校法人制度研究[M]. 北京:教育科学出版社,2012:61.

力与学校发展的匹配度不够。大学校长是大学的最高行政长官,就非营利性民办高校法人治理结构而言,校长无疑是十分重要的一级——行政组织机构,负责统筹整个学校的运行。民办高校的校长就像一个职业经理人,是民办高校这艘大船的执行船长。在特定环境下发展起来的民办高校,有些举办者仍然兼任校长,这些首创者不缺乏创新精神,但缺乏按照教育规律治理学校的专业本领。聘任的职业校长有治学本领但不一定拿到代理权,对民办高校的体制不能适应,而举办者自己子女担任的校长又很依赖举办者,又没有治理大学的独立工作经验。在民办高校决策权与执行权没有科学分离的现实中,不管校长来自哪里,都要有一定的职业管理背景和专业知识结构,能够组建一支高效能的专业管理团队非常重要。

"从公办高校到民办高校任职校长5年了,切实感受到民办高校的不容易,人员、经费都比公办高校拮据得多。要当好一名民办高校的校长必须兼有教育规律和市场规律于一身的本领。最重要的是校长的工作权限要有保障,能够有一定的校长行政工作权限,不能事事都要找董事长汇报并求得支持。这与在公办高校担任校长的工作权限与工作方式大相径庭,在短时间内很难适应,如果这样时间一长,就觉得是个人在委曲求全来获得民办学校的管理权限,好像为自己个人做事,慢慢心理就会滋生一种不平衡的感觉,慢慢就不想再从事这个岗位了。只要有职业经理人的权限与工作责任感,有一定的办学情怀和领导能力,有对民办教育有高度的认知和融入感,积极打造一支德才兼备的中层管理干部来共同治理学校,学校就有可能取得一定的发展。"(G—02)

二是现实中的民办高校专业管理团队组建困难。民办高校的校长来源不同,而学校的管理团队也是这样。目前全国民办高校的管理队伍基本上由引进退休返聘的专家教授、学校自己培养留校工作和引进在校工作多年的高校优秀毕业生等三种人员组成。同样,在实际的学校运行管理中,三种人员的教育管理价值观不同,容易造成互不服气和相互抗衡。退休专家以自己是公办高校专家教授自居,认为民办高校自己培养的管理干部缺乏锻炼。留校工作的管理干部是土生土长的办学追随者,他们忠心耿耿,创新意识强,工作十几年甚至几十年,却一直在来自公办高校的退休专家下边当副手,有些虽然在学校职能部门当了一把手,但与退休的专家教授在管理运行中仍然存在思路不一、甚至互不服气;而引进的高校优秀毕业生绝大多数是专任教师,一心想做一线教师和走评聘教学职称之路,个别进入管理岗位的人员对学校管理和决策一有意见就会离岗或退出。由于价值观和经历等不同,校长很难在短时间内把三种人员组合成一个优秀的管理团队。

(二)董事会成员的组成结构存在偏差

董事会组成结构的合理性直接影响决策的客观度。董事会人员身份构成标志着董事会代表的利益主体权力配置与制衡关系。[①] 我国民办高校董事会成员组成存在一定偏差。一是董事会成员结构比例失衡。民办高校董事会成员的确定要有一定代表性。2017 年修订后的《民办教育促进法》对民办高校董事会成员构成有一定数量要求,主要包括:董事会要由 5 人以上组成,1/3 以上有 5 年教学经验,限定举办者的比例,实现亲属回避。但国家对董事会成员组成结构缺少具体要求,导致成员的产生有一定随意性,各种类型成员结构比例失衡,董事会成员的代表性不广泛,普遍缺乏教职员工、社会企业代表、校友代表等进入董事会,这是当前中国民办高校董事会组成的现实面貌。一般董事会中举办者的家族成员过多,举办者及其子女是董事会人员的主力,并在学校担任重要岗位,负责人事、基建与财务工作,有很多夫妻学校、父女学校和母女学校就是最好的例证。如某所民办高校有 7 位董事会成员,董事长为举办者,其妻子、2 位子女、自己的妹妹占据董事会的 4 位董事,其他 2 位是校外人士。这种董事会成员结构极不合理,学校完全是家族化管理模式。二是一般利益相关者代表在实际的董事成员中严重不足。民办高校董事会成员的组成中利益相关者存在名存实亡的现象。有的董事会为了提高社会知名度,邀请有社会地位的一些当地名人加入董事会来提高声望;有的迫于国家规定,也

---

① 王义宁.非营利性与营利性民办高校法人治理结构比较[J].浙江树人大学学报,2018(6):4.

吸引了个别教师和学生代表加入董事会,但实际上很少发挥作用;校友代表加入董事会更难,民办高校校友工作普遍较弱,校友毕业后也很少与学校进行互动。教职工代表任董事会董事是国家法律的规定,很多民办高校注册时,都会登记1到2名教职工作为董事会成员。在学校宣传时教师可以成为董事参加学校决策工作,在对外交流时大多数学校只介绍董事会成员的典型代表举办者和校长两个人。从有些学校董事会人员数量可以看出,现有举办者和校长等人数的总和正好是董事会成员总数。通过了解部分民办高校的董事会组成成员情况,也有教师和校友进入董事会成员的,但寥寥无几。如上海建桥学院和长春光华学院等民办高校董事会成员中有教职工代表,浙江树人学院有1位校友进入董事会,目前还没有发现有学生进入民办高校的董事会。

"学校的董事会是在学校升本设置时按照国家要求正式成立的,我从校长转为董事长后对学校的发展更加操心,说实话,责任与压力并存。我们聘任的校长是从公办高校来的,他们喜欢按部就班,危机感不够。我也知道董事长有时管得过多过细,可能制约了校长的主观能动性,但这个学校就像我的孩子,如果不抓紧培养很难在未来社会办学竞争中立于不败之地。有时候也真想放手不管,但还是做不到。至于董事会成员问题确实有子女在里边,我觉得学校未来还得有人操心,我老了总算子女还在学校,能够继承我的事业让学校继续发展下去。当然,我们也在逐步按照国家要求,规范内部治理,像近期正在做董事会、校行政和党委会联合议事规则,正在修订办学章程为选择非营利性办学做好铺垫,我想下一步董事会成员组成与监事会等机构应逐步规范,应该符合国家依法办学的基本规则。"(F—01)

(三)民办高校董事会运行规范度不够

董事会的制度性规制是保障科学决策的依据。一是董事会议事制度不健全。董事会的议事制度就是董事会的决策规则,这是董事会运行的首要问题。在实际状态下,民办高校的董事会会议议事出现两种极端问题,一种是董事会隔三岔五开会,研究学校事务工作,显然董事会已经把校长的工作职责也给做了,校长的行政权名存实亡。另一种是董事会一年也不开一次会议,董事长听取校长的工作汇报后,个人就直接表态,发出决策指令,决定学校重要工作做不做和怎么做,这两种极端的议事形式违背了董事会制度的基本规则,对学校科学决策会造成极大的损失。由此看来,有的民办高校董事会只是名义上的决策机构,每年开会次数和学校重大工作决策规则都较为隐蔽,很多校内中层干部都不一定知情。二是董事会的议事程序不规范。董事会的议事规范既要依据学校章程,又要符合国家有关要求。2017年修订后的《民办教育促进法》规定,民办高校董事会每年至少召开1次会议,临时会议要有1/3以上的董事提议即可召开,董事会的决策需要2/3以上的董事同意。民办高校董事会决策实行董事议事表决制,董事长不能一人独自行使集体议事的最高决策权,否则,这种决策不是董事会集体的民主决策,而是少数人甚至是个人决策。董圣足、黄清云(2010)[①]通过调查45所民办高校认为,董事会重大决策的表决方式采取"无记名投票、多数通过"的学校仅占8.8%,采取"民主协商、董事长裁决"的学校占48.8%。当然,这种董事会做的决策也不是董事会领导下的民主决策,而是举办者决策。三是董事长与校长权责关系惟妙惟肖。民办高校董事会和校长应是委托代理关系,责权清晰、互相制约,构成校董相对分离关系结构,校长的权利主要是通过法定权利和举办者授权。现实中董事长与校长之间还存在理念或职权的矛盾。如举办者作为董事长在干部遴选和财务方面几乎全部集权,而对校长只在某些教学或行政事务上放一些权,这说明举办者实际上控制了财务、人事等重大事务。校长工作权力与举办者的授权密切相关。民办高校举办者及家族一旦掌握学校控制权,校长成为形式上的校长,要么校长息事宁人,要么与董事长争权或无法合作工作离开学校。

案例4:管理混乱与盲目扩大而导致办学风险[②]

成立于1993年的D学院是某省民办教育样板学校。旗下拥有两所学历教育、职业培训和基础教育学校若干所。多年来该集团旗下的院校获得"全国民办职业培训机构先进单位"等数项荣誉,董事长在业界是知名人物,但是从

---

① 董圣足,黄清云:我国民办高校董事会制度的重构[J].黄河科技大学学报,2010(4):7.
② 杨玉华,陈诺.民办教育样板缘何倒塌——安徽文达集团办学危机调查[J].半月谈,2015(9):65—67.

2014年9月开始,举办方因负债近20亿元深陷债务泥潭,办学受挫。经记者调查了解,学校盲目扩大、违规融资和家族式管理是危机的主要缘由。一是盲目扩大学校。在2007年举办方投资的职业技术学院,刚办学6年,举办者执意升本,连续4年借用外债投入近4亿元升级改造软硬条件,虽然学校升格本科成功,但学校还有土地闲置,为超前发展占据民办培训市场,利用贷款巨资建设新兴学院,虽然运转几年但营利很少。二是财务管理混乱,违规融资。学校办学危机发生后据该省教育行政部门介绍,学校内部财务管理混乱,学校举办者有时一个电话就能把收取的巨额学费几天内转走。三是内部管理不规范。D学院也有校董事会,虽然教育主管部门也有派遣督学,但是因为学校是家族式管理,督学也很难介入协同,后来在当地政府协调支持下学校才未倒闭。直到2017年8月,某教育集团出资5亿元收购了该学院51%的举办权,学校才进入新的发展阶段。

案例分析：民办高校内部治理的规范度决定了其未来可持续发展。该案例能够典型代表民办高校董事会制度缺失下的管理混乱而催生学校办学风险的例子。从三个方面可以看出其管理混乱的根源：一是学校发展战略与规划不科学,举办者好高骛远的追求不符合教育规律。过度追求规模或过快拓展学校新校区等行为,如操作不好,就可能牵扯到整个现有母体学校的安危。本案例中学校忽视发展战略规划,缺少专家治校的作为,违背教育规律带来不良后果。二是财务管理混乱容易导致办学资金断裂。民办高校董事会或举办者高度集权,其财务管理均是单一控制式,有的由董事会代表指定成员或举办者子女直接负责财务,办学经费的支出由举办者说了算,本案例学校学费被一下转走就是例证说明,这种财务管理十分危险,可让学校一夜之间办学资金归零,说明对学校财务与经费管理权力的监督存在很大缺失与漏洞。三是内部治理不规范和家族式管理成为制约学校发展的桎梏。在内部治理中民主决策和严格监督不够是致命的短板,而混乱的家族式管理使内部权力制衡缺失,长此以往办学弊端就会特别突出。学校不是举办者一人的学校,是全体师生的学校,损害师生等利益相关者合法权益是学校走向衰败的警示信号,民办高校举办者应该引以为戒。

三、监督层面——科学有效的监督缺失

(一) 监督机构未能发挥决策制衡的监督作用

法人治理结构属于现代企业组织制度范畴。民办高校具有学校和企业的双重特征,按照现代公司治理结构也要有董事会(决策权力机构)、党组织(政治方向和决策监督机构)、校长(行政机构)和监事会(专门监督机构)四大部分组成。2016年中共中央办公厅《关于加强民办学校党的建设工作的意见(试行)》第五条和2017年修订后的《民办教育促进法》第二十条均提出:建立健全党组织参与决策和监督机制,监事会中应当有党组织领导班子成员。当前上级公派党委书记入驻民办高校已基本普及。虽然有上级要求和办学章程,但在现实中民办高校监事会机构仍存在人员构成不符合规定和监督缺失问题,监事会负责人仍是董事会董事或举办者亲属担任,党委成员也加入监事会,也成立了监事会机构,但在监督工作中很难监督重点工作,学校的监督机构存在"专职人员少、专项经费少、实质工作开展少"的问题,监事会机构处于需要时出现,不需要时消失的工作状态,对董事会决策权力制衡和日常办学绩效等实质性监督还有不少差距。

(二) 自身监督与主管部门专项监督不足

董事会作为学校最高决策机构,自我监督职能履行也存在差异。对学校来说,学校教代会、学代会等并未实际开展工作,学校监督董事会行为的机构寥寥无几。对于政府来说,对民办高校监督就是例行开展一些常规的年度检查审核工作,平时对学校的监督检查很少。由于国内教育行政部门认可的三方评估认证工作还在初级阶段,教育行政部门要想实现有效的行政监督也并非易事。只要发现民办高校有问题,教育行政部门就像修剪花工师傅一样,哪里有问题就处理一下,鉴于民办高校对区域经济发展和社会发展培养应用型人才的作用,行政处罚也不过重,这样导致举办者的违规成本降低。为此,有

家族控制的民办高校出现内部矛盾严重,有些因为学校自主监督机制缺乏,发生学费不纳入学校账户、举办者抽逃资金等不良事件,甚至造成学校资金链断裂等办学风险,严重破坏了学校公益性形象,学校甚至成为举办者实现个人目的的平台。

第二节　非营利性民办高校教育质量分析

长期以来很多非营利性民办高校盲目模仿公办高校的教学模式,造成发展过程中的定位不准、特色不明、培养目标和规格不清等同质化问题。特色学科、重点专业建设、师资队伍结构优化、教学管理队伍专业化建设和教学质量保障体系等方面存在不少薄弱环节,成为制约学校教育教学质量提升亟待解决的重要瓶颈问题。

一、办学特色缺失,同质化现象严重

(一)办学定位不准确

应用型人才培养是民办本科高校的基本定位。随着我国高等教育快速发展和综合改革的推进,各类型大学的分类管理与分类发展已经逐步明晰。2017年教育部"十三五"高校设置工作意见提出:我国高等教育总体上分为研究型、应用型和职业技能型三大类型。史秋衡教授指出,在服务国家创新体系建设中应用型高校处于三种高校类型的"中部塌陷"位置。① 新升格的民办本科高校在办学定位上存在一定误区。一部分民办本科高校朝着综合性高校的方向发展,追求学科布局大而广,只有少量的诸如外语类和医学类院校属于单

---

① 史秋衡,康敏.精准寻位与创新推进:应用型高校的中坚之路[J].高等工程教育研究,2018(5):98.

科性。不少高校为了适应新产业和新业态的发展，在学科定位上选择以工为主，但实际办学过程中，由于办学资金和办学条件的制约，新增专业布局、生源结构违背了以工为主的定位。民办本科高校大部分是2000年后升本的新建高校，其历史积淀不厚，办学基础薄弱，培养模式单一，不少高校的办学定位与公办高校相似度高，把人才培养定位都描述为"应用型"人才，具体培养什么规格的应用型人才没有清晰界定，这在很大程度上不利于办学定位的有效落实。民办本科高校的办学层次较为单一，只有少数特色鲜明、办学基础较为扎实的民办本科高校实施专业硕士教育，大部分民办本科高校还停留在本科和专科的培养层次，为了确保生源数量，不少本科层次的学校仍保留着很大比例的专科专业，甚至存在本科层次的高校继续申报新设专科专业，这些行为充分体现了民办本科高校的办学定位与发展目标还存在问题。

（二）专业设置雷同居多

专业动态预警是高校监测专业与社会发展匹配的重要工作。目前，很多民办本科高校缺少清晰的专业发展规划，专业设置与招生缺乏预警机制，追求大而全，缺乏特色专业，甚至存在以校领导喜好设置专业的现象。有的专业设置只考虑办学成本而未考虑同质化竞争的风险，新开专业人才培养方案也重点参考公办本科高校，以至于开设专业课程一模一样，专业人才培养缺乏自身特色。大多数民办本科高校都提出把学校建设成具有地方特色的高水平应用型民办大学的目标，但专业设置与地方主导产业人才需求精准对接度不够，社会服务层面与本区域紧缺技术人才培养主导协同度不够，产教融合、协同育人深入融合度不够，很多协同育人项目只是签个协议和搞个揭牌仪式，双方缺乏构建开发深度融合的育人模式。应用型本科高校脱离了地方，就像鱼儿脱离了水域一样。专业设置随意性强，没有扎根区域特色办学，加上办学资源和教育教学质量得不到保障，会严重影响到学校自身的健康和可持续发展。

"专业设置工作是高校的重要工作，但我们学校在专业设置前市场就业与用人单位岗位需求调研工作深度不够，专业设置工作虽然国家有相关要求，但学校领导看到兄弟高校某些专业招生人数剧增，就要求本校也尽快申报这个专业,专业设置后的专业课师资队伍配置、专业教学实验设施建设等投入还有不足,给培养人才带来很大的负担,我觉得专业设置工作论证还应再严谨些为好。"(K-06)

(三)办学设施条件不足

民办高校的办学经费制约办学条件的升级改造。以学费为主要收入的民办高校生源充足则资金相对充裕。在此背景下,有不少民办高校仍在继续扩大办学规模,随着在校生规模的扩大,学校办学条件并未及时跟上,导致专业师资队伍短缺、学生住宿条件和教学设施不足、设备台套数匮乏、办学资源紧张等问题频频出现,教育教学质量提升受到一定制约。不少民办高校并未看到规模定位上的偏差,有时只看到学费增加,而忽视规模、质量、效益和结构的辩证关系。民办高校举全校之力和调动全校积极性扩大生源规模,而不明白只有合理规模才能使资金发挥最大的效益,造成了规模扩张与学校自身校情的不匹配,导致内部教学运行组织机构超负荷运转,教育教学质量的提高可想而知。民办高校无视自身条件,缺少战略发展定力,盲目追求规模扩张,使捉襟见肘的教学资源愈加匮乏,常年这样,学校的可持续发展就是一种桎梏和套在学校身上的一把枷锁,越走越重,成为制约学校高质量发展的新问题。

二、师资力量薄弱,教科研水平偏低

(一)师资队伍原发性弱势凸显

民办高校师资队伍水平与公办高校差距大。高层次人才的短缺、教师培养机制不完善、教师流动性大成为制约学校发展的重要瓶颈。一是师资数量不足。由于受办学历史等原因影响,教师队伍天生数量短缺、结构失衡、整体质量薄弱。改革开放以来,民办高校规模快速扩张,大都成为万人大学,而教师增长速度在教师不停地流动下较为缓慢,生师比普遍高于公办高校,大部分学校教师数量仅能勉强维持正常教学,教师工作量普遍较大,专业课师资紧缺。二是师资结构不合理。"哑铃式"特征一直是教师队伍的真实模型,青年教师和退休返聘教师一直处于哑铃的两端,结构并不平衡。从职称上看,民办高校教师队伍中学校培养的教授等高职称的专业人才偏少,目前民办高校教师职称、学历相对较低,讲师较多,教授等高级职称偏少;从年龄上看,中年骨干教师少,稳定性差,很多评过副教授职称的中年骨干教师去公办学校任教;从学历上看,硕士研究生多,博士学历的自有教师极少。师资队伍建设面临着严重的数量短缺和结构失衡问题,不可能一次性解决教师队伍紧张问题,在学生数量大幅增加的情况下,教师补充速度跟不上需求,师资结构优化严重滞后于公办高校,制约办学质量的提升。

(二)优质教师队伍梯队建设缺失

民办高校普遍缺少高水平教师的引进。高层次人才和领军人才更是短缺。师资队伍中"四多四少"的特点非常突出:基础教师多,专业教师少;传统专业教师多,新兴专业教师少;学术型教师多,"双师"型教师少;单一专业教师多,跨学科教师少。由于青年教师居多,优质教师梯队建设工作一直处于停滞状态,在一线教研室,由于中青年领军人才严重匮乏,教师梯队建设经常性"群龙无首",在教学工作量饱满的现实情况下,大家做好基本教学和日常运转工作已经筋疲力尽。加上很多民办高校还没有把专业领军人才真正列入重点培育工程,在培养和引进中青年学术骨干方面真金白银投入严重不足,建设高水平民办大学有时成为一种理想口号。民办高校教师的国际化与学校国际化同日而语,学校国际化办学还处于起步阶段,教师的教科研普遍缺乏国际化视野,能到国内外访学进修的教师寥寥无几,校本自有教师国际化培训又不到位,与国内外专家和相关大学交流合作平台搭建较难,大多数教师受语言、学术水平和时间的限制,在专业发展上受到限制。

"民办高校教师队伍建设是一个国家级课题,作为基层主管教学的副院长,这几年真真切切看到学校青年教师的不容易与困惑,教师流动是正常的事,但是教师其实也不想流动,我们二级学院有40名教师,评过副教授的有9人,其中有5人都先后到公办高校去了,教师们离岗时我都要问走的直接原因,他们经常向我质问两个问题,让我哑口无言,一是在学校教研室没有较高水平的专业带头人,退休教授经常不在学校,人家没有科研压力,谁给我们专业发展引领方向;二是在学校工作多年,几乎没有被外派或到国内参加过专业学术会议,有点与世隔绝的味道,自己想去自己掏腰包,学校外派一次1人,什么时候轮到自己,现在只会上课,我的专业知识已经还给大学老师了。"(L—07)

(三)青年教师流动性较普遍

流动性大是民办高校师资队伍建设无法回避的问题。一是师资队伍组成结构的特殊性导致不平衡。专任和兼任教师是民办高校教师队伍的两个重要组成部分。专任教师就是学校每年向社会公开招聘并实行人事代理的青年教师。兼任教师主要是来自公办高校退休或相关行业的在职教师。民办高校工资福利待遇普遍比公办高校低,由于是聘任合同制,教师无国家事业编制,导致受聘教师缺乏职业安全感,有后顾之忧,影响安心教学,大部分青年教师并没有决定长期在民办高校从事教学工作,随着职称和能力的提升,一有机会就会考虑到新的地方供职。二是教师频繁的流动性制约教学质量的提升。学校聘任的兼职教师是根据自己时间参与教学,由于所在本单位工作等原因,教师更换频率较高,使学生对教学产生很大意见。教师流动较多是专业骨干教师,这些教师要么考博进修、要么去了公办高校和考取事业单位公务员,导致民办高校常年招聘教师、常年也在流失教师,这种情况对学校整体队伍来说是很大的人才资源损失。新聘任在岗教师在教学能力和教学方法上普遍欠缺,要用"千呼万唤、千辛万苦、千锤百炼"的精神来打造民办高校优质教师队伍,民办高校优质教师队伍建设是大课题,能早做好此项人力资源第一工程的学校是未来可期的。

(四)教师教科研水平参差不齐

教师教科研水平直接决定学校的教科研质量。民办高校的办学属性决定其不可能在短期内走科研型发展道路,主要原因就是还没有高水平的优秀教师梯队来支撑。民办高校教师由于教龄限制,主动进行教研教改的意识薄弱,真正投入学科专业教研教改的时间与精力不足,教研室中的青年教师研究方向不聚焦,研究团队组建存在很大的困难。民办高校办学定位是应用型高校,对科研的重视程度普遍不高,科研整体氛围不够浓厚,导致教师对科研的关注程度有限,从事科研的兴趣和动力不足。学校科研制度设计与教师科研绩效考核还做不到以科研为主,科学研究工作的层次与数量明显不足。学校对科研投入重视不够,配套科研经费不高,很难拿到国字号的大项目,有的学校办学二十多年,始终没有突破本校专任教师自己主持的国家级项目。民办高校人员流动性大,高层次科研人员引进缺乏,举办本科教育的年限较短,科研工作积累底蕴传承不够,较高层次的科研项目依靠少部分人员,没有形成强有力的科研团队,严重制约了学校科研工作的发展。

三、学科建设滞后,培养模式较单一

(一)学科建设存在滞后性

民办高校很难把办学重点聚焦到学科建设上来。一是缺乏学科意识,学科基础薄弱。民办本科高校在建校之初,处于数量扩张阶段,以专业建设为主实施人才培养工作,受办学历史与经费制约,学科建设不是学校的中心工作。"重专业、轻学科"反而是民办高校的现实特征,大部分民办高校的领导和专业负责人学科意识存在一定缺失。学校对如何提高学科建设工作没有系统的规划和有力保障支持,普遍缺乏高层次学科带头人的引进,学科研究方向凝练也在起步阶段,优秀学科建设梯队属于萌芽状态,学科应用与地方主导产业缺少互动,与公办高校进行学科竞争仍是劣势。二是学科设置贪大求全,没有自身特色。民办本科高校的学科专业体系设置不够合理,大部分学校不断增加学科门类,不顾学校办学资源和发展实际,向多学科甚至全学科发展布局。学科专业同质化明显,很多学校都是工学、经济学、管理学、文学和艺术学等学科应有尽有,学科与专业建设就像滚雪球越滚越大,学校缺乏对产业发展趋势和区

域社会经济发展的前瞻性研判,对一些不适应社会发展的专业改造不彻底,特色专业建设滞后,优势学科建设投入不足,缺乏有竞争力学科来打造学校的办学优势与特色。

(二) 人才培养模式单一

人才培养模式是彰显办学定位最好的标志。单一的知识结构已经远远不能满足应用型人才培养的需求,民办高校的专业设置虽较公办高校有一定的前瞻性,但在人才培养模式的设计、实施、优化完善和升级等方面还存在很多路径依赖。受办学历史与专业带头人大部分是公办高校退休教授的缘故,在人才培养方案制定、专业实验室建设、专业课师资配置等方面大多数仍是沿用传统公办高校的模式。学校应用型人才培养方案设计较单一,对人才培养方案的论证缺乏兄弟院校、校企合作专家参与。传统的人才培养模式不能很好地适应现代经济社会和新兴产业发展的需要,缺乏学科交叉知识的融入,缺乏新技术课程的开发建设,缺乏专业核心能力与主要就业方向(岗位)的精准对接,仍然沿用固有思维走单一性培养模式,学生基础知识面窄,跨界与创新能力差,工科学生缺乏文科素养,不懂经济管理,文科学生缺乏工程思维和必要的科技手段。授课教材内容滞后于科技和行业发展,知识更新不够及时,学科专业最新研究成果没有及时融入课堂教学中。

"应用型本科是民办本科高校的办学定位,这个问题到现在已经没有什么争议了,现在最大的问题就是应用型本科的人才培养方案的科学性谁来评价,现在制(修)定本科人才培养方案最头痛的是专业负责人对应用型本科的认知问题,民办高校现在绝大部分本科专业负责人都是公办高校退休的教授在担(兼)任,教务处制(修)订的人才培养方案的指导性意见下发后,意见最大的就是专业负责人,他们说自己所在高校都不敢轻易对专业课程体系、学时、实践教学比例等进行调整。行业、企业来参加论证就是走形式,你们这样做不符合本科教育规律。可想而知,我们要修订有别于公办本科高校应用型人才培养方案的难度。"(J—05)

（三）教学考核评价方法单调

教学评价是人才培养考核的指挥棒。民办高校举办学历教育后常常沿袭公办高校传统的教学评价方式。在教学组织上，日常教学模式普遍采用合班课教学的形式。以教为主的课堂教学缺乏创新，很多课程不能反映学科发展的前沿信息。师生间有效的互动不够，在发掘和培育学生个性化教育方面做得很少。学校的教学考核评价方法改革缓慢，学生可选择性低，没有真正实行学分制，基于过程管理的多元化考核评价较为单一，缺乏过程性考核。普遍缺乏凸显应用型人才培养实践能力的个性化考核评价模式，对某一领域优秀学生的个性化培养关注度不够，无法保障对个体的因材施教、个性化教学计划制订、信息化教学改革和实践性考核手段的尝试。

四、教学管理不足，质量保障不到位

（一）教学管理工作存在多重不足

民办高校教学管理工作普遍存在不足。主要表现在"三个"两难。一是校院管理分工与保障的"两难"，民办高校虽然也实施校院两级"二元"管理体制，但是由于很多学校没有实施全面预算管理制度，校院两级管理责任是明确的，但在实际运营中，学校对二级院系的管理应有的人、财、物配置很难到位，还处于学校统筹的"一元"管理机制，这种管理已经与现代大学制度建设格格不入。二是教学管理人员工作博弈的"两难"，很多学校教学副校长和教务处长都是从公办高校退休后聘来工作的，而青年教学管理人员是学校自己培养的，在面对退休返聘教授照搬公办高校固有管理制度时，很多青年教学管理人员对部分规定持保留意见，实际并不执行，导致教学管理环节的缺失与漏洞，管理效率不断降低，最终影响学校管理效能。三是人工管理与信息化管理的"两难"。民办高校教学管理队伍存在"人员少、事务杂"的工作特点，面对"万人"大学规模，而人员不增教学管理工作量剧增，只有通过信息化管理手段解决，而民办高校的教学管理信息化建设普遍落后公办高校,由于经费制约,有的学校仍然以人工为主进行管理,给教学管理效率和服务师生造成巨大工作量,致使教学管理严重滞后。

(二)管理人员专业化程度不高

教学管理队伍的职业发展与业务能力提升滞后。一是校院两级教学管理队伍职业发展动力不足。新的教学管理人员缺乏针对性的入职培训,老的教学管理人员职业发展与晋升机制不完善,工作多年的教学管理人员存在较大的职业怠倦,校级和分院系教学管理人员职业发展规划与晋升通道窄,管理人员的职级、激励和待遇政策制约其工作的积极性,常以打工者自居,工作的原动力和内生性发展滞后,管理人员流动或转岗专任教师的居多。二是教学管理队伍业务能力建设缺失。很多民办高校只注重教师队伍建设,管理队伍的业务能力建设经常被忽略,管理人员的业务提升只有跟着老同志或自我学习。为缓解教师队伍不足,稳定教学管理人员安心工作,很多学校教学管理人员"双肩挑"走教学系列职称之路。在现实中长期从事教学管理的人员,工作时间和专业研究投入时间不能保证,开展学术研究、主持专项课题等存在诸多困难,很难达到职称评定要求。一方面校领导认为教学管理人员专业技能不足制约学校教学管理效能,另一方面教学管理人员由于职称评聘难度致使其工作收入与发展前途受限而离岗,这种双向矛盾严重影响校院两级教学管理效率,也难以真正提升专业化管理水平。

(三)内部教学质量保障体系不健全

学校内部教学质量保障工作处于初级阶段。一是学校内部质量保障部门组织不健全。从接受过校外本科教学工作合格评估的民办高校来看,内部教学质量保障部门组织建设非常薄弱,主要表现在:专职工作人员很少,质量保障部门职责与教务处职责分工不明确,与教学督导的职能等交叉较多,在校内无法实现相对独立工作。从事质量管理的人员大多数是来自公办院校的退休教授,他们一方面还要担任学校的专业课程,一方面从事质量监督工作,在精力上也难全面顾及,只是强化学校原有的督导工作职能,对新时代高校内部质量管理评价的政策与评价技术、方法掌握不够,很多工作还在起步阶段。二是自我评估与监测工作开展不规范。民办高校领导的精力往往集中在规模和硬件建设上,对质量保障体系及质量文化的重视程度普遍不够,大部分民办高校的质量保障体系只是一项管理制度,建立初衷主要是为了应对国家和各级教育部门的评估,而且在构建过程中也是套用公办的模式,缺乏与自身校情的结合。学校自身制定的教学质量评价标准、专业和课程专项评估、院系自我管理评估等与学校校情出入较大,在开展执行中有不少漏洞。特别是学校层面内部质量保障的指挥、组织、评价、反馈、激励等系统的闭环性不足,很难实现内部质量保障工作的主要目的,这是民办高校发展中自我评价的最薄弱环节。

"学校的教学质量部门完全是国家外部评估要求导向下学校临时成立的一个部门,在学校参加评估准备时该部门有评估办的职能,正式评估时该部门有督导办的职能,评估结束后该部门就会并入教务处履行教务的职能。民办高校教学质量保障体系的主要矛盾就是两个问题:一是学校顶层对教学质量保障工作的重视与投入程度决定此项工作在学校的地位与职能发挥;二是有无符合并能实施的民办高校质量保障制度与评价标准很关键。如果全校的质量文化和各部门工作质量标准未确定,我们质量管理中心几个人就是不睡觉也不可能做好学校的质量管理工作,这是一项系统性工程,需要系统性设计、实施与全面协同保障运营。"(M—08)

第三节 非营利性民办高校财务运营分析

财务运营是民办高校的生命线,是学校正常运转和保障发展的基本线,现实中民办高校财务管理规范性存在不少问题。财务管理运营状态可以反映出一个学校的经营管理水平,民办高校缺乏专业化财务运营管理是共性薄弱与不足问题,特别是在办学资金来源、财务运营管理和监管审计三方面的工作效能还存在较大差距。

一、经费来源单一,办学投入紧张

(一)学费来源受生源波动影响较大

民办高校办学资金的单一性是固有特征。学费收入一直是办学经费的重要来源,中国民办教育协会原秘书长王文源指出,由于我国国情原因,学费必定是民办高校的安身之本,过去是这样,现在是这样,将来很长一段时间内也会维持。虽然目前民办本科高校的学费标准是普通公办本科高校的 2—3 倍,有专家做过验证,一个仅仅依靠学费来运转的民办本科高校,只有当在校生人数大于 11000 人时,才能正常运行,当在校生人数小于 6000 人时需要裁员维持基本的运转,当在校生人数小于 5000 人时,这所学校就会陷入财务危机。北京大学课题组做过一项调研,我国高等教育与高校学费之间的价格弹性表现非常显著,当学费上涨 10%,大约会有 11% 的学生家庭将承受不了高等教育所带来的经济压力,而不得不辍学。① 因此,鉴于社会普通家庭的承受能力,为了实现公益性办学目标,通过大幅度涨学费来增加资金来源,对于非营利性民办高校来说并非明智之举,而民办高校学费来源也会受生源情况而波动。特别近年来的情况并不乐观,受出生人口比例在全国各区域不平衡的影响,我国的适龄入学人口在部分地方逐渐减少,又加之一些地区扩招政策的激励,民办高校与公办高校在抢夺生源的激烈竞争中并不占优势。对于民办高校来说,生源一旦出现波动,学费必然随之波动,也就造成办学经费的不稳定,就会制约学校正常运行和可持续发展的经费来源。

(二)国家的财政性资助很不均衡

1993 年,《中国教育改革和发展纲要》提到国家财政性教育经费支出比例

---

① 2001 年北京大学课题组,关于扩大高等教育规模对短期经济增长作用的研究报告,中国教育网,http://www.edu.cn/zhong_guo_jiao_yu/gao_deng/zong_he/200603/t20060323_12479.shtml.

要在20世纪末占到GDP的4%。一直到2012年才首度实现这个目标,这表明在相当长一段时间内,我国的教育经费支出一直处于较低水平。而与公办高校相比,民办高校的财政资助更是寥寥无几。按照全国的平均状况来看,相比学费来说,专项财政资助约占民办高校资金来源的4%—5%。自民办高校产生至今,政府一方面强化教育的公益性,另一方面为了防止国有资产流失,而忽视了对民办高校的大额度扶持。2010年《规划纲要》提出探索民办高校"营非"分类管理,加大公共财政扶持力度。在民办教育新法新政下,各地逐步出台对民办高校的扶持利好政策(见表4-1)。从2008—2012年《中国教育经费统计年鉴》数据可以看出,政府财政拨款占我国民办高校办学资金的比重分别是2.66%、3.95%、3.89%、4.90%、6.98%,整体呈现递增的趋势,地方财政拨款多以扶强奖优的方式进行资助,但扶持范围有限。

表4-1 部分省市给予民办高校专项经费扶持政策

单位:万元

省、市	对非营利性民办高校的扶持政策
上海市	按照生均0.05万元—0.2万元标准给予生均拨款
重庆市	对符合要求的民办本科普通高校给予年生均财政拨款0.2万元
辽宁省	构建并实行定额、项目和奖励性补助等多元化的财政扶持体系
河北省	建立差别化的支持政策,重点对税收和用地等给予优惠
山东省	民办高校"特色名校"(1000万元)和"优势专业"(200万元)专项支持
河南省	省财政每年拨付5000万元专项经费用于支持民办高校品牌专业建设

资料来源:根据各省对外公布的政策文件进行整理。

(三)科研经费拨付配套十分有限

横向和纵向科研经费投入十分有限。一方面,科研项目纵向经费拨付远远低于公办高校。鉴于民办高校尤其是新建本科高校还处于发展成长期,在科研方面的积淀不如公办高校。公办高校教师教科研积淀多,能拿到有经费的重点项目,民办高校教师教科研竞争力较弱,能拿到经费的项目较少。另一方面,横向科研经费拨付有待提高。民办高校在应用型科研建设方面有一定竞争力,利用学校自身的技术开发、技术服务与企业开展横向合作,服务地方经济发展的同时,通过应用科研技术转化获取收益已经成为民办本科高校资金来源不可或缺的办法。近年来部分民办本科高校在应用科研领域争取到一定的横向科研经费不断增加（见表 4-2），其中不乏西京学院这样的佼佼者，其横向课题经费已达到相同层次公办本科高校水平，但从整体上来看，我国民办高校的科研实力还有待进一步提升，特别是通过承担横向课题的形式提升学校知名度、扩大对外服务、提升成果转化、服务地方经济，有利于获得更多的科研经费来源值得推广。但是企业一般以利润最大化为原则，倘若高校的科技投入未能给企业带来经济利益，或者校企合作不能达到企业的利润目标，企业一般不会投入大量资金，一旦校企合作不能达成长效合作机制，学校的收益就得不到很好保障。

表 4-2　部分民办高校 2017 年横向科研经费数额统计

单位：万元

学校	横向科研经费
山东英才学院	130 万元
浙江越秀外国语学院	150 万元
湖南涉外经济学院	265 万元
浙江树人大学	535 万元
西京学院	3400 万元
黄河科技学院	1000 万元
郑州科技学院	450 万元
郑州工业应用技术学院	120 万元

（四）只凭贷款发展压力过大

债务风险是民办高校面临的各类风险中最主要的风险。随着学校规模扩大和信息化建设需要，校园网络基础设施和工作站建设、专门管理和维护信息系统的相应部门和员工配备成为大学不可或缺的重要工作，提高计算机容量、速度、档次的需求也在急剧增长，满足这种需求和发展费用是昂贵的。办学遵循教育属性，不断追求高质量发展的问题，要保住优秀教师流失、科研条件提升、办学硬件完善、校园环境美化、硬化、绿化等均要付出更多资金投入。

由于财政资助和科研经费等收入来源有限，单纯"以学养学"的办学模式与规模不断扩大的资金需求不够匹配。在国家"鼓励运用金融、信贷手段发展教育事业"政策下,高校比企业更稳定,所以成为银行优先选择的合作伙伴。许多民办高校积极利用国家贷款政策,发展基础建设,扩大办学规模。举债办学在一段时间内可以有效缓解民办高校的融资困境,为提升办学质量提供了资金保障。然而,民办高校与生产企业相比,缺乏资金循环的再生机制,利息的按期支付带来资金周转困难,只能挖东墙补西墙,一直循环下去造成民办高校的负债越来越高。① 有业内人士估算,部分民办高校基建资金来源于银行贷款的比例高达80%。随着高校贷款规模的急剧扩大,很快便会超出民办高校的短期偿还能力,如果贷款需要集中偿还,就会给学校带来巨大压力,使学校正常运转遭遇风险,进而影响学校的安全稳定。

(五)捐赠收入寥寥无几

捐赠收入是国外私立大学的一项非常重要的资金来源,世界闻名的哈佛大学、耶鲁大学、斯坦福大学等都是由市民个人捐赠而兴办起来的,美国政府鼓励个人对高校进行捐赠并实行了很多优惠措施。比如,美国政府有关捐赠免税的法律显示每捐赠100万元就相当于政府补助了40万元。所以,美国富人会比较热衷于捐赠,捐赠数额都比较大。与之相配套,各个高校都设有专职人员负责捐赠管理委员会事宜。各高校设立了专门的捐赠基金,通过购买股票、债券或者创办校办企业,以赚取更多的投资收益,从而支持学校的日常运营,该部分投资回报占美国高校总收入的1/5以上。同时,美国政府对该部分投资也给予了税收优惠,非营利性高校的投资收入全免,一定程度上增加了各高校的资金收入。与之相比,我国教育捐赠的广度和深度可谓望尘莫及。一方面我国尚未形成完善的社会捐赠文化,目前也缺乏关于捐赠的税收优惠激励机制。按照我国税法规定,个人或者企业的捐赠需要在税前进行扣除,捐赠资金抵税的作用并不明显。另一方面,我国大部分民办高校属于新建高校,尚处于成长与发展规范建设阶段,社会知名度无法与公办百年老校相比,因此吸

---

① 马红红. M民办高校融资困境及对策研究[D]. 陕西师范大学,2015.

引足够规模的社会捐赠还有很大难度。①

二、管理机制不畅　预算管理缺失

（一）财务组织机构不健全

2013年国家发布的《高等学校财务制度》指出了高校财务管理实行"统一领导、集中管理"的体制。合理科学的财务组织设置是高校财务管理机制的基本承载条件。各高校的财务管理组织机构可能大致相同，但规范的财务部门管理设置基本要涵盖以下科室（如图4-1）。一是财务管理科。负责汇总核算高校综合预算和资金收支计划并对二者的落实情况进行审查，核算和研究各项财务指标，按期完成高校收费项目的报批和汇总工作。二是会计核算科。根据学校具体核算内容的分类设置若干会计核算科，每个科室根据所负责内容按相应的步骤详细进行高校财务收支结算工作，及时完成各项资金收支，准确完整地提供汇总资料。三是资产管理科。制定和完善学校资产管理政策，编制学校资产年度汇报和资产审查表，负责实验仪器和基础设施、设备的采购，验收新基建工程，论证高校内部经营性项目的可行性并完成资产投入相关手续，汇总高校固定资产和无形资产。四是预算管理科。根据各部门编报的预算情况，结合学校各项事业支出和收入来源编制校内年度预算，根据学校批准的校内预算及时下达各部门的经费预算指标，严格进行指标管理。五是学费管理科。负责学生学杂费、住宿费、培训管理费等的收取和奖助学金的发放。六是一卡通服务中心。方便学生日常学习生活推广一卡通业务，同时具备食堂就餐、图书借阅、校医院就诊、宿舍出入门禁、学校网络、生活储值等多项功能。七是资金结算中心。一方面负责全校财务收支和工资结算日常工作，对各项资金进行分类和调配以保证资金高效使用；另一方面接受开户银行的财务指导并建立与之相配套的制度。近年来，我国各高校在财务组织设置

---

① 王文龙，万颖.中国高校社会捐赠问题研究[J].高教探索，2012(5):44—48.

方面基本采用直线职能形式,即成立财务运营中心统筹管理本校的各项经费工作。由于民办高校机构精简,很多不按规范管理设置科室,往往出现财务管理科和预算管理科合二为一,会计核算中心和资金结算中心不分彼此等情况出现,因为财务工作繁杂,财务处本身对自身职能有时理解不够,给专业化的财务运营管理带来了直接风险。

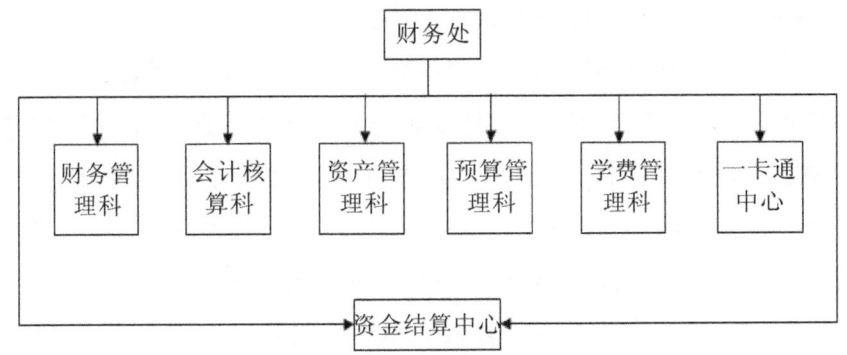

图 4-1　高校财务组织机构图

"民办高校的财务管理部门其实是很难做的,这么大一所学校的收入、支出、正常运营和专项建设等都要与上边领导沟通并拿出合理规划与提前预算。学校董事会要求开源节流、把好出入账、提升资金使用效率。目前学校在财务管理方面最大的难处有三个方面,一是缺乏稳定和更加清晰规范的预决算和财务保障制度支持;二是财务处机构设置不合理,管理人员人数少且会计专业资质不够,制约管理质量提升;三是在学校办学经费有限的情况下,如何把经费用到最佳处并做好经费使用审计考核工作非常重要。我们财务管理人员任何时候都要考虑两个问题,一是这笔专项开支学校领导是否审批,二是大小开支都要给负责财务的举办者及时汇报。民办高校财务管理有其特殊性,因为涉及教职员工的切身利益,平时我们的工作量很大也不好对外宣传,有时如坐针毡,生怕做不好又上下都得罪人,我觉得国家明确非营利性民办高校的专门会计制度很有必要。"(N—09)

(二)财务风险管理意识淡薄

邬大光指出,我国民办高校发展中所遇到的风险,从根本上说,来自出资者对民办高等教育的性质和办学风险认识不足。民办高校的财务管理风险与学校高层的管理观念息息相关,随着民办高校规模扩张和国家政策的不断支持,有很多民办高校举办者认为事业兴旺、不再居安思危。越是在这种环境下,管理者风险防范意识越淡薄。民办高校的举办者高度集权,在进行财务决策时,出资者凭借对学校的控制权,其个人意愿往往起到决定性作用,这种"一言堂"的决策方式,在预决算机制缺失的情况下,可能给民办高校的财务支出与科学保障管理带来风险。民办高校的财务管理者多由投资者(举办者)的直系亲属担任,由于财务管理层不都是专业的财务管理专家,缺乏战略性的财务运作规划意识、资金的时间价值和风险价值、资金运营管理、边际成本和机会成本等专业知识。因此,在决策过程中由于财务管理知识缺乏,加之决策信息传递的不及时导致决策失误,对高校造成不必要的损失。

文川等(2018)[①]对 H 校的管理人员和专职教师进行问卷调查,问卷以民办高校在校管理人员和专任教师为主发放,问题主要围绕两种人员在日常管理和教学工作中通过接触财务管理等工作实践,从感性的角度看待所处单位是否存在财务方面的办学风险,根据自身所经历的实践事务认知来作答。在回收的 121 份调查问卷中,有 69 份(占比 57.02%)问卷显示本校的财务管理不存在风险,13.22% 的管理人员和专职教师不清楚、不了解,29.75% 的被调查者认为学校财务管理存在风险(如图 4-2)。说明民办高校的管理人员和教师对学校财务管理也是存在不同的认知。

---

① 文川,莫秀全,江雪珍.民办高校发展与法律风险控制[M].昆明:云南大学出版社,2018:276.

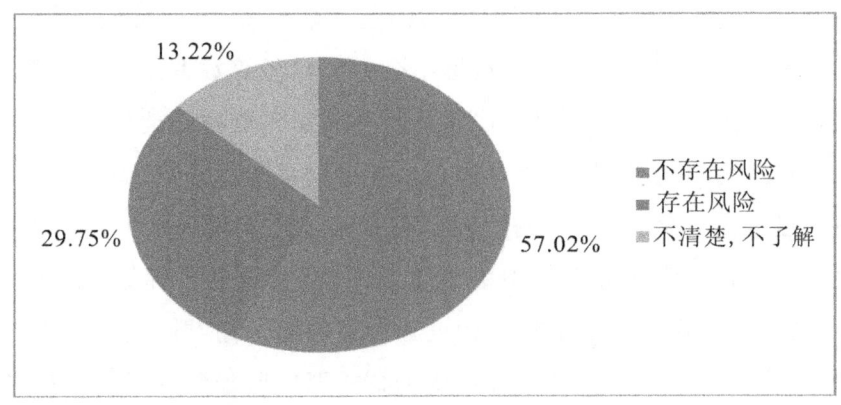

图 4-2 H 校财务风险情况问卷调查

（三）财务人员职责明晰不够

民办高校人事特点决定其机构设置的特点。民办高校财务部门也是一人多用，直接导致财务人员在岗位分工上缺乏独立性，一个人负责多项工作的情况普遍存在，民办高校财务人员分工往往不符合会计岗位设置的规范要求。甚至个别财务人员并不具备会计职称，有些是举办者的亲戚或关系户在财务处工作，所学专业与会计岗位需求不符，对于财经法规和财务知识不够精通，存在"年龄大、职称低、学历低"的现象。民办高校往往忽视对财务人员进行专业、有效、系统性的培训，财务人员专业敏感性较弱，受固有思维和客观因素的局限，面临新的经济业务主动提升不够，可能造成错误判断，加上财务工作本身琐碎繁杂，很容易出现差错，存在出现问题又无法落实责任的现象，这都是分工不明确导致的结果。

（四）学校预决算管理不科学

预决算工作是高校学校一切业务顺利开展的保障，也是财务日常工作的基本依据。很多民办高校并未实施预决算制度，即使有些民办高校开展预决算工作，在实施过程中一般都按照年度编制预算计划，没有考虑到长远的发展需求，因而也只能维持当年的收支平衡状态。财务预算方案基本上依靠财务部门编制,由于财务部门对于其他部门的业务缺乏深入、全面的了解,因此财务预算基本上靠各部门往年财务数据结合新一年预算数据来汇总。随着民办高校规模的扩大,业务不断发展,往年的财务数据不能很好地反映新一年的需求;各部门在上报预算时都将精力放在想方设法增加预算数,而不是实事求是地反映自己的资金需求上,"多报预算,留出被砍空间"已成为各部门的习惯。很多民办高校在日常财务工作中由于缺乏完善、科学的预算管理系统和管理办法,导致预算工作在整个财务运行过程中透明度不高,既无法使各部门充分了解自身的预算执行情况,也无法在整个高校形成监督预算工作的良好环境。造成一些部门往往到一个会计年度结束的时候,才发现部门预算还有很大一部分没有使用,为了第二年度的预算分配数额不下降而出现突击花钱、铺张浪费的情况。另外,一些部门在主观上不去关注自己的预算,抱着"花完了再要,当年用完用明年"的心态。而部分高校领导不重视财务预算工作,预算执行阶段的随意性给财务运营带来了隐患。我国民办高校普遍缺乏健全、完善的财务绩效考评和激励机制。健全、完善的财务绩效考评机制可以提高资金使用效率,降低资金使用的盲目性、随意性风险,可以为学校在进行重大战略决策时提供重要的财务依据。规范、合理的激励机制能提高各部门主观能动性和资金利用效率。

三、内部控制松懈 监管审计不严

(一)举办方存在抽逃资金的行为

财务运营风险的根本来源在于高校自身。民办高校财务运营风险背后的深层次原因与产权有一定关系。自从分类管理政策实施以来,对民办高校来说,势必要在营利性和非营利性之间做出选择。考虑到非营利性办学将会享受更优惠的政策支持和财政扶持,现有民办高校选择非营利性办学将成为主流。按照国家有关规定,学校出资人要把办学资产过户到学校名下。民办高校在发展中不断规范,资产处理必将面临各种各样的问题。不乏一些学校为了迎合政策而选择非营利性,但董事会在经营过程中却想方设法抽逃投资,甚至有意将学校的土地、房产以及办学资金进行转移,构成违法行为,将导致民办高校的办学资金短缺,给办学带来巨大困难。

案例 5:监管缺失导致举办者抽逃办学资金风险

E 学院 1997 年创办,1998 年更名,2005 年经教育部批准升本,现在校生近 3 万人,2014 年在中国民办大学排行榜中一直名列前三。举办者主政学校后提出了"一流民校"的办学目标。举办者"退居二线"不再担任校长,引入执掌知名大学资深教授出任学院校长,新校长提出"专家治校、教授治学"的大学治理理念。然而,举办者退居二线后并不安静,挪用、周转办学资金,伸手向大商业项目投资。2009 年把学校一部分控制权转卖给国外某教育集团,股份占比:集团占股 70%,原学校董事长占股 15.6%,举办者及直系亲属分别占股 7.2%。2014 年省教育厅约谈学校并通告学校存在挪用、抽逃办学资金等问题,从 2009 年以来套用办学经费 1.68 亿。2016 年在省教育厅开展的民办学校年检中,该校的结论为"限期整改",2018 年年检,教育厅给予其"基本合格"的结论。整改两年中,该校风波不断,先是 2016 年某银行支行行长自杀。举办者开发地产项目也因资金链断裂一直未交付使用,2017 年 8 月举办者名下 22.8% 的实业公司被法院司法拍卖,H 集团以 5.08 亿元的价码拍下。近年来,学校声誉陡然下降,排名从全国民办教育前三跌至第三十多位。直至 2017 年 12 月被 L 教育集团用巨资收购其 70% 举办权,H 集团仍占 22.8% 举办权,举办者直系亲属占 7.2% 举办权,而作为学校的创办人彻底出局。

案例分析:学校内部财务管理规范不到位,导致举办者屡次抽取学校学费等办学经费用于个人在外的投资经商行为,而举办者的失当行为把一所高校带向地狱。一位中国民办教育界赫赫有名的创办人,一所中国正在崛起的民办高校新秀,就在举办者抽逃、挪用资金等不适当行为下,直至走向违规违法办学,学校声誉大滑坡下降直至走向衰败,最后举办者出局,学校重新进行举办者变更才得以保全并得到继续发展机会。所以说,举办者行为风险会导致民办高校产生办学风险。举办者的失当行为轻则造成学校声誉受损,重则致使学校走向衰败。剖析本案例有两个深层次原因值得反思:一是举办者的办学价值观严重缺失,投资与收益是成正比的,但办教育不是做生意,虽然举办者应有企业家的魄力,但缺少教育家情怀和对教育热爱的执着追求,即使办学也不会走得很远。二是财务管理是民办高校的管理中最大的软肋与命脉,举办者高度集权能否就是体现民办高校所谓的"自主灵活"机制,其实举办者"一权独大"正是民办高校缺乏民主决策和科学发展的最大短板,举办者的个人爱好不能凌驾于学校之上,把学校经费作为个人随意支配的行为具有极大的风险,一旦举办者有错误决策未得到权力制约时,举办者个人膨胀就会带来危机。

(二)财务管理内部控制不规范

财务内部控制制度不严滋生财务风险。民办高校的财务制度建设任重道远,有的学校虽然照搬公办高校制度建立内部控制制度但执行缺失;有的高校就是举办者亲属或子女控制财务管理工作。由此可知,规范的财务制度在民办高校还有待完善,与现代大学制度下财务运营工作体系建设要求还有较大的距离。在财务监管方面相对于企业来说,民办高校内部控制的环境更为复杂,学校除了采购和投资以外,更主要的是教学、科研、校企合作和后勤保障等工作,其内部控制不仅要满足自身收益和投资者的需求,更要遵循教育规律,考虑社会影响。[①] 民办高校财务监管不到位,一旦出现财务风险,加之控制不及时,很容易演变成为严重的社会公众事件,引发较大的社会反响。如果学校处理不当,就会造成办学资金风险事故,甚至造成无法估量的损失。

(三)内部审计制度执行不力

审计机构缺失和信贷审计严谨度不够。大多民办高校审计机构与人员配备没有专门配置,审计制度缺失,即使有的内部审计部门也是作为学校下设一般管理部门,与其他部门之间基本处于同级部门,其独立性不强,从而无法起

---

① 王阿娜.民办高校内部控制的内涵、特点及基本思路[J].浙江树人大学学报,2019(5):14—17.

到应有的监督作用。

　　信贷资金的审计是民办高校财务审计工作的重点。在信贷资金的审计方面,为了利用信贷资金带来的杠杆收益,民办高校在进行贷款项目的申报时,缺乏缜密的考察分析论证过程,对信贷资金的金额、使用期限、还款方案缺乏详细的计划安排,对信贷资金的风险缺乏有效的预测评估和切实可行的风险防控措施,使得高校的贷款规模不合理,盲目追求大额贷款,且经常超出高校自身的偿债能力。从目前现状看,高校审计部门在审计过程中往往比较重视账目本身,在事后审计较多,在事前、事中审计过少,因此就缺乏了足够的实效性,削弱了其监管作用。① 随着高等教育的发展,我国也陆续出台了高校审计的相关制度(见表4-3)。但是,民办教育实施分类管理后,国家尚未建立完整的针对民办高校的外部审计和监督制度。

表 4-3　1990—2017 年国家出台的有关教育审计制度

序号	出台时间	文件名称	颁布单位
1	1990 年 3 月	关于加强教育经费审计工作意见	审计署
2	1995 年 2 月	高校财务收支审计方案的通知	审计署
3	1997 年 12 月	高等学校财务收支审计实施办法	国家教育委员会
4	2014 年 12 月	高等学校财务报表审计指引	中国注册会计师协会
5	2017 年 12 月	关于推进直属高校内部审计信息化建设意见	教育部

---

① 刘福清.民办高校内部审计探讨[J].财会通讯,2014(31):98—100.

第五章 主要发达国家私立大学办学风险防范经验镜鉴

主要发达国家私立大学的办学竞争日益凸显,促使很多大学在优化内部治理结构、提升教学科研水平和经费投入等方面进行改革创新。为适应竞争,许多开展基础研究的国外私立大学将战略重心逐步转移到应用研究上来,并积极借鉴企业管理思想来治理学校。[①]应用型大学只有应用价值和创新技术才能有竞争力。这种新趋势的变化,也给我国民办高校的管理机制改革和办学风险防范提供一些经验。利润目标与教育目标间的竞争和学术权力与行政权力间的竞争是私立大学面临风险的根本原因所在。以美国、英国、日本等为代表的发达国家对私立高校进行分类管理后,形成一定的治理机制和管理经验。通过对主要发达国家私立大学在现代治理体系、教育质量保障建设和筹集办学资金等方面的有效做法进行分析,期望对我国非营利性民办高校的办学风险防范有一定启示。

第一节 主要发达国家私立大学内部治理的经验

发达国家在大学治理方面有一定的管理理念与实践经验,形成较为成熟

---

① Pusser B, Slaughter S, Thomas S L. Playing the board game: An empirical analysis of university trustee and corporate board interlocks[J]. The Journal of Higher Education, 2016,77(5):747—775.

的权力结构和共同治理体系。"独立法人地位、清晰权力分割、相互制衡机制①和权责利的对等关系"特征非常明显,共同治理是国外私立高校内部管理的治理经验。

一、美国私立大学的内部治理特征

(一) 权力分享下的共同治理

共同治理理念的缘起。美国的国家治理强调"公平和平等"理念,政府很少直接参与大学的内部治理,而是通过立法和财政方面的宏观调控,引导大学的发展方向与国家战略保持一致。办学自主权是大学内部治理的显著特征。随着时间的推移,大学内部治理也从初期的董事会治理逐渐转型为以董事会为核心,利益相关者共同治理。由此而衍生一个重要理念——共同治理(share governance)。共同治理的建立过程需要有效的领导、适当的实施框架、多学科的工作以及对组织结构和文化的深度理解。② 在这种理念的指导下,学校每制定一项决策,都会充分考虑利益相关者并尽可能让他们平等地参与到决策过程中。该理念对个体权利自由与公共利益最大化之间进行了平衡,参与的人越多,就越能获得高质量决策且执行效率越高,共同治理理念有效推动了美国大学的发展。根据西索莱(Sithole)的观点③,通过各利益相关者的协作、互信和沟通,能够做出最优决策,可以帮助利益相关者改变已有行政化和官僚化信条,采用创新性和建设性的思维直面分歧,通过积极协商,而不仅仅是去指责"金字塔型"等级体系的不公平,将焦点聚焦于解决问题而非

---

① Rheingans J I. The alchemy of shared governance: Turning steel (and sweat) into gold [J]. Nurse Leader, 2012, 10(1):40—42.

② Linda, Scott, Ann—Louise, Caress. Shared governance and shared leadership: meeting the challenges of implementation[J]. Journal of Nursing Management, 2005, 13(1):4—12.

③ Sithole. S. The participantion of students in democratic in democratic school governance [R]. Durban:The Education Policy Unit ,1995.

指责制度和决策者。尤其是当教师、学生等和管理层在大学的各项决策中占有同等重要的地位时，共同治理的理念才能够得到广大师生和管理层最大限度支持。因为这一理念平衡了两种权力，即法律赋予的权力（管理层）和专业赋予的权力（教师）之间的冲突和博弈，二者能够统一的基础在于有共同的目标——大学的发展。

共同治理理念的主要特征。共同治理的显著特征有两个，一是权力在利益相关者之间共享。这是美国高校制定各项决策时最重要的原则，大学治理由利益相关者共同参与。[1] 权力分配与制衡是共同治理的本质，从决策阶段的意见征集到执行阶段的权责分工，且各自赋予一定范围的权力和职责。二是尊重、平等与沟通的程序。在实现高校共同治理的过程中，利益主体之间的相互尊重和彼此之间的沟通至关重要，利益相关者之间协同和沟通的前提是明确自己和他人的职权，不越界，清楚扮演好自己角色，通过平等交流观点、分享各自所掌握的决策信息，利益相关方可以制定更加公正的决策，可以通过召开民主协商会或评议会等形式对学校的战略目标、学术与科研战略、教职工的人力资源规划以及学生管理进行决策，从而避免任何一方"独裁专断"，使决策在执行过程中得到各利益主体的拥护和坚决执行。

建立共同治理的利益主体。共同治理并不是让所有人都参与到每一项决策当中，而是让所有人都能够在明确的职责权限之最大限度地体会到自身参与感。大学的决策一般都涉及学校内外部的多个利益相关方。外部利益相关者包括董事会、出资者或纳税人及国家或地方政府。内部治理主体主要包括董事会、以校长为首的行政管理团队、以教师评议会、学院系主任、部门主任、学生代表等所组成的评议会。美国高校的整体利益是通过共同治理利益主体架构（如图5-1）来实现。

一是董事会的权力使用。董事会的权力范围最大，负责制定各项大政方针，明确学校发展方向，对校内资源进行最优配置、对资金进行合理分配、使用

---

[1] Yohanes A. K. Honu. Shared governance: Opportunities and Challenges[J]. Academy of Educational Leadership Journal, 2018, 22(1): 1-8.

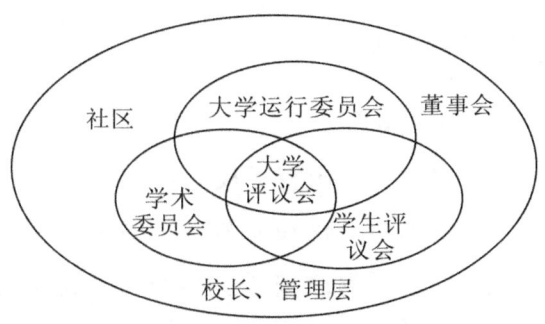

图 5-1 美国高校共同治理的利益主体架构

及监督。此外,还负责建立和维护学校与外界的良好关系,努力为学校的日常运营筹措所需资金、财政和政策支持等。① 二是校长作用发挥。以校长为首的管理团队负责将决策贯彻到底,由于管理团队所具有的权力来源于组织职位,因此他们还需要平衡教委会的"专家权力",能否处理好行政权力与专家权力之间的关系,决定了高校的持续和健康发展。三是评议会的作用体现。大学评议会是各利益主体的交集,每个利益主体都有相对明确的职权范围,也有部分交叉重叠,通过交换彼此所掌握的信息、立场和专业知识从而达成一致意见,作出兼顾各方利益的决策。四是教师的作用。教授参与到高校管理过程中,与董事会以及各级管理者共同决策是确保学术创新和提升教学质量的有效途径。② 尽管不同的高校采取不同的形式和方法,但是共同治理的本质特征仍然是权力的分享。如研究型的综合大学则往往采用代议制形式,即选派教师代表组成教师委员会或者联合委员会,由委员会代表教师行使投票权和决策权。教师以提升学术与科研水平为最高目标,而管理团队则关注高校能否获得更高的利益。在实际工作过程中只有模糊的界限,利益相关方对各自掌握的"度"把握不准确时,导致行政目标和教学目标产生冲突。如果想要很好地实现"共同治理",则需要各行其责、各归其位。

---

① Claxton-Freeman, Angela H. Higher education governance structures and operational efficiency and effectivenesss of 4-year public institutions[D]. East Tennessee State University, 2015.
② Taylor M. Shared governance in the modern university [J]. Higher Education Quarterly. 2013,67(1):80—94.

(二) 内部自治与政府控制互补

美国私立大学有较高办学自主权。美国建国以前私立大学已有治理模式。建国以后,联邦政府将教育行政权下放给州政府,由州政府负责管理本地区的教育事业,而联邦政府通过立法权来规范州政府的州立法和对辖区内高校的管理。联邦政府通过立宪、财政资金支持及订立科研成果采购合同等途径,间接地施加影响。在治理方面,只要私立大学在宪法和法规允许的范围内开展各项教学活动,轻易不会受到美国各级政府的干预或指控。由于美国政府深知私立大学的发展会有效推动美国科技的进步,实际上这一权责设置能够最大限度地发挥私立大学的优势,董事会作为私立大学的法定治理机构,天然拥有着对高校的治理权。

政府对私立大学的支持举足轻重。美国政府对于私立大学的支持持续加大,比如在税收减免方面作为财政补贴的一种。政府特别是州政府,对于私立大学的治理也有治理权限,政府掌握着私立大学设置权和经费资助权。举办高等教育本身是一件事关社会各方利益的大事,设立私立大学必须得到政府或者政府委托机构的许可备案,取得办学许可证。质量评价和经费资助需要经过政府的审批或委任才能授予。联邦政府或地方政府采用有效的手段——财政拨款[①],能够及时引导高校内部治理、教学活动,甚至是中长期战略规划。对拨款可以定期开展检查与监督,一旦发现问题马上可采取措施妥善解决。私立大学获得的拨款成为学校主要的资金来源,实际上私立性质是淡化的,甚至是模糊的,诸如哈佛大学、斯坦福大学、耶鲁大学等世界名校,在美国本地实际上很少有人计较他的私人属性。正因如此,美国有一批建校较早的私立大学能从政府财政中获得较多的补助,成为美国高等教育系统中的强校和名校,甚至是世界名校,其教学质量和科研水平与公办高校比肩,而且它们对于教育事业的繁荣、学术进步、科研创新、人才培养方面起到不可替代的作用,有些高

---

① William N. Butos. Government and science: A dangerous liaison[J]. The Independent Review, 2006, 11(2): 177.

校的建校史甚至比美国的建国史还长,它们对美国的自由主义精神和多元文化传承起到了推波助澜的作用,但是仍有许多高校并未得到政府直接资助,只能立足所在社区,面向市场艰难生存。

二、英国私立大学的内部治理特征

(一)公立和私立高校逐步模糊的"二元属性"

公立和私立高校的界定越来越模糊。随着社会发展变化,英国公立和私立高校的性质从较为清晰变得模糊。许多大学远非"公私"二字,甚至可以二元判断。现实中大学的创始人并非具有大学产权,办学经费的提供者和捐资人并不一定就是日后大学实际经营管理者。如出资人在成立大学后,由于历史变迁,学校从私立变成了非营利机构或者被收归国有,此时的出资人和产权人是截然不同的两个主体,最早英国大学的主要出资人是教会。[①] 此外,对一些靠收取学费和"母企"办学投资而运营的高校,学生和"母企"并不一定具有大学的管理权,极有可能是职业经理人团队或教师团队来履行高校的管理职能。而且有些大学的管理者也不一定能够为学校的运营提供任何经费。英国的高等教育经历几百年的发展演变,一直在重复着上述的演绎。可以说,英国大部分高校的性质实际上是模糊的,利益相关者之间的界限也不是非常明确。

四个办学关键问题的界定。想要了解一所大学的性质和治理结构,需要系统而深入的分析,确定谁是学校的创始人,谁是出资方,谁拥有学校产权及谁是实际经营管理者。[②] 一是创始人的界定。英国大学可能由政府举办,也可能由私人创设或者政府与非政府组织共同设立,因此要界定创始人则需对高校的建校史进行研究,因为一所大学从创立之初到发展壮大,每个发展阶段都有可能易主,有新的利益主体进入,也有原来利益主体退出,因此治理结构

---

① David, Mitch. British universities pastand present(review)[J]. Victorian Studies, 2007: 738—740.
② 喻恺. 模糊的英国大学性质:公立还是私立[J]. 教育发展研究, 2008(Z3):89.

和管理架构也会发生巨大变化。二是出资方的界定。要界定谁为学校运营提供资金,可以从财务报表上看出端倪,几乎所有高校的运营资金来源不外乎政府资助、母体办学投资、社会团体或个人的捐赠、学费收入或出售科研成果取得的收入等。三是产权归属界定。如果要界定谁是学校产权人则相当困难,因为英国的大学几乎都是非营利性组织,既不为个人所有,也不为特定的机构所有,财务报表也只能反映实际出资人而非法理上的产权人。四是经营权的界定。高校的最高决策委员会或高管团队,拥有的只是经营管理权,而非所有权,大多是标准的职业经理人。

从法定的治理结构上看,英国的大部分高校的最高决策机构几乎都不受政府强力控制,也不代表政府的利益,因为其最高治理者大多来自民间组织或个人。所以从这个角度来看,英国的大部分大学似乎具有私立非营利性组织的特点。部分大学的董事会或决策委员会成员往往由独立于政府之外的个人担任,他们既不代表政府利益,也不代表师生的利益,而是代表社会和公众对学校行使监督权,这时的治理权力其实属于社会和公众。特殊的办学模式构成了特殊的治理体制,英国大学的自治是大学从传统划分标准来看待的,它应该属于私立大学,但其90%以上的基建补助款和3/4的办学运行费由政府支付,私立的色彩也在逐渐淡化。

(二)董事会、校务会和评议会结合的共同治理

英国私立大学的内部治理结构。英国私立大学内部治理遵循决策与执行分开的原则,董事会(理事会)和校务会拥有最高决策权,属于最高权力机关。学校的各项重大决策和规章制度的制定都需要经过董事会讨论与批准。而以校长为首的行政管理团队,可以组成大学校务会,负责执行董事会制定的各项决策,校长在法律层面是学校的法定代表人,负责大学行政管理工作。评议会是学校学术事务的最高管理机构,由大学的全体教授、非教授管理或教学人员组成。

英国私立高校董事会和校长的职权。董事会的权力主要是各项重大决策,如选举董事会主席、任命大学校长、审批大学中长期发展战略、审批年度财

务预算、决算等。董事会成员构成则严格按照教育法规定设置,从中选举1人作为董事会主席。超大规模的大学还可以增设一名董事会副主席,而且学校校长一般不得再担任董事会主席。校长作为高校的法定代表人,必须严格遵守董事会批准的各项章程,并将董事会作出的各项重大决策落实到学校的重要日程上来。决策是在机构内部以一种微妙而复杂的方式做出,它既保持了学术自由,又在很大程度上对外部力量作出回应。① 对于一些知名高校,其正校长往往是荣誉校长,由王室成员或上层社会的名流担任,他们并不参与到高校具体管理中,只是名义上的校长,而由学术出身的副校长行使最高行政权。私立高校的校长需要对高校的日常管理负责,具有人事任免、学术管理和财务管理等权力。校长往往是专业领域出身,且得到了董事会正式任命,因此他们具有双重身份,既是学术的最高代表,也是行政的最高代表。所以他们能够很好地兼顾学术目标和行政目标,而且能在二者发生冲突的时候处理得游刃有余。有些私立高校还设置专门负责管理学术和科研工作的副校长、专门负责管理财务工作的副校长等②,他们共同组成了最高行政机构。

校务会、评议会和监委会作用。英国大学形式上的最高权力机构是校务委员会③,成员一般由政府、企业、宗教或其他机构的人员所担任。全面负责大学的各项象征性管理事务,同时还负责保持学校与政府、媒体及其他外界组织的沟通与交流。评议会则是英国高校在学术事务的最高管理机构,成员主要由高校专家、教授等担任,也会从一些非学术领域的人士中选一些有代表性的,规模通常在50人以上,主要负责对学术和教学领域做出重大决策,制定学术和教学领域的战略规划和各项章程。评议会通常也会再下设一些专门的委员会来完成对大部分学术事务的管理,委员会的主席往往由校长担任。英国大学的校务会和评议会分工明确,只要与学术事务有关的决策都有评议会制

---

① Haigh, G. Power and authority in british universities[J]. Physics Bulletin, 1975, 26(4):185.
② 赵硕.欧洲私立大学高等教育发展嬗变[M].北京:中央翻译出版社,2015:50.
③ Shattock, M. University governance in flux. The impact of external and internal pressures on the distribution of authority within British universities: A synoptic view [J]. Higher Education Quarterly, 2017:1—12.

定,只要不会导致扩大开支或者引发其他管理风向,校委会都会采纳评议会提报的学术决策和建议。而校务会所做出的各项行政决策则不需要评议会的批准,从这个层面来讲,校务会的行政地位高于评议会。许多英国的高校还会设置监审委员会,成员主要由校外人士担任,类似于董事会里的独立董事,他们不隶属于任何组织或雇主,独立自主地履行监督职能。他们代表的是利益相关者的利益,对学校的管理活动和各项决策进行监督,从而保证学校的各项活动能够兼顾利益相关者的需要。

（三）政府授权下高校自主管理的普及

在英国,大学素来被称为"自治的部门"(autonomous sector)。政府授予他们许可证(charter),不论在学术还是内部治理结构方面都具有较高的自主性。英国政府对教育的发展和高校自治大力支持,即使高等教育的财政拨款这样关乎高校命脉的重大事项也委派给拨款委员会(Higher Education Funding Councils),避免了政府与大学的直接接触。最重要的是英国大学在从自治到国家宏观治理的过程中,高等教育的政策驱动力不再是体制本身,而是源自一套为经济公共部门的改革和现代化而设计的政策。因此,高等教育政策的形成需要被重新解释为公共政策的附属物,而不是教育的本质,国家对大学治理是基于政治或经济发展需要,而不仅是对大学和教育本质需要。①

在私立大学内部治理方面,1992年是一个分水岭,在此之前大学的治理活动是按照既定章程实施的,由于章程早于政府立法,因此政府无权对高校原有的治理章程进行修改。而之后成立的大学则需要在教育法框架下,制定学校的各项管理制度,因此学校的内部治理受法律影响较为深远。自此,英国私立大学踏上了从高校自治到国家宏观治理的进程,如高校理事会成员的构成方面。高等教育法规做出明确规定:拥有职务的理事会成员的人数必须在12人和24人之间,并且其中至少要有二分之一的名额要留给独立董事,这些人

---

① Shattock M. The change from private to public governance of british higher education: Its consequences for higher education policy making 1980—2006[J]. Higher Education Quarterly, 2010, 62(3):181—203.

必须是校外人员,也需要具备工商业工作或被企业雇佣经历,具备一定的教育行业之外的专业知识与技能,教育法还规定了理事会成员中的高校内部教职工代表和学生代表均要控制在两人以内。而且高校的第一届理事会成员需要经过政府部门正式的人事任命,后续成员的更迭可由理事会决策。如高校的财务管理方面,1992年之后成立的大学,需要每年出具详细的财务报表,明确列出高校当期的收支、资产与负债等会计项目,而且所出具报表,只有经过专门的审计从业者进行客观公正的审计之后才能出台详细的审计报告。而在此之前成立的大学则可以根据原有的规章制度,决定是否出具财务审计报告以及出具何种形式的报告等。对于1167年成立的牛津大学和1209年创立的剑桥大学来说,已经形成了完备的治理体系和管理章程,因此1992年颁布的教育法对其影响作用微乎其微。学校治理的最高权力属于全体在校教职工,学校管理层如果想要对现有的治理机制进行任何变革,则需要取得全体教职工的批准方可实施。这样的传统章程以及来自"专家的权威"使教职工对学校治理的控制拥有绝对控制权,而政府或外界力量如果想要对这两所学校治理体系进行改革或调整,几乎不可能得到教师们批准。

三、主要发达国家私立大学防范治理风险启示

(一)把所有权与管理权分离提升决策与执行效率

以美国和英国为例,私立高校的所有权属于股东与投资人,董事会作为法定的最高决策机构,代表股东和高校产权所有者的利益。高校的创办人或产权所有人并不直接参与高校重大决策和日常经营管理,是由多名专业人士组成的董事会来制定学校的管理章程,这种做法有利于推动高校行稳致远的重大决策。而且董事会作出决策,管理团队负责具体执行,能够最大限度地提升决策质量和执行效率。美国将治理国家的"三权分立"原则运用在学校治理过程中,其中的"立法权"由董事会履行,"司法权"由高校的专业委员会行使,"行政权"则属于以校长为代表的管理团队。对私立大学而言,其面临的外部环境

日益变得不确定，内部环境也变得越来越复杂。国家财政拨款计划、问责机制的建立、私营组织的贡献和大学教育的公共定义变化等，对私立大学造成了许多不同的风险和压力。然而，各大学还更不愿意接受的事实是：它们应对这些压力的能力同样也是不同，它们应根据自身能力和所拥有的资源，来不断调整自己战略目标，内部治理要根据"适应战略目标"原则加以调整。① 国外私立高等教育之所以发展迅速并引领国际潮流，重要的原因就是在内部治理方面的"三权分立"，形成董事会、各种评议会和管理者之间的"三足鼎立"，各有明确的职责权限范围。既能让利益相关者的利益得到兼顾，又能让高校快速适应外界环境的变化。比如，董事会负责制定章程、作出重大决策、任命校长等，校长负责学校的日常运营管理，各委员会、评议会则负责管理各自专业领域事务，这是治理结构的优势，也是国际私立高校治理体系最核心、最本质的优势。

（二）用利益相关者间的协商机制来保障民主决策

民主决策是国外私立高校治理体系的内在精神，为实现高校治理过程中的民主，代表股东利益的董事会，代表管理者利益的校委会，代表学术发展的评议会以及代表教职工利益的工会和联合会之间通过平等协商的形式，开诚布公地陈述已有的立场和观点、表达利益相关者的诉求，正如我国春秋时期的"百家争鸣"，不但维护民主决策精神，也促进信息的传递与思想交流，最终将利益相关者紧密团结在一起，为学校的可持续、稳定和健康发展各尽其责。我国的民办高校也可探索尝试建立大学评议会或教授评议会，由利益相关者本人或代表参与学校的各项重要政策和重大决策，确保利益相关者对学校决策和政策制定有参与和知情权，这样才有利于各项决议的深入推进，参与决策的过程就是建立责任感的过程，也是打消执行者顾虑的过程。

（三）用独立董事和监事方式防范决策层权力滥用

董事会和校长分别拥有着最高决策权和最高行政权，稍有不慎便可能导

---

① Salter B, Tapper T. The external pressures on the internal governance of universities [J]. Higher Education Quarterly, 2010, 56(3): 245-256.

致权力失衡和滥用,美国和英国则通过设置独立董事和监委会有效防范董事会主席或校长的权力滥用。在英国高校,独立董事的数量要占董事会全体成员数量的半数以上并且只能由外部专业人士担任独立董事,严格控制校内人员在董事会中的席位,以此来防范个人独断与专权给高校发展带来的消极影响。独立的监事会则完全由外部人士担任,从第三方的角度对学校治理过程中的各种活动进行监督,由于三方不代表任何利益相关者的权益和需求,所以能够更加客观和公正地行使监督权。实际上代表的是整个社会和外界公众的利益,高校之所以发展迅速,真正起决定性影响的是社会与公众对高校认可与支持力度,以及大学能否提供市场需求的学术服务与应用成果。我国民办高校要避免董事会权力过大或者滥用职权,可以借鉴发达国家的做法,也可成立由校外人士组成的监事会,赋予监事会监督和评估权力。监事会的人选可以是退休的政府人士、法律工作者、学术界的泰斗、企事业单位人士等加入,这样既能对董事会形成有效的监督,又能为学校引入"外部智囊",确保董事会的决策更加全面,兼顾更多利益相关者的需要和社会效益。

(四)用政府立法和拨款行动为高校自治保驾护航

政府在私立大学治理中作用和地位不可忽视。美国已经有健全完善的大学资助制度,部分公共财政对公立和私立大学一视同仁,重点支持有实力的大学发展,大力支持水平较高的私立大学发展。董事会制度是美国私立大学发展的重要制度保障。美国的私立大学成立时间远远早于公立大学,已经在高校治理方面积累了大量的实践经验,形成了完备的机制。独立战争后,一批州立大学逐步建立起来。新创建的公立大学在管理体制上从不同程度的借鉴私立大学的办学经验,在内部治理方面效仿私立大学董事会制度,由董事会制定学校的大政方针,进一步说明政府对私立大学内部治理的支持立场。英国政府则主要用法律和经费资助的杠杆,实施了对私立大学的治理。

我国政府也可借鉴发达国家经验,通过完善立法和财政杠杆来调控民办高校发展。只要民办高校在政府法规范围内开展工作,政府可将大学的行政治理权充分赋予大学高层管理团队,管理团队的任免权和考核权也应大学承担,对考核过程进行监督。既体现对高等教育的授权,又能够通过对过程的管理来把控民办高校的管理效率和教育质量。

综上所述,主要发达国家私立大学在内部治理方面的共同治理经验值得我国民办高校学习和合理借鉴,特别是董事会决策权与管理权分离的委托代理制、利益相关者充分参与民主决策、监事会对董事会的权力制衡约束机制和政府设立民办高校的专项财政支持计划等方面的经验,值得我国民办高校管理者、举办者和学校运营团队层面进行学习和思考改进,推动决策、执行与监督工作效能,进一步提升中国民办高校内部治理能力和治理体系建设,为打造高水平的非营利性民办高校建设做出应有贡献。

第二节　主要发达国家私立大学质量保障的经验

国外私立大学的人才培养类型和层次非常清晰,不同类型的大学在人才培养方面的定位与改革创新各不相同,国外应用技术大学的发展成为我国应用型人才培养学习借鉴的国际范式。在大学教育质量保障与认定方面,目前比较公认的是第三方评估认证制度,这是评价国外私立大学高等教育质量的重要形式和有效监管举措。

一、多元化高质量产教融合人才培养模式

发达国家普遍重视大学的专业实践,高校与企业通常相互合作开展人才培养[1],不同发达国家所采取的做法大相径庭,究其本质仍是坚持教学与科研的"市场导向"和"应用价值",这一做法是在调节大学和社会对教育不同期望所导致的冲突和错位。随着产教融合的深度开展,大学、企业和国家之间的联

---

[1] Hughey, Aaron W. Higher education and the public, private and non-profit sectors: Equal partners in promoting regional economic development[J]. Industry and Higher Education, 2016, 17(4):251—255.

系会更加密切,大学给社会创造的价值将会达到史无前例的高度。

(一)美国"产教融合"

美国提倡教育界和产业界进行跨界交流与合作,认为高等教育和高校的最大价值在于大批量为企业输送优秀的创新型人才。[1] 为提升人才培养的实效,高校和企业积极开展合作和交流活动,企业将自己对人才的需求和标准尽可能准确地提供给高校,而高校则需要通过课程改革或精英教育不断提升毕业生的专业素养和创新能力,满足企业和社会日益提升的"人才标准"。在这种模式下,大量的产业性高级技术人才推动了美国经济的繁荣。

(二)德国"双元制"

为社会输出具备"匠人精神"的高级技术技能型人才,德国主张职业教育或培训需要在两个场所完成,即学生的课堂有两个,一个在教室里,一个在工作岗位上。在教室里学习理论知识和技能,在工作场所学习将理论应用于实践,理论与实践相结合,因此称为"双元制"。在此人才培养范式下,德国高校为社会培养了一大批具备高超技术的"工匠"人才,使德国的工业和制造业在两次世界大战之后能快速地崛起,"德国制造"享誉全球。

(三)法国"学徒制"

学徒制是一种由高校、企业和政府三方协作而开展的人才培养模式。学生与企业达成一致的培训协议,企业为学生委派专职导师进行技术指导,而学校则负责对学生进行专业理论知识的教育。政府则全程参与,通过立法的方式使此类培养方式合法化,保护利益相关者的权益,还给企业提供财政补贴。但是法国的立法并不完善,学徒在学习和工作上的时长不固定,而且实习期间对学生管理的难度较大。

---

[1] Mellow G O, Heelan C. Minding the dream: The process and practice of the american community college[J]. Community College Review, 2008, 36(4):347—351.

（四）澳大利亚"新学徒制"

澳大利亚借鉴了学徒制并且对学徒制进行改良：一是将课程和受众多样化。增加了成人职业教育课程，使职业培训的对象从大学生扩大到成年人，使许多成人和在职员工也加入学徒团队。二是执教机构的合法化。政府鼓励有实力的企业或个人就近寻找培训场地，政府为其发放经过注册的执照。三是加大财政支持力度。政府不断增加在学徒培训方面的财政支持力度，为新学徒制保驾护航。

（五）日本"产学官"结合

"产学官"模式由企业、学校和政府三方组成，其中政府是主导，负责制订培养计划并且提供政策或财政支持。学校和企业根据国家政策，结合自身的优势和特色，开展相应的合作育人。在合作过程中，学校和企业紧密联系起来，将高级技术技能人才培养、技术创新和新产品研发紧密结合，坚持市场导向，共同开发出新产品及其应用技术。①

（六）加拿大"合作教育"

学生在学校学习和去企业实习之间来回轮换，每四个月轮换一次，使理论学习和实践锻炼之间形成无缝衔接。而且所有的课程和培养形式是由企业和学校双方共同商定。加拿大政府还建立许多社会组织来支持合作教育模式的推进，如宣传机构、教育服务机构和监督机构等。

（七）英国"产学研融合"

由于传统的本科课程聚焦在特定专业领域，导致大学生在毕业以后还需

---

① James E. The private nonprofit provision of education: A theoretical model and application to Japan[J]. Journal of Comparative Economics, 1986, 10(3): 255－276.

要经过企业内部专门的技能培训,才能很好胜任工作岗位。① 为解决人才专业能力与市场需求脱节的问题,高校和企业深度融合,将教学、科研和产业发展方向紧密联系在一起。很多高校能够积极调整办学理念适应社会和市场需求,部分高校甚至专门成立培训部门,为社会输送专业能力和综合素质符合市场需要的人才。市场导向的人才培养模式也成就了大学成长,如短短50年发展的华威大学就成为英国的顶尖大学,名气比肩牛津和剑桥等一流大学。② 尽管西方国家产教融合的形式和方式各不相同,但这种趋势背后隐藏的是社会经济发展速度与知识、科技进步节奏不匹配的深层次矛盾,解决这一矛盾的根本方法就是坚持以市场为导向的教育和科研发展战略,尤其是针对应用型科学研究最为迫切。与此同时,基础研究的方向应该着眼于未来,从战略的角度去思考未来社会需要什么样的知识和科技,技术如何推动生产力发展等问题。无论是基础研究还是应用研究,都应该坚持市场导向,才能确保大学的教育质量。

二、三方认证保证教育教学质量的有效性

国际私立高校的发展得益于全社会对教学质量的重视和投入程度,最为重要的是第三方机构对高校教育质量的评估机制。美国的第三方评估认证机制由民间组织或社会机构主导、英国的则由政府所主导,不论政府主导还是社会主导的第三方评估认证机构,都不直接参与高校治理或教学过程,而是作为独立三方对教育质量进行监督并提供咨询建议,代表政府和社会监督高等教

---

① Thethi A, Dhadyalla G, Mcgordon A, et al. Experiences with the technical accreditation scheme (TAS) "teaching the trainee"[A]. EDULEARN13 Proceedings. 2013:5162-5169.
② 王文等. 英国华威大学模式对中国新工科大学建设的启示[J]. 中国高新科技,2020(19):113-115.

育质量。① 学校对第三方评估抱有积极的态度,因为第三方评估能够促进学校在教学质量和学生满意度方面的提升与进步。

(一) 美国社会主导型的三方评估和监督机制

第三方评估认证是美国高等院校教育质量保障的重要举措。在美国高等院校,如果仅仅是经过教育部门批准,具备授予学位的资格,也相当于达到了高等院校最低的准入标准。经过批准并不代表就具备高水平的教育质量,未必能够得到公众和社会的认可。要成为"高质量的大学",需要取得高校同行的评价和认证,只有评价结果合格,才有资格从"高等院校"变成"高质量院校"。教育质量评估认证机制对于非营利性私立大学教育质量提升有决定性意义。

第三方评估认证的类别与工作步骤。由社会主导的美国三方教育质量评估认证机构主要有三大类:一是区域性的认证机构。主要为具备学位授予权的非营利私立高校提供认证服务,每个区域机构负责指定州内的私立非营利性大学。二是全国性的认证机构。主要向全国没有学位授予权的营利性高校提供管理服务。三是专业性的认证机构。如高等教育委员会(简称CHEA)②,CHEA在美国教育部领导下,定期对民间认证机构进行专业的审核与认证,区域性认证机构只有得到CHEA"认可"后,才能获得对私立非营利性高校教育质量认证的资格,认证周期一般为五年一次。非营利性私立高校教育质量的认证一般由区域性的认证机构完成。主要有四项步骤:一是确立认证标准。认证机构和学校就认证标准首先达成一致。二是高校递交自评报告。学校根据第三方认证机构的评估标准撰写并提交自评报告。三是实地

---

① David D. Dill, Maarja Beerkens. Designing the framework conditions for assuring academic standards: lessons learned about professional, market, and government regulation of academic quality[J]. Higher Education, 2013,65(3):341−357.
② Bloland H G . Creating the Council for Higher Education Accreditation (CHEA). American Council on Education/Oryx Press Series on Higher Education[M]. The Oryx Press, 2001:233−245.

认证考察。第三方评估认证机构组建评估小组对高校进行实地考察与调研，评估小组对学校提供的自评报告和佐证性资料进行审核，确认自评报告与高校的实际情况是否吻合。四是发布认证结果。对于符合认证标准的学校，第三方机构将会通过正式渠道进行公示，接受公众的评议和监督。教育质量评估认证过程不是一劳永逸的，而是持续的、动态的、周期性的过程，获得了初期认证，并不代表获得了永久资格。认证机构通过周期性的认证来监督高校教育质量是否长期符合认证标准，从而对其进行把控，保障其"教育产品"符合社会需求。整体而言，联邦教育部对私立非营利性高校的管理是通过三方教育质量认证组织实现，为确保第三方评估认证机构履职尽责，美国教育部对评估认证机构进行定期考核，高等教育委员会也对民间机构进行认证，以此确保第三方评估认证机构的专业性。

（二）英国政府主导型的三方评估和监督机制

在英国高校的治理体系中，政府一直居于主导地位，政府立法对高校治理和教育质量评估影响深远。为了保证大学的教育质量，英国政府设置了三个组织，英国高等教育和高校发展的三个重要部门：商业、创新和技术部（简称BIS，相当于英国教育部），负责对大学进行财政拨款的高等教育基金委员会（简称HEFC），还有独立的三方评估机构——高等教育质量保障署（简称QAA）[①]，HEFC属于半政府性质组织，在BIS出台的政策方针框架内履行职责，负责对高校的拨款。QAA则不受政府的直接管辖，但要接受HEFC审查和监督，其最核心职责是保障高校教学质量和学位标准的提高。

高等教育质量保障署的工作方法。QAA负责对全国范围的高等院校教学质量的评估，针对私立高校制定详细评估标准和学术规则，根据评估标准定期对私立高校开展周期性教育质量评估或年度审核调查，两种评估方式交替进行。比如，在对白金汉大学的教育质量进行评估时便采用4个维度：一是学

---

① Stiles D R. Higher Education Funding Council (HEFC) methods in the 1990s: national and regional developments and policy implications[J]. Blackwell Publishers Ltd, 2002, 80(4):711-731.

术标准的设定和维护;二是学习机会的提供;三是与学习机会相关联的信息;四是学习机会质量的改进。这种评估方式以学生为中心,每次都会选取学生代表加入,学生参与积极性高,评估过程极其规范,评价结果对白金汉大学教育质量的提升具有很强的建设性,有利于教育质量的改善,因此校方也乐意与高等教育质量保障署建立长期的合作关系,借助三方客观的、专业的评估,推动高校提升教育质量。英国高校在政府的宏观指导下,在第三方评估机构监督的辅助下,建立了"内部监督为主、外部监督为辅"的教育质量评估体系,这是英国教育质量不断提升的核心要素。此外,英国的新闻媒体在高等教育质量评估和教育体制改革中发挥着巨大作用,如《泰晤士高等教育》发布的世界大学排名,成为全球最有影响力的国际性大学排名之一[1],而且对于英国的私立大学而言,三方评估确实对学校提升教育教学质量有很大益处。

三、主要发达国家私立大学防范质量风险启示

(一) 产教融合促进应用型人才培养改革创新

在产教融合或校企合作育人方面,主要发达国家形成一些能够有效推动产教合作实施计划和评估方式。[2] 世界经济快速地发展要求所有的大学与企业、行业和产业之间开展经常性合作。大学早已成为没有围墙的社会公益性组织,开发新知识和技术迁移等适应区域经济发展成为办好应用型高校的重要任务。

主要发达国家应用型人才培养方案制定的原则与特征。首先,德国应用技术大学人才培养方案的特点:一是人才培养方案以满足社会需求为导向;二

---

[1] Gewirtz S, Cribb A. Representing 30 years of higher education change: UK universities and the Times Higher[J]. Journal of Educational Administration and History, 2013, 45(1):58—83.

[2] Hughey, Aaron W. Higher education and the public, private and non-profit sectors: Equal partners in promoting regional economic development[J]. Industry and Higher Education, 2016, 17(4).

是课程设置重视实践课并注重校企双元实践;三是开展"工学结合""校企合作""产学研一体化"和"国际联合"等多种合作形式;四是健全法律与制度保障。德国《高等教育总纲法》明确规定应用型大学在高等教育体系中的地位和作用,对应用型、技能型、实践性的教师制定具体标准。其次,英国应用型大学人才培养方案的特点。注重产学合作与互动,培养学生解决实际工作中遇到问题的能力和锻炼实践技能,关注和提升学生就业能力和就业质量。最后,美国、日本、俄罗斯等国家制定应用型人才培养方案的原则。美国以学生为主体,全面推进学校可持续发展,提供大量掌握实践技术技能的机会,根据市场对人才的需求持续改进专业与课程设置,培养为社会服务的应用型人才;日本以培养高级技术人才为指导,设置市场需求的工科类专业,建立分层次、分类别的课程体系,坚持理论与实践相结合;俄罗斯应用型大学的人才培养方案制定原则以服务地区经济发展,突出实践性和企业深度参与,专业设置集中在高新技术产业。综上所述,通过对比主要发达国家应用型人才培养工作,可以得出共性之处:基于社会经济发展对人才的需求,高校积极发挥办学自主权,以促进就业质量为导向,实现产学研结合,在社会各界共同参与的基础上,有效发挥高校、企业和学生的主体作用,制定适应市场需要的应用型人才培养方案。培养方案均体现理论和实践同等的重要性,旨在提升学生实践、创新和社会适应能力,主动满足国家和社会经济发展对技术型人才的需求。

　　国外应用技术大学的成功办学经验。除国家法律支撑以外,满足社会、企业和行业对应用型人才需求方面采取一系列举措,对应用型人才培养方案进行改革,将单一主体制定人才培养方案改为由地方政府、高校、行业、企业和学生共同讨论制订,形成多元主体①的参与。多元主体在构建人才培养的教学内容和课程体系时,科学拟定人才培养定位,以"复合型""应用型"和"创新性"人才培养为目标,强调知识、能力和素质的组合设计,由高校牵头,建立社会、企业和行业参与的联动机制,这样可以使课堂与社会紧密结合,精心设计选修

---

① Shinn T, Lamy E. Paths of commercial knowledge: Forms and consequences of university - enterprise synergy in scientist - sponsored firms[J]. Research Policy, 2006, 35(10):1465-1476.

类和实践类课程,使企业主动参与到教学实践中,形成企业、产业、行业和高校专业间的有效连接,共同打造特色应用型人才培养链,同时加强对培养质量评价工作。德国政府规定,学生只有完成基础知识学习,并且经历漫长的顶岗实践后,才能被认定为掌握理论和实践双重能力。因此,我国应用型本科高校也可合理借鉴以上做法,从制度层面对企业参与学校实践育人给予明确职责和税收减免或财政补贴等优惠条件,国家评估应用型高校重点对实践育人进行评估认证,让企业主动愿意和学校进行合作育人,并把具有本科学历的技术型人才充实到企业的建设发展中。

(二)课程体系建设注重理论与实践的融合

不同国家私立大学课程体系因教育体制不同而有差异。美国本科教育主要是基础课和专业基础课,大量专业核心课则是在硕士阶段开设较多,而德国对工程类的专业培养目标,则是通过基于科学理论的应用工程为毕业生做好职业发展的准备。德国应用技术大学的人才培养目标和课程设置在人才培养方案的构建中具有代表性。一是认为应用型人才培养的重点应当聚焦培养完成工作所需知识,提升实践能力和综合素质,夯实应用型人才培养目标。在知识结构方面设置通识课程、实践课程和跨学科课程。在能力结构上,重视创新和实践能力培养,确保学生在工作场所能够很好地完成工作,注重团队意识的培养和提升。二是德国应用技术大学在课程设置上注重优化,按照分模块开展人才培养。将单一的教学活动整合成各具特色主题的教学场景,培养学生分析问题和解决问题的能力。三是加大实践课程的开设比例。例如在亚琛工业大学,机械专业学生的实践周期为9个月,总学时将近400小时,占整个本科教育阶段总学时的15%,大大高于中国同类工科本科高校的实践学时比。

目前我国应用型本科的课程体系设计中,实践课学时基本在3个月以内,有的学校开设的实践课仅仅是去企业"打工",甚至有些实践课的内容是与专业知识关联不大的纯体力劳动,如快递的分拣员、生产车间的物料搬运工等。如果以此类型的实践作为评价学生实践能力的依据,对教育质量的提升帮助不大。因此真正的实践课是理论知识和实际工作相结合,在工作中能够检验知识的系统性,在学习过程中能加深对知识应用性的理解,这是未来大学设计实践课方向和衡量实践课是否有效的标准。最重要的是实践课将会在大学和企业之间建立起一座坚固的桥梁,让更多的人才能够通过实践课或实习机会,从象牙塔中走出来,真正明白教育和知识的本质是知行合一和身体力行。所以未来不论从国家制度层面,还是大学教学改革层面,建设有效和高质量的实践课将是提升应用型高校教学质量的最后一公里。

(三) 引入三方评价机制完善人才评价体系

三方评估认证机制是对高校教育质量监控的重要手段。建立人才培养的过程监督和反馈机制是重要抓手,尽管发达国家应用型人才培养计划评估指标内容有所不同,但都反映了"科学、开放和发展"的原则,最重要的是体现"教育公平"。为保证第三方评估机构立于政府之外,其对评估项目的协议是和大学签订,而不是和政府签订,这从法律层面确保其能做出客观公正的评估与监督。① 人才培养质量保障是通过全方位、多角度的评估活动来进行,充分发挥了学校、企业、政府、社会、老师和学生的各方作用,对人才培养的质量形成完整的反馈,体现人才培养的发展性和科学性评价原则。主要发达国家对人才培养质量的评价包括两方面:内部评价和雇主评价。内部评价是师生对培养效果的评价,而外部评价则是企业对人才培养效果的评价。在实践阶段,企业清楚地观察和监管学生的实践学习情况,评价学生的绩效表现。学校也会定期向企业发放调查问卷,了解学生的实践表现。企业可采用"反馈系统"主动向学校反馈学生实习情况及评价结果。三方评估机构是独立于高校和政府的社会组织,负责对学校进行定期评估,因为政府和学校都是高等教育的利益相关者,只有不存在利害关系才能做到公平公正。因此,我国也可以借鉴此种方式,政府对大学进行准入资格判定,教育质量评估由三方机构进行,政府制定标准或授权三方制定全面评价指标,政府对评价指标进行宏观指导,确保第三

---

① Stalford C. Social structure of third-party evaluations[J]. New Directions for Evaluation, 2010, 198(5):69-81.

方评估与国家高等教育的质量评价相结合,而评价结果应作为政府财政扶持的重要依据。

综上所述,主要发达国家基于产教融合的特色型应用技术大学人才培养改革创新,基于政府主导下的三方质量评估认证制度等有效举措,是国家保障高等教育质量的基本制度设计,这些制度有效规范和推动私立高等教育教育质量的提升,值得我国教育行政部门和非营利性民办高校合理学习与积极实践。

第三节　主要发达国家私立大学资金筹措管理经验

办学经费是高校发展的第一命脉,国外私立大学多元化办学资金筹措和资金使用监管规范性值得我国学习。虽然非营利性大学不在经营利润方面投入更多时间和精力,学校主要目标是教学质量提升和科学研究,但缺少在利润方面的足够重视,会降低办学资金风险的应对能力,在改善教职工薪酬水平和加大科研投入方面受到资金制约。与公立大学相比,私立非营利性大学也应重视办学资金风险的预防和应对。

一、主要发达国家私立大学筹集办学资金的特征

(一)办学资金来源渠道的多样性突出

第一,财政拨款。美国的公立高校与私立高校经营所需的资金来源大相径庭,公立高校的资金主要源自财政拨款,其次是学费收入,其中财政拨款约占公立大学收入的六成以上,而联邦政府与州政府在其中扮演的角色亦有区别。在联邦政府层面,国家级别的教育行政部门只对每个州的高等教育实施引导和监督,而对公立大学的财政拨款则由各州独立把控,包括按照什么标准进行拨款,拨款金额的多少等。私立大学与公立大学相比,主要区别在于其经

费来源于学校董事会,董事会从公司财团和校友募集资金,以此满足学校经营对资金的需求。但是,私立学校也会收到政府和社会人士捐赠,在日本,政府补贴已经成为私立高校的第二大资金来源。① 在英国的爱尔兰,所有被宗教组织经营管理的学校都被定义为私立学校,但其实大部分学校都是公立赞助,只有少部分是收取学费的。②

第二,学费收入。学费是美国高等院校经营资金的另一个重要来源,与我国高校学费基本固定不同。美国高校的学费政策市场化程度非常高,学费的收取充分考虑市场在资源配置中的作用,其中公立大学学费的多少与州政府拨款成反比,即如果学校提高学费,州政府对学校的拨款会相应减少,因此,为了留住生源,学校通常不会主动提高学费,但一旦遇到经济不景气,州政府提供的拨款减少,学校则只能通过提高学费的方式增加资金来源,与之相配套的是学校会加强对学生的资助力度,扩大学费减免的范围和幅度,以提升招生吸引力。美国私立大学对学费的收取标准有自主决定权,主要取决于对优秀学生的吸引和学生的培养成本。

第三,科研经费。科研经费是美国高校重要的办学经费来源。美国高校的科研经费以政府拨款为主,也会有企业和基金会捐资等,美国是世界上第一个将科学研究与经济政策联系起来的国家。③ 与中国直接将科研经费下发到各个高校不同,美国的科研经费首先拨给国家自然科学基金等政府机构,再由这些机构根据实际科研需要,在申请经费的高校之中择优选择并签订协议,这有利于科研经费合理地在各高校之间分配,促进学校的科研质量提升。

第四,捐赠收入。美国政府非常鼓励个人对高校捐赠并实行优惠措施。

---

① Jianmin L I. Does government subsidy guide private universities towards favorable directions: A preliminary analysis on financial data of private universities[J]. Educational studies in Japan: international yearbook: ESJ, 2010(5):49—61.
② OECD (2012), Public and Private Schools: How Management and Funding Relate to their Socio-economic Profile, OECD publishing. http://dx.doi.org/10.1787/9789264175006-en.
③ Douglass, John Aubrey. A world of competitors: Assessing the US high-tech advantage and the process of globalisation[J]. Higher Education Management and Policy, 2008, 20(2):34—62.

原本美国企业所得税的税率为40%，但是为促进企业向高校捐款，美国税收法律规定，向教育机构捐赠的支出可以在税前抵扣。这一规定使得企业捐赠教育时，不仅能获得社会名誉，还能在经济方面受益，大大刺激了企业对教育的捐赠热情。因此，捐赠收入成为美国高校尤其是私立高校能够存在且不断发展的重要因素。很多耳熟能详的名牌大学，如哈佛大学、耶鲁大学、斯坦福大学等国际知名大学，都是起源于个人捐赠，并且有持续不断地来自世界各地校友或社会名流的捐赠，用于学校的发展。

第五，投资收益。美国大学非常重视对资金的投资，学校通过设立专门的投资办公部门，招揽专业的资金管理人才，负责接收对学校的捐赠投资。美国法律也对高校投资予以充分保护，对非营利高校的投资收入实行免税，投资收益成为美国高校重要的收入来源。如斯坦福大学专门成立斯坦福管理公司，专门管理学校的基金。公司设立首席执行官，其直接向学校董事会汇报工作，斯坦福工商管理公司将学校的资金用于各种投资，获取回报。过去十年数据显示，斯坦福管理公司管理的基金年投资回报率高达10%，使得该校捐赠基金的规模从75亿美元上升到197亿美元。美国各大名校的基金规模都很庞大，截至2011年，除了斯坦福大学外，基金规模超过百亿美元的大学还有四所，分别是哈佛大学、耶鲁大学、德州大学和普林斯顿大学。

（二）全面预算管理在资金使用中的作用明显

美国私立大学的绩效预算管理。美国高校的管理体制不同于其他国家的高校，但在预算管理方面的先进经验值得其他国家高校学习与借鉴。首先，在高校预算管理机构上，美国高校通常在财务部设立预算管理办公室和预算监督办公室两个部门。预算管理办公室负责学校的日常预算管理工作，预算监督办公室则主要对预算管理办公室的预算工作进行监督。其次，美国高校的财务预算会对重点科研创新项目予以特别关注，为保证学校重点项目得到优先发展，美国高校在财务预算编制过程中，一般会要求教职工和相关部门负责人一起参与，由教职工和预算管理人员组成重点项目管理委员会，负责评估学校的重点项目，投入更多的预算资源。预算管理委员会在编制学校全年预算时,对重点项目给予资金保障,以最大限度地发挥高校资金支出效益。最后,美国高校的预算管理非常严格,高校每年度的财务预算需要经过各种机构与专业人士的反复论证与审查,所有材料完备之后,提交至州政府进行审批。财务预算案经过政府的审批之后,一般不得进行更改。预算监督办公室对高校预算管理进行全程监控,保证高校各项支出都在预算范围之内。[1]

英国私立大学的全面预算管理。在高校绩效预算管理变革的过程中,最重要的是评价指标体系的建立。早在1985年,英国高校的绩效管理指标有三大类：对社会经济环境的适应、高校的内部特征及内部运营管理。高等教育基金委员会(HEFC)在1997成立了专家小组,专门负责研究和健全英国高等院校的战略目标,最终确定了教学类、辅助教学类、运营管理类、科学研究类、后勤支持和保障类五个维度。由于英国高校大部分是公立非营利性大学,政府的拨款往往能占到学校运营资金的40%左右,而拨款则分为支持教学活动拨款和支持科研活动拨款。其中教学拨款是根据在校生人数及高校内部学科设置拨付一定的财政资金。科研拨款则取决于高校科研能力的高低,科研水平高的学校获得科研拨款更多,科研水平低的学校获得科研拨款较少。此外,英国高校的资金来源还包括社会捐赠、学费、对外输出培训和科研服务的收益等。

澳大利亚私立大学的预算管理。澳大利亚高校进行财务预算管理时,遵循一个基本原则就是预算管理服务于学校发展战略。第一,财务预算制定过程严格规范。各高校的财务部门以上年度财务预算的实际执行情况为基础,充分考虑下年度学校发展需求,制定出下一年度学校财务预算的草案。草案制定完毕后,需要在全校范围内进行公示,每名教职员工和学生都有权利对预算草案提出意见和建议,高校预算管理委员会和学术管理委员会共同审核下一年度的财务预算,并对其实施的可行性和有效性进行分析,最后交由校委会对财务预算方案予以最终审议通过。正式预算一经通过,将在全校范围内进

---

[1] HOTK. From performance budgeting to performance budget management: Theory and practice[J]. Public Administration Review, 2018, 78(5):748—758.

行公开,全校教职员工和学生都有权利对预算执行情况进行监督。第二,经费分配和下达方案科学高效。经费一般有两种用途:一是用于公共活动,如教学、科研、奖学金计划及公共服务;二是用于支付教职工的工资、福利和劳动保护等。各高校对以往年度经费进行分析的基础上,根据二级院系的学生人数、专业特点等测算出当年预算情况,这种方法既考虑院系实际人数,又体现不同专业特色和特点。

二、主要发达国家私立大学经费管控防范的成效

由于高校筹集资金渠道的多元化,而且大部分高校是非营利性组织,每当政府拨款或学费收入减少,或者企业资金使用不当等都可能会带来财务风险,而一旦发生财务风险,会对高校的生存带来巨大影响。因此,国外为了防范和化解财务风险,在 20 世纪初就已经开始探索行之有效的风险防范方法。在风险预防和应对方面积累了大量经验,其中以美国为代表的绩效预算管理取得很好成效,对我国民办高校的财务风险防范具有借鉴意义。

(一) 美国私立大学防范财务风险的经验——绩效预算管理

美国的绩效预算管理始于政府部门,最早是纽约市政策研究局提出的"改进管理控制计划",倡导通过实施项目管理,提升资源的有效利用率。后来在 20 世纪 30 年代,美国农业部也采用绩效预算的管理理念并通过绩效预算管理,有效改善了政府的运转。[1] 20 世纪中叶,整个美国都开始推行绩效预算管理方法,首先是胡佛委员会对工作目标进行了阐释,而后美国总统杜鲁门向国会汇报绩效预算管理预案,使绩效预算管理理念和实施方法为美国公众所熟知。绩效预算管理计划在政府组织中不断推进,教育部门也开展对原有预

---

[1] HOTK. PBB in American local governments: It's more than a management tool [J]. Public Administration Review, 2011, 71(3):391—401.

算管理改革,在美国科研机构推广绩效预算管理的理念。① 实际上,绩效是管理学中的概念,"绩"指的是预算管理所要达到的目标,"效"指的是评估预算管理目标是否达成的情况。20世纪末,美国的综合性高校也开始对传统的预算管理大刀阔斧改革,推行过程中不乏各种细小问题,但还是取得重大成果。总体上,绩效预算管理有效提高高校资金使用率,扩大研究成果。

在政府主导绩效预算管理的同时,学者们也开始研究高校绩效预算管理的方法及效果评估。20世纪70年代末是绩效预算管理在高校财务管理中应用的早期阶段,此时绩效预算评价指标是为提供包含教学质量、产生的效益和高校的运营效率等方面。② 国外高校的财务预算由校董会审批,校董会专设机构或基金会负责学校资金预算管理,这样可以保证学校有专项经费投入日常管理和学术活动中。Shim等(2000)系统研究了非营利组织的财务风险管理的问题,主张从目标和方法两个层面,深度剖析高校财务风险防范体系存在的问题,通过管理控制的杠杆原理运用优化非营利组织的战略目标。

(二)英国私立大学防范财务风险的经验——分级分层管理

英国高校财务管理实行分级管理模式,与大学的校、院、系三级管理相匹配,财务管理也分三个级别,分别由校长、院长、系主任负责本级财务管理工作。校长主管全校的预算分配,院长、系主任分别负责本院和本系的财务开支,全校仅设立一个银行账户,实行财务集中管理。高校从高等教育拨款委员会取得财政拨款后,其资金拨付方式分为两种:一种是直接将拨款分配给各个学院,学院再按比例上交一部分给学校作为日常开支;另一种是高校收到拨款后,先将校级行政支出予以扣除,然后再分配给各个学院。两种方法都强调学院对预算资金的主导性,院长和系主任对本院、系的人、财、物享有高度管理

---

① Parekh S, Gandhi N, Hellerstein J, et al. Using control theory to achieve service level objectives in performance management[J]. Real—Time Systems, 2002, 23(1—2):127—141.

② Siegfried J J, Sanderson A R, Mchenry P. The economic impact of colleges and universities[J]. Change The Magazine of Higher Learning, 2007, 26(5):546—558.

权。学校的各个行政管理部门负责为各学院服务,不会影响学院行使各自权利。传统方法侧重于与财产保护、信息安全、健康和安全等不同领域有关的风险,预算管理的重点是处理一个组织可能面临的一系列全面的风险。尽管有必要对风险进行综合处理,但高等教育的重点也更多地放在传统的风险管理上,将风险管理的责任推给各个责任单位其实是不负责的表现。当前在一些发展中国家,风险管理意识总体上仍然较低,大学在其规划和运作方面引入全面预算管理的参与仍然有限。

(三)日本私立大学办学经费的有效保障——补助金制度

日本属于国家主导型的高等教育体系,已经形成国立、公立和私立大学共同发展的办学格局。国内私立大学占高等学校数量的占比近三分之二,有着举足轻重的作用。日本私立大学办学经费来源较广,私立大学之所以发展迅速与政府严格的财政法制保障是分不开的,私立大学与国立大学可以同等享受政府公共财政支持的待遇,财政补助金制度就是日本对私立大学办学的一项重要财政保障制度,为私立高校的发展与壮大提供坚实后盾。

政府补助金制度建立的起源。第二次世界大战后,私立高校对日本经济和社会发展的作用越来越大,1949 年日本政府出台的《私立学校法》明确支持私立学校提高教育质量,推动私立高校与国立、公立高校的同等待遇。1970 年政府对私立高校进行补助并成立"私立学校振兴财团"。1975 年和 1976 年,政府先后出台《日本私立学校振兴援助法》和《日本私立学校振兴援助法施行令》,为政府资助私立大学发展奠定法制规制。《日本私立学校振兴援助法》明确了对私立大学办学条件建设、学生学业经济负担和学校稳定运营的三大补助目标。根据补助对象,补助重点是私立大学和私立大学的学生,通过直接补助和间接补助的方式对私立大学补助,对私立大学主要是直接拨款、给予贷款和减免税收等三种方式,对学生补助主要通过奖学金的形式来体现。

补助金分配原则与补助主要内容。日本政府对私立大学补助金发放的主要原则是倾斜性原则,针对不同办学水平和办学绩效的私立高校给予不同的补助。对私立大学一般补助金额的计算办法是以教职员工、学生人数为基数乘以人均补助单价,再根据教育和研究条件、设备情况进行倾斜分配。[①]一般补助是对"学生固有人数下降、生师比较小、学费收入使用比例提高"的学校进行倾斜补助。特殊补助是对私立学校有特色的教育形式和教育研究项目给予重点补助。同时,日本政府还建立"私立大学研究设备装备费补助金"制度,从1983年开始,政府对私立大学、研究生院购置4000万日元以上,私立高等专科学校购置3000万日元以上的大型教学研究设备所需的经费予以补助。[②]此项补助制度给其他国家私立高校发展做出典范,为本国私立高校发展提供可靠性财政制度保障。

三、主要发达国家私立大学防范经费风险的启示

(一) 政府财政拨款后的监管评价严格规范

美国分权制的教育管理体制使美国联邦教育部无法直接参与私立非营利性高校的管理,只能通过颁布相关法案和财政资助等手段对其进行间接的、宏观上的管理调控。因此,美国各级州政府对高校也有很多专项补贴。对私立非营利性高校而言,州政府虽相对联邦政府具有较大的管理权,但由于私立非营利性高校在法律框架内仍享有高度的自主办学权,州政府也无法过多干涉。现实层面,州级行政单位管理主要限于以下工作:一是管理监督。主要负责学校设立审批、授予学位审批、财务和税务审计和常规性监督工作。二是财政资助。在经费资助方面,州政府与联邦政府主要通过对非营利私立高校的学生提供助学金和为学校提供科研经费。

政府资助对于私立学校来说,更像是一把双刃剑,一方面政府通过财政拨款,为学校的办学提供更多的资金来源,提升高校应对财务风险的能力,但也会增加大学对政府拨款的依赖性。近年来,随着政府赤字扩大,有的国家对私

[①] 邹艳.日本高等教育经费的研究及启示[J].日本问题研究,2002(4):60.
[②] 李帅军.日本私立高校经费来源途径举要[J].高等教育研究,1998(5):101.

立大学的拨款也开始逐渐减少。当私立大学享受政府的财政补贴之后,则需要将原本属于自己的一部分管理控制权转移给政府,如美国的财政政策规定,接受财政支持的高校需要在两年时间内提升学生的学业水平,如果学生连续两年都没有取得合格的学业成绩,则政府就会介入,敦促学校制订更完善的改进计划,这些权力原本是属于内部管理。

总体而言,尽管政府对大学的拨款不断减少是世界性的趋势,但是政府的财政支持与管理对高校教学质量、学术与科研的促进作用仍然起主导作用。我国对非营利性民办高校进行管理的过程中,可以在政府宏观调控和监督基础上,结合财政拨款或其他方面的资金支持。定期对大学的财务和资金使用情况进行审计和监察。同时制定和完善经费使用法律法规,确保能将政府监管和财政拨款有效使用结合起来。

(二) 多渠道筹资是办学经费的主要来源

拓宽私立大学的多元化筹资渠道是促进学校发展的重要保障。世界各国高校办学经费来源都具有多元化的特点,美国高校的办学经费来源主要是学杂费、附属产业、社会捐赠、合同、销售和服务收入及政府拨款;英国高校办学经费主要由政府拨款、学杂费、研究合同拨款、捐赠、投资收入及其他收入组成;日本高校的办学经费主要包括政府财政拨款、学杂费、校产收入和捐赠等,日本政府对私立高校专门增加了办学补助金和贷款项目以解决其办学经费不足的问题。美国法律明确高校能够发行债券,由于具有风险较小、收益较大等特点,高校发行的债券非常受美国民众的欢迎,拓宽了高校的融资渠道。通过对国外高校与国内高校筹资方式的比较,发现国内高校筹资方式比较单一,因此也可借鉴美国等高校的做法,使资金来源更加多元化,筹资方式更加灵活、宽松与开放。

我国民办高校与西方国家的差距逐渐缩小,但仍然存在着巨大差异。与美国等发达国家相比,我国民办高校最核心的缺陷——财务风险管理能力普遍较弱。呼吁政府加快相关立法,建立和健全民办高校财务管理制度和管理体系。此外,政府还需要加大对高等教育财政自主和政策支持的力度,拓宽民办高校的办学经费来源。陈茵(2015)在研究了发达国家私立高校如何防范财务风险后,建议高校要积极拓宽筹资渠道,也可通过增加营销推广、院校合作和扩招等方式提高在校生的数量,最重要的还要建立针对财务指标的系统评价体系①,从而在有效提高收入的同时,也能很好地防范财务风险的发生。

(三)用绩效预算管理和三方认证考核确保资金使用效益

私立大学的办学资金渠道拓宽,办学资金得到足够供给时,财务风险管控的挑战才真正来临,因为缺少绩效预算管理会导致更大的财务风险。② 资金不足的风险可能会使大学将重心都放在关键领域,但是当资金充足了以后,很容易将资金投入到与教育质量和学术创新关系不大的领域。对标西方私立大学,我国大学尤为需要进行绩效管理考核,将教育质量和科研作为最为核心的两个目标进行考核,确保办学资金使用在关键领域,把绩效预算考核作为政府财政支持的有效管理手段,是我国政府财政支持民办高校的有效举措。

从治理体系上看,美国政府对私立高校实行一般管控,即不直接参与高校的各项具体活动,而是以立法或发布宏观的指导框架,审批高校最起码的办学资格即准入制度。政府并不直接进行高校教育质量的监督和改进过程,而是通过三方教育质量评估认证机构,具体监督和评估职能则由三方评估组织在政府制定的法律和政策框架下完成。三方机构对高校定期评估的结果有两个方面应用:一是提升高校教育教学质量。对高校而言,第三方评估是发现影响教育质量和学生满意度的不利因素,为不断改善教学质量找到最佳途径。二是评估结果是政府对高校提供财政拨款的重要依据。政府对私立高校进行财政拨款时,第三方评估结果是极其重要的参考因素之一。如英国的高等教育基金委员会,在对私立高校进行财政拨款时,以高等教育质量保障署对高校的

---

① 陈茵.民办高校财务危机治理——基于国外私立高校实践经验的研究[J].财会通讯,2015(1):117-118.
② Abramo G, Cicero T, D'Angelo C A. The dangers of performance-based research funding in non-competitive higher education systems[J]. Scientometrics, 2011, 87(3): 641-654.

评价结果为依据。

相比美国,我国高校的绩效管理考核起步较晚,直到2000年以后才开始逐渐接受绩效预算管理的思想。在此之前,高校的预算管理仍然采用的是增量预算管理,重心放在对成本控制上,但忽略如何提升预算管理的绩效考核评价工作。可以借鉴西方发达国家绩效预算管理的理念,通过制定法律和制度体系,建立基于绩效目标的预算管理系统,实现对民办高校内外部资源优化配置,提升高校的资金利用率。

综上所述,国际私立大学之所以成功,离不开政府财政拨款的直接保障,更离不开各校多元化办学经费的筹措,而实施科学的资金使用绩效预算考核又是有效保障和缓解私立大学办学资金高效能使用的主要制度,科学的财务管理预决算制度和专业化财务绩效考核等做法有助于民办高校提高资金使用效率,为中国非营利性民办高校在拓宽多渠道筹措办学资金、争取政府专项财政资助和专业化财务运营考核等方面提供了有效的借鉴模式,为提高学校的办学效率提供了可行的路径。

总而言之,通过对主要发达国家私立高校在内部治理和教育质量和经费管理等方面的了解与学习,对我国提升非营利性民办高校防范办学风险给予一定的启示。由于我国的国情与国家高等教育管理体制与主要发达国家存在一定的差别,为此,我们坚持"实事求是、取其精华、为我所用"的三大原则,立足促进我国非营利性民办高校办学的提质增效,在优化现有内部治理结构方面走向共同治理、建设高质量教育体系走向多元化的应用型本科教育体系建设和经费运营管理走向专业化预算绩效考核等方面可以合理借鉴,从而提升我国非营利性民办高校的办学质量、办学效率和有效规避办学风险的发生。

第六章　非营利性民办高校办学风险防范机制建构

风险识别与应对防范的最终目的就是实现组织发展的战略目标。全面风险管理理论和内部控制理论高度关注组织建立内部控制系统,在组织可控范围内识别潜在风险,通过建立健全防范机制和制度体系做好风险防范工作。《中国教育现代化2035》提出"鼓励民办学校按照非营利性和营利性两种组织属性开展现代学校制度改革创新"。本章重点对非营利性民办高校的办学风险目标、防范内容和防范机制进行研究,结合前期对内部办学风险原因剖析的基础上,把建立内部办学风险防范目标和防范举措作为重点工作,合理学习国外有关私立高校风险防范的有效经验,建构办学风险防范目标,以强化组织内部控制为机理,坚持融合性、实操性和创新性的原则,完善"内部治理能力和治理体系、高质量民办教育体系和专业化财务运营管理体系"的主体防范制度建设;健全"内部共同治理结构、特色应用型本科教育体系和财务预算绩效考核"等关键制度体系;建立"四环节"非营利性民办高校办学风险防范内控机制,提出内控机制实现的保障措施,防范办学风险的发生。

第一节　非营利性民办高校办学风险防范的主体目标

鉴于全面风险管理理论和内部控制理论在组织经营目标高度融合的一致性,从国际经验、国内政策导向、不同区域办学特征和民办高校办学实际等因素,分析非营利性民办高校办学目标与追求愿景,把办学目标和办学风险防范目标融为一体,建立非营利性民办高校办学风险防范目标,同时明晰达成风险防范目标实现的路径。

一、办学风险防范目标的基本构想

(一) 我国非营利性民办高校的办学追求愿景

1. 国际实践经验

非营利性与营利性私立高校的办学目标与价值追求有明显区别。美国有世界上最著名的私立大学,其营利性私立大学和非营利性私立大学已经成为美国高等教育的常态。从分类发展多年的美国营利性大学和非营利性大学不同价值层面的区别可以看出两类大学的价值追求与全景(见表6-1)。

表6-1 美国非营利性学校与营利性学校的差异①

非营利性	营利性
免税	纳税
捐赠人	投资人
捐赠款	私人投资资金
资助人	股东
共同管理	传统管理
声誉动机	利润动机
知识培养	知识应用
学科导向	市场导向
投入质量	产出质量
教师权力	顾客权力

营利性大学和非营利性大学的教育目标不同。营利性大学的教育目标是让学生顺利毕业和就业。非营利性大学除了完成教学和获得文凭外,把非功

---

① [美]理查德·鲁克著.高等教育公司:营利性大学的崛起[M].于培文,译.北京:北京大学出版社,2006:11.

利价值和社会需求融入教育,帮助学生完成社会化过程。[①] 陈涛、邬大光(2017)[②]从法国和德国分类管理来看,高质量发展是非营利性私立高校的办学目标,获得办学收益是营利性私立高校的目标。"营非"高校在美国有严格区分和界定,职业培训是营利性高校的主业,开展学历教育是非营利性高校的主要办学形式。[③] 美国非营利性私立大学具有办学特色明显、经费来源多样、自治性强、多层次和良好社会声誉等五个特性。可以看出两类高校教育目标不同,非营利性私立高校是有非营利性组织特点的高教机构。

2. 国内政策导向

我国以法律形式明确"营非"两类民办高校办学性质的不同。非营利性民办高校也是非营利性组织,有的也称为"第三部门"社会组织,也要履行培养人才、科学研究、服务社会、文化传承创新和国际交流合作的办学使命和功能。架构"校企、校校、校政、校社"合作桥梁,培育满足社会需要的高级应用型人才,不断丰富和提高人类物质和精神食粮,推动社会、国家和民族向前发展。[④] 未来民办教育的主流形式还是非营利性办学,其使命与教育目标仍是教育属性和办学治校,而营利性民办高校在我国还是新生事物刚刚起步,未来营利性和非营利性民办高校成为中国民办高等教育体系中的两个重要组成部分。

3. 民办高校实际归位

"高校分类管理"列入2010年《规划纲要》,"研究型、应用型和职业技术型"三种类型写入教育部"十三五"时期高校设置工作文件。从事实来看,目前我国独立设置的民办本科高校其人才培养定位均为应用型,立足区域办学,为地方经济和社会发展培养技术型人才。这些高校举办高等本科学历教育的办学时间不长,都以"强能力"和"重实践"为主开展应用型办学。当前,高校分类已经得

[①] 阎凤桥.非营利性大学的营利行为及约束机制[J].北京大学教育评论,2005(2):16.
[②] 陈涛,邬大光.高等教育公私并举与分类管理走势分析——基于中、法、德三国经验的视角[J].教育研究,2017(7):89.
[③] 阎凤桥.美国私立高等教育特征分析[J].黄河科技大学学报,2003(3):150.
[④] 何国伟.试论非营利性民办高校的两种基本属性——基于第三部门理论和公共组织理论视角[J].教育理论与实践,2016(24):3—5.

到基本共识,民办高校的正确定位与合理归位是学校发展的内生属性,办好应用型本科高校须有正确的办学理念和准确的办学定位,不能走千校一面的办学路子,紧密结合学校所在区域,主动与社会互动做好应用型人才培养工作。

4. 不同区域办学特征

为了解现有民办本科高校的办学追求与发展目标,笔者选取华中(河南省和湖北省)和华东(江苏省和浙江省)地区12所民办本科高校为样本,对其办学定位与发展目标进行分析(见表6-2),归纳出四个明显特点:一是学校办学定位均为"应用型本科",凸显"地方性、应用型、重特色、高水平"特点,部分高校提出"国际化"办学;二是办学理念均有"立德树人、社会责任、创新发展、质量为本、服务社会"等特征,部分高校提出"个性化教育";三是办学目标均追求"高水平应用型民办大学";四是学科专业性质以财经类和理工类为主,有少部分综合类、艺术类与语言类办学。综上所述,"公益性、应用型、高质量、特色与国际化"是不同区域民办本科高校的首选办学战略,是举办者的统一办学价值追求和发展愿景。

表6-2 华中、华东地区12所民办本高校办学定位与发展目标

区域	省份	学校	董事长	办学理念与学科性质	定位与目标
华中地区	河南省	黄河科技学院	胡大白	"为国分忧、为民解愁、为社会主义现代化建设服务";综合类	区域特色高水平大学
		郑州科技学院	刘文魁	"强化优势、突出特色、示范带动、整体推进";理工类	高水平应用型民办大学
		郑州升达学院	王淑芳	"伦理、创新、品质、绩效";财经类	应用型普通本科院校
	湖北省	文华学院	吴文刚	"以学生为中心的个性化教育";理工类	高水平应用型民办大学
		武汉工商学院	彭秀春	"应用型、信息化、国际化高质量";财经类	高水平应用型工商大学
		晴川学院	汪 彬	"横向能拓展、纵向能提升";理工类	一流应用型民办大学
		武汉传媒学院	周中斌	"传媒文化与科技教育融合";艺术类	特色应用型本科高校
		武汉首义学院	金国华	"以人为本、关爱师生、保证质量、大胆创新";理工类	特色高水平应用型大学

续表

区域	省份	学校	董事长	办学理念与学科性质	定位与目标
华东地区	江苏省	无锡太湖学院	金秋萍	"转型发展、内涵发展、特色发展";综合类	高水平应用型民办大学
		三江学院	丛懋林	"立德树人、以生为本、学用结合、服务社会";综合类	高水平应用型民办大学
	浙江省	浙江树人大学	孙景淼	"立德树人、为国植贤";综合类	教学服务型大学
		宁波财经学院	孙慧敏	"致良知、育实才、立善业";财经类	特色鲜明的民办大学

5. 非营利性民办高校办学目标

美国学者丹尼尔·列维将世界各国私立高等教育的发展类型划分为精英型、宗教性和需求吸纳型。罗先锋博士通过研究发现,改革开放以来,有一批胸怀教育梦想的举办者,创业举办了非营利性民办高校,其办学目的就是坚持公益性,立足区域,培养应用型人才,把学校办成优质、高水平民办大学作为自己的奋斗目标并提出建设一流百年名校的发展愿景。[①] 在国际经验、国内政策、民办高校实际和不同区域办学群体追求办学愿景等研究基础上,可以明晰我国非营利性民办高校办学的战略目标与使命价值是:不以营利为目的,坚持立德树人本色、强化共同治理、推进高质量发展、创新应用型人才培养之路,创建高质量、有特色的中国非营利性民办大学。

(二) 非营利性民办高校办学风险防范主体目标

建立风险防范目标是做好防范办学风险工作的指南。熊德明等(2008)[②]指出,高校办学风险识别和评估是一种机制,这种机制能为大学目标的危机发出预警。非营利性民办高校的组织战略与办学追求就是办学风险防范的使命。非营利性民办高校的办学目标主要是坚持公益性和高质量发展,而办学风险防范的目标主要是减少和降低在办学目标实现过程中的损失,以利于办学目标的顺利实现。如英国牛津大学在确立学校内部风险防范目标时,就将

---

① 罗先锋. 我国非营利性民办高校发展研究[D]. 厦门大学,2017.
② 熊德明等. 高校风险管理:来自英国的认识与实践[J]. 清华大学教育研究,2008(3):111.

风险防范与大学办学目标始终保持一致。基于民办高校现实存在的办学风险,按照内部控制理论,在对风险进行识别与分析的前提下,把办学目标与办学风险防范目标进行有效融合统一,建立主体办学风险防范目标(见图6-1),通过目标导向和问题导向,推动非营利性民办高校内部控制系统和防范机制建设,围绕主要办学风险,建立健全非营利性民办高校办学风险防范制度体系建设,用风险防范机制来提升办学风险防范的针对性和可操作性。

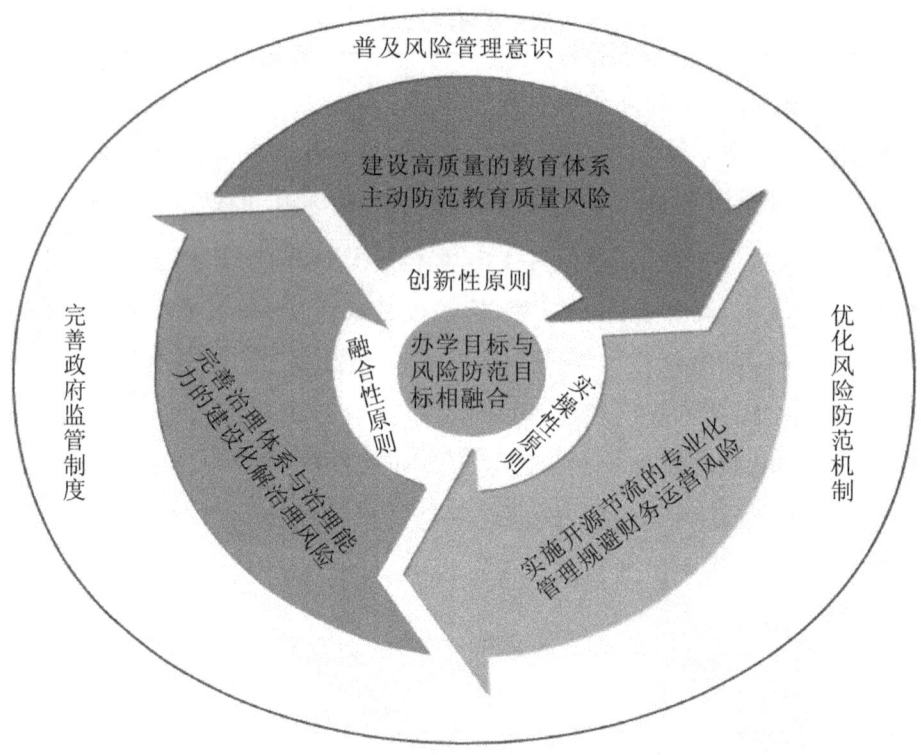

图6-1 办学风险防范主体目标

主体目标立足于内外两个循环系统建设。外循环基于国家层面的政策导向与要求,涉及风险管理意识普及、政府监管制度完善和未来风险防范机制的优化,这是普及化时代民办高校自我发展与自我完善的必然趋势。但实现主体目标的关键还是基于内部控制的内循环系统建设,抓住非营利性民办高校内生性办学风险防范的主要矛盾,建立基于主体目标导向的办学风险防范机制是一种组织战略,有利于学校科学预判和规避风险事故发生,切实增强学校自身办学风险防范能力建设。用好民办高校体制机制优势,注重办学风险防范举措,坚持创新性、融合性和实操性的三大原则,健全学校"内部治理能力与治理体系、高质量民办高等教育体系和专业化的财务运营体系"三大防范制度体系建设,普及风险防范意识和防范治理能力建设,提升学校高质量发展水平,为实现非营利性民办高校办学目标做好制度保障。

二、办学风险防范目标的实现路径

(一)建立学校组织控制的风险防范系统

在全面风险管理理论指导下建立学校风险防范组织系统。内部控制是高校办学治校的重要机制,内部治理风险、教育质量风险和财务运营风险都是办学风险防范中的核心风险。基于内部控制防范系统建设需要,把风险防范嵌入民办高校决策系统中,整合现有工作机构,明确工作职责,把办学风险防范工作列入学校"三重一大"决策。借鉴英国等高校风险防范的有效做法,培养适应高校办学风险防范工作的管理干部队伍,建立健全学校和分院两级办学风险防范管理工作机制,有效开展办学风险防范工作。

在内部控制机理下健全内部办学风险防范体系。企业在发展中不仅要抓住机遇,更要防范潜在的风险于未然。民办教育已经从补充教育时代走向选择教育时代,民办高校要想立于不败之地,需把办学风险防范与办学战略同等重视,把风险防范目标事项植入民办高校办学目标中,抓住解决办学风险的"牛鼻子"。制定适合学校实际的办学风险防范制度体系,不断健全"组织系统+制度系统+应急系统+评价系统"等体系建设。制定办学风险防范主要流程、重点防控领域预警和风险综合评价标准,用制度规范民办高校办学,实现"规范办学、民主决策、依法管理、服务师生"的办学效果,逐步满足学校利益相关者的需要。

在信息化普及基础上建设智能化风险防范平台。利用信息化技术推动学校现代化管理水平是现代大学管理的重要标志,建立非营利性民办高校办防范信息化、智能化的风险预警平台是提升风险防范工作的重要举措。民办高校利用自身机制灵活的优势,建立"互联网＋办学信息""互联网＋风险案例""互联网＋预警防范""互联网＋师生评价"等工作平台,提高管理服务效率,减少管理漏洞,通过资源整合和信息共享,整合教学、科研、社会服务、后勤、财务保障、应急处理等管理资源,统筹建设师生综合信息服务中心,实行集中管理,消除学校"信息孤岛",提高信息化管理和突发应急处置能力,及时解决师生的需求,精准防范办学风险。

（二）用"内部人"亲历视角省思办学风险防范

非营利性民办高校办学风险防范研究与实践是当前和今后民办高等教育领域的重要议题。从民办高校"内部人"实践亲历到理性思考的视角来提出风险防范建议,符合民办高校现实中发展的客观规律。

以"内部人"实践视角反思办学风险应对。这里所指的"内部人"不是董事会或举办者家族的内部人,而是一直从事多年民办高等教育管理工作的实际人群,是见证、伴随和参与民办高校一起发展与成长的亲历者。民办高校十分脆弱,当办学累积的风险一旦转为危险就会造成办学事故或损失,会引起政府、媒体与社会的不理解甚至指责。民办高校要戒掉无防范意识的办学思维和违规办学的不恰当行为,提升危机处理能力建设,严格按照国家有关规定快速处理风险,把社会危害与损失降到最低点,把风险和灾难作为教材,强化全员风险防范意识,注重内部细节管理,居安思危,举一反三,防患于未然。

以加强风险识别预警来促进学校规范管理。办学风险伴随民办高校始终,把防范民办高校"以非营利之名行营利之实"作为"专项工作"。建立支撑实现非营利性民办高校办学目标的风险预警制度,在研判、分析外部环境的基础上,重点对内部治理、教育质量和财务运营等内部风险进行精准管控,及时排除影响办学风险的内部不合规行为,及时对导致内部办学风险的损失和负面影响进行干预或预警,把办学风险识别和预警防范作为重要的管理任务抓实抓好。

以依法办学规范学校各项事业的蓬勃发展。没有规矩不成方圆,没有规范发展不可能造就高水平民办大学。坚持依法办学、依法治校是民办高校办学的第一要务,有效的治理方式能决定有效的发展模式,遵守国家办学政策,在日常的办学治校中遵规守纪,永葆公益性本色,发挥民办高校体制的优越性,主动规避办学风险,以优秀的非营利性民办高校为榜样,用法律法规规范不合理办学行为,做遵规守纪的非营利性民办高校优秀办学代表。

(三)建立风险防范机制有效预防办学风险发生

办学风险是办学过程中不能回避的问题,做好办学风险防范需强化规制工作,建构办学风险防范机制是实现非营利性民办高校办学风险防范目标的重要规制。

建构内部办学风险防范机制是规避办学风险的关键。内部办学风险是学校发展中必须面对的风险,不管是教学、科研,还是管理、保障,都涉及高校人才培养等基本职能的履行。内部办学风险具有渐变性,有时是办学累积的产物,有时是决策失误的变现,主动防范内部办学风险、减少学校负面影响对学校发展稳定和社会声誉具有重要意义,做好内部办学风险防范还有利于减少诱发新的办学风险发生。对学校整体办学风险防范至关重要,管控内部办学风险是学校的自律行为。

把办学风险防范工作嵌入学校正常办学管理中。办学风险防范机制是预防和减少办学风险发生的警示机制。降低办学风险就是衡量学校在办学风险方面容易出现问题的概率和可能性,把办学风险防范工作与学校行政工作有机结合,通过学校层面的风险防范领导工作组织机构,做好风险识别程序,找到影响风险的风险源,有效分析、研判风险等级,在日常工作中有针对性地防范中高级风险,有效控制与预防内外部办学风险的发生,建立和完善普适性的办学风险防范机制,是现代民办大学制度建设中防范办学风险的重要抓手。

第二节　非营利性民办高校办学风险防范的主体内容

内部控制的核心是围绕组织经营战略而达成实现管理目标的过程,建立组织内部可控的风险防范工作是内部控制的落脚点。结合非营利性民办高校内部办学风险防范的识别要点,完善"内部治理能力与治理体系、高质量民办教育体系和专业化财务运营管理体系"建设中的主体制度,健全"内部共同治理结构、特色应用型本科教育体系和财务预算绩效考核"等关键制度体系建设,促进民办高校现代大学制度建设,有效把握非营利性民办高校办学风险防范的主体内容。

一、完善治理能力与治理体系建设

（一）建立以董事会制度为核心的共同治理决策制度

规范董事会决策制度。董事会是一切权利、权力、责任和义务的中枢。[①]董事会制度是民办高校内部法人治理的第一要务。首先,严格董事会管理规制。按照2017年修订后的《民办教育促进法》要求,制定非营利性民办高校董事会设置暂行办法。重点规制董事会的人员结构和组织结构,在人员结构上,吸引教师、校友等更多的利益相关者加入董事会;在组织结构上,重点规范独立董事和家族成员参与内部管理问题。其次,规范董事会工作章程。学校董事会章程经教育行政部门审定并对外公开,董事会要按章程进行民主决策与依法办学,每年召开董事会全体会议不少于2次,研究学校"三重一大"重要事项要符合决策参加人数要求,提高决策的民主性,增强社会对民办高校公益性办学的认可度。

---

① 金锦萍.非营利法人治理结构研究[M].北京:北京大学出版社,2005:167.

严格监事会工作规制。个别民办高校的董事会章程如同一纸空文,对董事会制度监督更是缺失。① 非营利性民办高校须遵守新法新政对民办高校监事会的设置、管理与监督规程,正视民办高校监事会工作存在的问题,重视民办高校监事会工作规范,建立监事会相对独立的工作机构与运行机制,参与学校重大事项和重要办学管理的决策与论证工作,监督董事会是否民主管理和科学决策。地方政府要加强对民办高校监事会工作的检查督导,民办高校要严格按照《若干意见》配置监事会成员,监事会要独立于董事会和其他机构,履行监督学校重要决策、罢免违反法律或办学章程人员、调查学校异常情况、对董事会提出建议案、完善监事会议表决等工作职权,让监事会成为监督董事会决策、校长权力运营和遵守办学章程办学的有效权力机构。

规范内部治理结构和权责的明晰度。民办高校内部治理结构是董事会、党组织和校长的权责集合体。第一,董事会是最高领导和决策机构。董事长是学校的最高决策者,是学校的最高权力机构代表,其主要职责是把握学校整体发展决策、法人财产权支配与聘任校长等工作,重点是授权保障和支持校长工作,避免校长按教育规律去办学与董事长按经济规律去经营的冲突。第二,校长全权负责行政运营工作。校长是学校行政工作最高长官,是学校的校长,不是举办者的校长,校长依法行使国家法律规定的职权,负责学校行政工作。重点职责是执行董事会的决定、主持学校行政工作,负责学校工作计划、修订学校管理制度、协调财务预算管理、组织工作绩效考核等。第三,党委书记负责党建和把握政治核心工作。党组织的职责主要是保障学校的办学方向和政治核心作用,党委书记进入董事会参加决策,党组织成员进入监事会监督学校办学,要保障和维护全校师生的正当合法利益。第四,建立"六位一体"的内部共同治理结构。建立"董事会领导、校长负责、党组织把握方向、监事会监督、教授会负责评议专项事务,学生和校友参与决策的"六位一体"非营利性民办高校共同治理结构。董事会负责重大决策、发展战略和任命校长,校长负责全校行政管理和正常运营工作,监事会负责对学校重要决策进行权力监督制衡,

---

① 刘莉莉.中国民办高等教育发展的研究[M].长春:吉林人民出版社,2002:125.

党组织负责引领办学方向与参加决策和监督,教授评议会负责有关学科专业事务,学生、校友等参与决策监督工作,各层面权责分明、各司其职、各自归位,共同协商,民主决策,相互监督、促进发展。

(二)完善适合非营利性民办高校特点的高效能执行制度

完善校长负责的行政运行工作机制。共同治理是非营利性民办高校决策的最佳选择,建立符合学校内部治理特征的执行制度是建立现代大学制度的有效途径。首先,明确校长具有行政工作的最高权力。民办高校的校长负责制不是对其受聘的董事长或其他董事个人负责,校长作用的发挥取决于董事会能否履行自身职责。遵循办学章程,明确校长独立行使行政权力,全面负责学校的正常运转工作。健全学校学术、教学、学位等咨询机构,统一审定和论证学校重要业务工作,推动各系统的执行效能建设。其次,厘清校行政与党组织的协同关系。学校的日常行政事务是由校长负责,党组织负责学校的日常党建工作,两者是协同配合关系,校长负责的重要工作决策要及时与党组织沟通征询意见,党组织党建工作也要结合行政工作协同开展,党组织同时有监督学校行政工作的职能。

健全校长任职与有效激励制度。民办高校的校长多数是返聘公办高校退休专家或领导担任,做好激励对促进工作有很大正向作用。首先,制定非营利性民办高校校长任职条件。民办高校当前的校长来源主要有"举办者自己兼任、聘任公办退休校长和学校自己培养"三种途径。制定非营利性民办高校校长任职条件,对校长的学历、职称、在高校任职经历、高等教育理论水平和办学治校实践能力等给予明确,避免不符合任职条件的校长担任校长,在办学治校和内部治理中因管理不善导致风险。其次,完善民办高校校长薪酬激励制度。校长是一所学校的灵魂人物,校长的视野、情怀与价值观决定一所学校的发展前途。结合委托代理理论中委托人与代理人最优薪酬合约,民办高校校长的待遇与工作成效应成正比,建立职业化校长年薪制度。诚然,也可借鉴企业做法,发挥学校机制优势,尝试"金色降落伞等"①制度,建立民办高校校长职业经理人"年薪+绩效"制度,让校长成为业界名副其实的专家型校长,让优秀的校长得到丰厚的报酬。

(三)健全参与决策的权力制衡监督制度

做好董事会决策权力的制衡约束工作。没有监督的权力是任性的,容易造成权力的滥用,民办高校完善法人治理结构最重要的是形成对权力主体的监督。首先,发挥党组织对权力主体监督作用。民办高校的权力主体主要是举办者及其家族成员、高层管理者等群体,对这类群体最有效的监督就是党组织成员进入董事会和监事会。分类管理之后,国家主管部门要加大督促民办高校董事会规范建设,建立党委书记参与学校决策与考核监督制度,健全国家对民办高校决策与执行权力主体监督,加强对举办者不适当办学行为的监督。其次,用办学章程监督规范办学决策权力。用好学校内部"宪法"的办学章程,按照章程健全和完善内部治理制度和议事规程,对董事会权力进行监督,禁止出现无法规依据或制度未授权的权力错位或交叉乱象。强化监事会工作职能,加强校院两级民主监督机构建设,让一线教师和学生加入监督机构开展工作,参与学校决策与工作绩效考核中,维护利益相关者的基本利益,增加决策工作的透明度。

二、建设高质量民办高等教育体系

(一)瞄准办学目标,创建有特色的非营利性民办高校

学校定位是学校发展战略的基本选择,是高校顶层设计的核心和基础,更

---

① 所谓金色降落伞是指雇佣合同中按照公司控制权变动条款,对失去工作人员给予补偿的规定。金色降落伞,在西方国家主要应用在收购兼并,对解雇高层管理人员的补偿,在我国主要解决企业养老历史贡献问题,防止一些高层管理者年纪大还铤而走险出现59岁现象,以消除或弥补高层管理人员退休前后物质利益和心理落差。

是实现教育事业高质量发展的蓝图。首先,明确办学目标定位。创办特色型非营利性民办大学是第一办学目标,坚持本科层次教育是主要办学形式,坚持"扎根区域、凸显应用和质量为本"的应用型办学理念。其次,走特色育人办学之路。遵循差异化竞争原则,面向地方区域经济和社会主导产业培养应用型人才,结合地方重大发展战略,把学校融入地方发展建设中,建立与学校主干学科匹配的地方特色产业研发中心和技术服务中心,推动学校与企业双向互动,为地方发展培养专门人才,走错位竞争和个性化人才培养的特色办学之路。最后,改进同质化办学模式。立足民办高校属性,从根本上转变"重理论,轻实践""重知识,轻创新"的同质化办学观念,立足本科应用型人才培养,积极把"新工科、新文科"建设和"专业认证"理念融入应用型人才培养中,以未来从事岗位(岗位群)反向倒推本科培养方案设计,正向重构学生具备的"知识、能力和素质"结构,推进新型人才培养模式改革。一是创新班级组建形式。打破学科、专业、学院界限,促进学科专业交叉融合,重构教学组织模式。二是重构课程体系。对应专业发展新需求、新标准,优化原有课程体系和教学内容,将学科前沿知识、最新技术成果带到课堂上,打破学生固定教材制度,拓宽学生知识和技能汲取面,激发学生的兴趣度和个性化成长。三是改进教学范式。开展"课堂革命",打造"金课"、淘汰"水课",创新"理实一体化"教学方法,探索基于线上和线下结合的"项目导学"教学范式,整合信息技术教学资源,推动"项目驱动式"等多元化学习革命,逐步实现从"教为中心"向"学为中心"转变。四是改革考核方式。探索基于多元化、多形式的学习过程考核评价,全面考查学生学习素养、个性创新、专业能力和创新能力,增加过程性考核比例,探索多元化考核方式。

(二)以内涵发展为中心,建立应用型的特色本科教育体系

高质量的本科教育体系是高质量办学的主要标志。第一,用"高端智库"引领学校高质量发展战略。依托民办机制优势,聘任国内外知名专家教授和能工巧匠,组建学校发展战略委员会,研究新型应用型人才培养战略与办学兴校之策,主动适应高质量时代发展潮流。建立学校发展智库,创新应用型本科

人才培养模式。第二,完善健全本科教学高质量发展系统。从"以量图大"规模效应转变为"以质图强"质量效应,立足办学历史,传承办学优势,紧紧围绕建设"高水平应用型非营利性民办大学"为目标,在"本科办学理念、学科特色、专业集群、课程体系、双师双能型教师、应用科研成果转化、产教融合协同育人"等方面狠下功夫,健全本科层次教育内涵发展系统,激活办学内生动力。第三,创新产教融合、协同育人新模式。主动与区域主导产业、行业开展协同育人是产教融合的必由之路。建立学校、企业和社会参与的产教融合联盟,整合多方资源,找到服务地方发展人才培养的共同点,重点做好"引企入校"工作,共建"产业学院",做好"四大"对标,即主导产业技术与主要合作专业实践能力对标、企业工程师实践与学校专业教师理论对标、企业岗位(群)工作标准与专业学生就业须具备知识、能力和素质对标、企业实训条件与学校专业实践条件建设对标。在此基础上,做好"三大"合作:组建校企双方人才培养的管委会合作,共同负责产业学院的运营与管理;开发产业学院学生使用的理论和实践教学教材(讲义)合作;开展学校教师负责理论和企业工程师负责实践教学的人才培养合作。在合作育人中试点学分银行制、专项人才培养订制和国际专项交流等提升协同育人质量。第四,建设应用型本科特色专业集群。抓住集群中的核心技术服务链和主干专业,培育主导专业构建专业集群。把专业集群的发展融入地方主导产业链上,多与政府和行业加强互动,为地方经济建设承担应用型人才培养任务。制定中长期专业集群发展规划,结合地方发展推进专业结构调整,改造传统专业,开设地方发展急需的新专业或专业方向,培育新兴交叉专业,强化办学条件升级,打造特色专业集群。

(三)完善教师发展机制,推动教师队伍高质量建设

克坚攻难,把师资队伍建设作为第一工程,解决制约民办高校高质量发展的顽疾。第一,用"引培共举"补齐高层次人才缺失短板。用好民办高校办学资源,建立专职学科与专业带头人制度,打破固有人才引进的藩篱,用突破性政策引进高层次人才进入重点学科和优势专业集群建设团队,提供工作和科研平台,为工作开展创造良好软硬件环境。制定校本青年教师专业发展提升

计划和培养培训制度,提升教师的专业发展能力。把青年教师的专业化与职业化发展作为教师成长的重要工程来抓,站在教师的立场解决教师发展的后顾之忧。第二,发挥高层次人才领军示范作用。把引进和培养学科与专业带头人作为学校人力资源开发的引擎,加大领军人物的示范引领,尊重和信任高层次人才,凝聚人才向心力,实施低职高聘制度,破格提拔"素质好、业务强、思维新、能吃苦"的优秀青年教师进行重点培养。健全"校、省和国家"三级学科建设考评机制,增加重点科研项目投入,形成长效的经费投入、政策导向、正向激励机制。第三,完善教师选拔与薪酬分配机制。实施教师分类考核,建立"教学型、教学研究型、研究教学型"等分类体系,重点加强师德考核、晋升考核和绩效考核。师德考核侧重于教师师德修养与综合素质,晋升考核侧重教师专业能力和贡献度,绩效考核重点关注教师教学效果和科研成效。评价结果要与待遇挂钩,让优秀的人拿到优厚的待遇。第四,提升教师队伍国际视野与竞争力。正确认识教师国际化是学校国际化的催化剂,建立"量身定做"培育机制,加大专项投入,建立青年专业带头人国内外学习制度,稳定和培养事业发展后备人才,引进具有国际视野和国际经验的优秀专家,为提升学校内涵建设和高质量发展提供世界智慧、国际经验,搭建合作交流的立交桥,向本领域世界知名高校和大师交流学习,拓宽教师国际视野,提升学校国际化水平。

(四)提升科研服务能力,推动横向服务与转化工作

"科研兴校"是民办本科高校提质增效的创新战略。民办高校科研工作更须规范管理、加强绩效考核,将有限的资源投入到实际工作中,实现科研工作高质量发展。第一,加大科研工作总体布局。制定民办高校科研工作专项规划,紧盯应用学科建设,找准学科定位,完善学科梯队结构,大力培育优势、特色学科,努力打造开放共享的科研平台和研究基地,促进科研实力和科研水平上层次、上水平,聚焦主攻方向,整合主要团队,瞄准主要阵地,在培育特色成果等方面下大功夫。适时成立若干研究(院)所,加大开展纵向和横向合作研究,以学科建设带动应用科研水平,发挥应用型学科服务地方的"龙头效应"。第二,完善科研绩效评价工作。科研绩效考核一直是科研工作的指挥棒,也是

激活教师科研积极性的重要杠杆。用好民办高校机制优势，制定区别公办高校的科研评价考核制度，考核大力增加应用科研服务地方经济发展的评价系数，强化教师与企业横向项目合作的考核，加大科研创新的奖励力度，鼓励教师关注应用科研工作，构建师生联合、校际联合、国际联合等应用科研工作模式，促进科研工作的利好发展。第三，健全校本动态科研数据库。科研是推动学科建设的强大动力，注重科研数据的统计和分析，主动把握科研发展方向。由于民办高校人员流动性大，往往出现科研断层现象。利用已有信息化平台，规范统计各类科研数据，研发校本科研统计数据库，利用大数据分析技术对现有科研方向进行分类。结合地方主导产业发展动态，确定科研方向和重点发展项目记载，避免科研项目因人员流动而终止，实现科研工作的连续性延伸，积累已有研究成果，发掘新的研究方向，推动科研工作管理质量和研究质量走深走实。第四，搭建科教融合平台。选取优质的合作育人企业，搭建科教融合应用合作研究平台，缓解民办高校科研建设发展中资金问题。鼓励教师主持与企业合作的横向应用科研项目，企业承担科研项目过程中所需的资金，双方通过正式协议规范合作过程，做好技术服务与成果转化工作。学校为企业提供智力支持，实现学校与企业的合作共赢。加强民办高校与企业科研领域的平台开放、人才输出和优化资源建设分享，共享科研转化成果。推动民办高校向社会开放实验室，为社会提供免费科普平台。

（五）注重管理队伍建设，提升高水平管理运营效能

以专业化管理提升高水平的办学效能。首先，培育优秀教学管理队伍，逐步摒弃公办高校退休返聘教授负责教学管理的固有模式，引进高等教育专业优秀硕博士毕业生进入教学管理队伍，开展现代大学制度和高等教育教学管理业务培训，采用到"外校挂职"和"专项研修"等方式，重点培养青年教学管理人员业务能力和综合素养，加强现代大学教学管理理论和信息技术管理能力建设，做好优秀管理人员的引进、培养、晋升等工作，形成优秀管理梯队，探索"以服务师生成长"为中心民办高校的教学管理文化。其次，严格教学管理组织规程。建立教学管理组织系统。实行校院两级教学管理，围绕"管理目标、

管理内容、管理要求、管理执行和管理评价"及时修订教学管理制度。实施教学信息化管理,立足"学期初、学期中和学期末"三大时间节点,通过教学信息化管理平台,完成"教学计划、教学运行、课堂质量、考试考核与专项评估"等业务规范管理,打破传统单一的运行流程,从条块化管理走向信息化流程管理。最后,建立教学管理预警制度。在管理运行中要及时发现教学风险点,定期进行风险研判评估,对显性或者有危害的教学管理风险发出预警,做好及时干预处理,实现学校管理水平的全面提升。重视主动反思与管理改进,通过职工代表大会、交流会议等多种形式听取一线教学管理者对学校教学工作意见和建议,改进民主决策,维护受教育者的合法权益。

(六) 夯实质量文化建设,构建有效的内部教学质量保障体系

质量文化是高校人才培养的灯塔,教学质量是高校竞争的金字招牌。首先,全面弘扬大学质量文化。"质量立校"是民办高校的生命线,卓越的大学质量文化可以影响和熏陶卓越大学建设。建立"以学生成才为中心"的办学价值取向是大学"高质量育才"的真实写照。给全体师生树立正确的"人才观、成才观和质量观",把高质量理念融入学校教育教学工作的各个层面,营造"质量至上"的文化氛围。其次,健全内部教学质量保障体系。建立应用型民办本科高校教学质量保障的指挥、监控、管理、评估、教学信息反馈系统。把教学管理目标和教学管理过程有机结合,推行多方全程监控。一是建立主要环节教学质量标准,以"本科应用型人才培养规格的核心制度"为蓝本,构建学生入口到出口整个培养过程的教学质量标准,质量标准体现应用型人才培养定位与培养规格的吻合度,准确彰显应用型人才培养的基本状态;二是健全应用型本科教学质量监测体系,将各主要教学环节全部纳入质量保障体系,通过主要教学质量标准来定期进行教学监控与教学评估,监测人才培养标准的落实情况,建立年度教学质量保障分析报告,向学校反馈人才培养的不足,利于学校主动改进工作,做到教学质量监控的闭环管理。最后,建设高水平的质量保障队伍。一是组建老中青结合的质量管理队伍。明确质量保障管理岗位职责,配备专职教学质量保障人员,开展理论与管理技术培训,积极加入国内外高校质量管理

联盟,主动分析年度本科教育质量,全面提升办学质量管理水平。二是拓宽内部质量保障体系升级工作。构建以内部质量保障为基础,学术组织、行业部门和社会三方机构共同参与的应用型本科教育质量保障新体系,对产教融合、科教融合、协同育人办学模式试点开展双向教学质量保障体系建设,建立人才培养输入与输出的质量均衡保障机制。

三、健全专业化财务管理运营体系

(一)拓展筹资渠道,争取多元化办学经费支持

纽约州立大学教授布鲁斯·约翰斯顿(Bruce Johnstone)认为:全球高等教育都面临对个人、对国家越来越重要和增长的成本超出政府承受的能力。解决这一难题的办法就是政府给予充足财政扶持或学校收入来源的多元化。第一,建立非营利性民办高校收费定价和财政扶持制度。非营利性民办高校具有单一的办学公益性,享受与公办高校同等的政府财政扶持政策,目前在陕西、吉林、重庆和浙江等地,民办高校已经得到政府公共财政资金补贴。政府财政补贴是落实国家对公办高校和民办高校的一视同仁,更是促进教育公平和鼓励非营利性民办高校高质量发展的重要举措。建立非营利性民办高校的收费定价和购买服务机制,赋予非营利性民办高校收费定价权,加大鼓励社会团体或个人对学校进行捐赠工作,为民办高校发展拓宽经费来源。第二,落实校企横向项目科研经费支持力度。围绕学校产教融合、校企合作育人实际,组织教师开展科研项目申报与企业合作横向应用科研项目,确保合作科研项目的方向和技术可行,预算合理到位,目标可实现。第三,合理规避校外贷款风险。按照适度原则完善校外贷款管理制度,非营利性民办高校应根据实际需要,合理确定其贷款规模。贷款过低,不利于高校筹资贷款,过高则会增加高校的财务风险。第四,加快应用科研成果转化。聚焦产教、科教融合工作,帮助企业提高生产效率,在技术升级、工艺流程等方面加大专利发明建设,为企业解决生产、管理、技术一线的实际问题,帮助企业提升员工工作技能。第五,

加强社会或校友捐赠。鉴于中国民办高校办学时间等原因,社会和校友捐赠份额还非常低,要围绕国家分类管理新政策,积极宣传非营利性民办高校的教育公益性属性,邀请毕业的优秀校友和企业家到校做专题报告、参与合作育人和学校可持续发展等工作。在办学区域主动与知名企业进行深度合作,在科教融合等方面加强横向合作,抓住时机,融入地方重大发展规划战略,获得地方政府和合作企业的财力支持。

(二)集中财力投入重点工作,提升整体办学效益

按照规模经济效益理论,组织只有达到一定的规模才能降低单位成本。对于高等教育来说,盲目的扩大规模势必会制约教学质量的提升。首先,核定保持适度的办学规模。非营利性民办高校在一定发展时期内,应根据自身办学定位,做好财务保障发展规划,保持适度的办学规模,加强教学设施、教学条件、师生服务和信息化管理等专项投入,改善办学环境,保证投入资金有序到位,提高办学效益。其次,用大投入赢得社会口碑。集中财力,重点投入学校高质量发展建设工程,在人财物方面充分保障学校各年度的重点工作,在人才培养模式改革和本科教学工程内涵建设等方面,设立专项资金,通过调整学科专业结构,培育特色专业集群,加快应用型特色人才培养模式改革等方面打造办学特色,通过媒体、新闻等渠道把办学特色推荐给社会大众,打造学校金字招牌,降低办学总成本,提升学校的办学知名度。

(三)健全财务组织设计,规范财务管理规程

经费来源与财务管理是民办高校的核心命脉,非营利性民办高校事业发展战略和财务运营管理是保障发展的重要手段。首先,规范财务管理部门的组织架构。构建财务组织设置、岗位分工和权责匹配的财务组织架构,成立学校财务保障运营中心。在此基础上科学设置财务管理系统科室机构、岗位职责和人员配备,做到职权与岗位匹配,责任与义务同行,按照"管办分离、交叉监督"原则开展工作。加大校院两级财务管理与审计工作规范,合规进行校院两级资金的使用和流转,采用风险共担的方法来应对风险。其次,加强财务管

理人员业务能力建设。引进"专业人员"的财务管理人员进入财务处工作,逐步清理非财务专业却在财务部门的工作者,优化财务工作人员的年龄和职称结构,建立财务工作人员的专项教育培训制度,搭建对外学习、交流平台,注重财务人员专业技能和素质培养,掌握财务信息化管理软件,了解国家财政方面的法律、法规、政策,增强责任感和使命感,做一名廉洁自律和诚实守信的优秀财务工作者,全面提升民办高校的财务工作质量。最后,规范非营利性民办高校会计制度。遵守《中华人民共和国会计法》和《民间非营利组织会计制度》等财务法律法规,加强财务工作的"三化"(制度化、流程化、精细化),健全财务管理的专款专用和岗位问责制度,保证财务与会计信息的准确性,严格内部财务管控,防止举办者和家族人员抽逃或变相获取不该获取的学校收益,加强学校内部财务控制,规避学校内部财务运营风险的发生。

实施预决算编制和财务绩效考核工作。"凡事预则立,不预则废",预决算是高校财务运行和控制的基本规范,非营利性民办高校更需高度重视。首先,全面实施财务预决算制度。由于举办者的高度集权,目前大部分民办高校坚持"财务一支笔"制度,学校财务管理并未全面实施预决算制度,这与建设高质量发展的非营利性民办高校办学目标不匹配。作为编制全校年度财务预算的牵头单位,财务处要根据当年预决算执行情况来测算全校整体预算水平,做好学校次年度预算草案,草案经主管校长、校长和董事会会议批准最终生效执行。做好校院两级财务预决算落实制度,对各院系、职能部门的不同经费设定不同的参考指标,避免赤字预算。其次,建立预决算绩效考评制度。落实预决算任务比预决算本身更重要,非营利性民办高校要对现金流出和项目支出设置绩效指标,加大对专项大额资金进行专门考核。通过绩效考核提升教学绩效、科研绩效、资源配置绩效和促进学校长远发展,把有限资金用于学校规划的重要发展建设项目,把预算绩效考评结果作为预决算组成内容和次年预算申请的重要工作依据。

(四)完善审计监督,健全与落实审计制度

强化校内审计监管工作。首先,规范审计组织建设。按照上级有关规定,在现有财务部门的基础上,优化设置内部审计机构和人员,把国家审计制度与民办高校实际结合,明确民办高校内部审计的权利和职责。其次,升级传统的手工审计方式。充分利用信息技术手段,提升内部审计的效能。指派专业人员和各职能部门相结合,科学、客观、合理地审计学校财务活动,持续改进审计过程。定期或不定期对高校财务状况出具内部审计报告,对存在的问题及时进行整改。最后,实施全过程审计监管。实行事前、事中和事后的全方位审计监督,内部审计过程也是发现问题和解决问题的过程,通过审计活动的前溯,增强审计的实效性,确保审计效果。加强重点财务事项的监督,如加强每年学费收取和重大项目实施过程的审计。

加强外部审计监督。用政府或三方机构的外部审计推动民办高校规范内部审计工作。首先,通过审计机构开展审计工作。鉴于财务审计和监督的技术性问题,主动接受政府部门对民办学校的财务开展专项财务审查,重视三方会计师事务所对民办高校办学情况审计的反馈改进,核实学校办学经费的真实收支和办学投入实际状况。其次,公开学校年度财务报告。由于民办高校的办学经费来源单一,办学支出细目繁多,社会大众对民办高校的办学投入等经常存在质疑。每年民办高校向教育主管部门也提交年度财务报告,但没有向社会公开。建立民办高校财务信息公开制度,向社会公开年度办学财务信息,利于民办高校监管者、举办者和利益相关者了解办学投入情况,也可督促其加大办学投入,给社会提供一个了解民办高校办学实际的平台,增加民办高校的社会公信力,减少和规避学校财务风险的发生。

第三节 建立非营利性民办高校办学风险防范内控机制

建构防范机制是非营利性民办高校风险防范工作的落脚点,发挥民办高校体制机制最佳优势,按照融合性、实操性和创新性的原则,建立基于"决策、控制、执行和评价"四个环节运行的办学风险防范内控机制。提出办学风险内控防范机制顺利实施的保障措施，有效促进学校办学风险防范目标的实现。

一、办学风险防范内控机制的建构原则

1. 融合性原则

办学风险防范必须与学校实际办学结合。分类管理后，非营利性民办高校办学目标的达成度取决于学校日常办学实际绩效，把风险防范与日常工作融为一体，学校的决策、管理、执行和评价系统要体现办学风险防范工作的设计与布局。不仅要拟定风险防范制度，普及风险防范人员意识，而且要实施风险防范考核评价，把预防与防范潜在的办学风险做到精细化管理，用制度规范日常办学行为，减少或规避损害师生利益的事件发生，让学校得到政府和家长的信任与认可。学校举办者和管理团队要把办学风险防范工作作为分内职责，时刻保持清醒，夯实日常工作与风险防范工作的一体化开展，加强重点办学风险领域的研判与识别，推动非营利性民办高校的战略发展目标的达成，推进融合与协同发展工作，支撑非营利性民办高校高质量发展的竞争力打造。

2. 实操性原则

用内部控制方式推动风险防范实际行动。办学要学习企业管理创新精神，但也要把握教育规律的内涵。作为非营利性民办高校，既要借鉴内部控制理论推动学校做好办学风险防范工作，又要在实际的办学过程中，建立和适合学校运行的办学风险防范工作机制与管理制度体系，与时俱进、不断完善办学风险防范机制，结合学校正常的工作职能，通过有效可行的风险防范路径开展风险防范预防与规避工作，提升实际办学中的操作性和可行性，使学校的风险防范工作与正常工作得到双落实，让全体教职员工都要明晰风险防范的重要性，切实起到防微杜渐的作用。

3. 创新性原则

创新是民办高校自我革新与发展的天生基因。民办高校是国家教育政策催生的后生性产物，是改革开放初期一大批思想活跃、敢于创新、能够抓住机遇的举办者，利用国家政策和创新精神打造出来的先试先行办学品牌。创新

是民办高校举办者及其管理团队的内生基因。在"营非"选择的过渡期,民办高校更应秉持教育属性,关注市场需求,传承创新意识与创新精神,发扬民办高校克坚攻难、创新发展的优良文化,培育师生良好的创新素养,办好具有中国特色的非营利性民办大学。用风险管理的跨学科理论指导民办高校做好办学风险防范工作,创新和激活内部控制系统张力,规范内部管理工作流程,简化工作程序,创新风险防范内部管理模式,创造性探索民办高校的理论、制度、文化和道路自信。

二、办学风险防范内控机制的主体框架

健全高校内部控制系统是风险防范工作的组织保证。立足非营利性民办高校内部环境,结合办学和风险防范主体目标,基于内部控制机理,遵照"决策、控制、执行和评价"四项管理控制系统,建构"一主体目标"和"四环节"的非营利性民办高校办学风险防范机制内部控制框架(如图6-2),以此保障和提升学校的高质量发展。一主体是指"非营利性民办高校办学风险防范主体目标",四环节是指建构"决策、控制、执行和评价"四个风险防范管理主要环节。

发挥办学风险防范内控机制系统作用防范风险发生。民办高校体制机制优势是做好办学风险防范的第一动力。民办高校办学体制和机制优势是民办高校与生俱来的最大优势,科学管理也是生产力,民办高校既要秉持机构精简、人员精干的特性,还要为顺利实现学校办学目标找到有效路径,必须正视转型与发展期全面的办学风险防范工作的紧迫性,利用民办高校优势的最大化做好内部控制,排除办学过程中的各种潜在风险和盲区,通过办学风险防范机制四个环节的管理控制,有效识别、评价和防范应对办学风险,助力非营利性的办学目标早日实现。

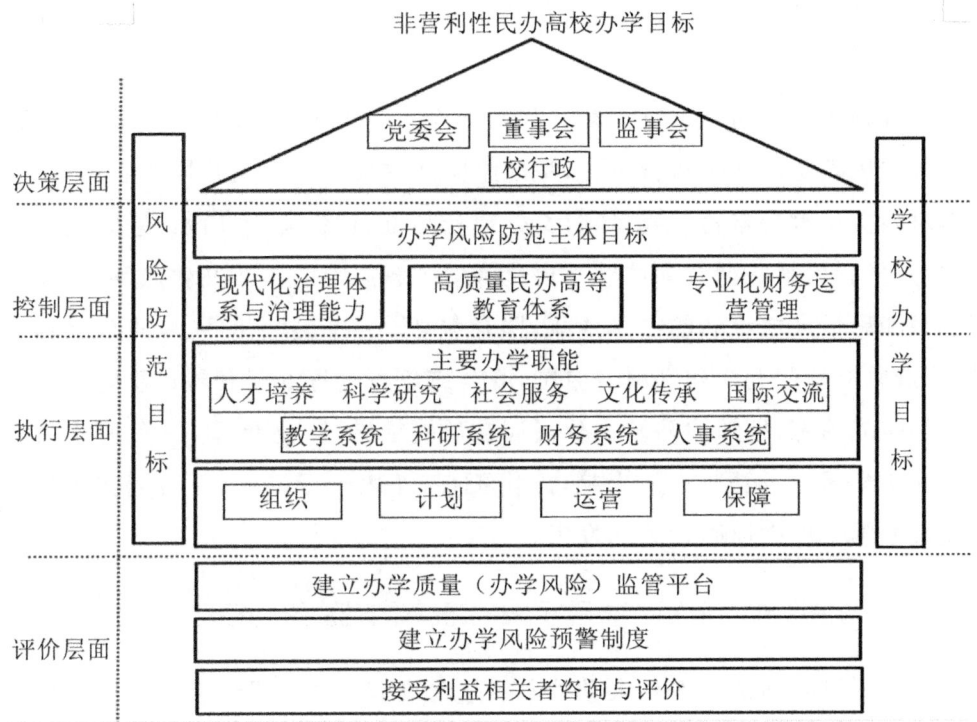

图6-2 非营利性民办高校办学风险防范机制内控框架

三、办学风险防范机制的组织保障

（一）普及全员风险防范意识，提升师生风险防范素养

普及全员风险防范意识。用真实办学风险案例教育和警醒"民办人"要居安思危。从设立、升格、发展甚至倒闭的案例充分说明，只有增强风险防范意识，才能立于长久不败之地。在民办高校转型与"营非"选择的发展新时期，普及和增强全体教职员工的风险防范意识。在国家层面，防范重大风险是国家防范风险的主导思想；在高校层面，让教职员工从思想上正确认知风险防范意识重要性，引导全员重视办学风险，全员参与办学风险防范工作。在依法治国、依法治校背景下，高校全员要成为风险防范的宣传员和安全员，把风险防

范成为民办高校举办者、管理团队和教职员工的普遍自觉,把风险防范贯穿工作全过程。

提升师生风险防范文化素养。风险防范文化教育要列入人才培养体系,搭建校本风险防范文化教育平台,把风险防范文化与办学文化同等看待,开发校本风险文化教育素材,培养风险文化教育师资,在各年级开设风险防范选修课程,充分利用第二课堂和课外平台让师生了解风险防范的文化内涵,增强防范意识和珍惜来之不易的办学成果,强化教职员工和学生的风险防范素养建设,营造风险防范的文化和科普氛围,联合应急管理等部门开展风险防范专题讲座和实战演练,把风险防范文化浸润在学校领导、管理干部和一线师生员工日常工作学习中,做到入心、入脑,内化于心,外化于行,用风险防范文化影响和规避办学工作中风险行为的发生。

(二)融合风险防范与办学目标,加强校本防范决策与控制

把办学风险防范工作列入学校发展战略规划。顶层设计是办好非营利性民办高校的重要战略问题,学校的发展战略就是办学目标的最好诠释。坚持公益性和高质量发展是办学风险防范目标与学校建设目标的统一融合体。把坚持公益性和高水平应用型非营利性民办大学的办学目标列入学校发展规划,引起学校决策层的关注与重视,在校本管理控制层面也要把办学风险防范工作作为学校重点工作来谋划和实施,明确办学目标与防范风险的导向性与主流价值观追求,为非营利性民办高校的高质量发展提供引领方向与重要靶心。

把办学风险防范工作融入学校民主决策系统。民主决策、科学管理是一个大学生态组织建设的基本规范。把办学风险防范目标嵌入办学目标和决策系统中,突出风险防范工作的统筹谋划和有序实施,学校董事会、党委和行政召开党政联席会研究学校重点工作时,均要论证校级重点工作的风险度与决策的民主度,把风险防范作为科学决策的重要观测点。避免民主决策"一言堂"或"走形式",逐步形成民办高校"三驾马车"并驾齐驱的良好决策工作生态,同时发挥监事会的监督作用,把学校重点工作的风险防范作为学校办学治

校的重要工作。

把办学风险防范嵌入校本管理运行控制系统。办学风险的发生往往都是在具体的办学过程中暴露出来,加强校本管理控制工作是保障正常运转的重要任务。根据办学风险防范的主体目标,要高度重视和倾力建设符合现代大学制度民办高校内部治理体系、符合高质量发展的民办高等教育体系和符合专业化财务运营管理体系,解决现有存在的不足与风险,让内部治理走向科学治理、让教育质量走向内涵发展、让财务运营管理走向专业规范。强化学校内部业务管理运营的规范性建设,做好现代大学管理的反思与主动改进,既要补短板,又要塑特色,特别是依照学校的"宪法"——办学章程进行科学管理,按照办学章程推进学校管理升级和促进现代化管理建设,助力学校坚持公益性和高质量办学目标。

(三)优化风险管理校本职能,提升工作执行效能

整合内部管理资源与建立工作组织指挥机构。在学校决策层支持下,成立由校长挂帅的学校办学风险防范工作委员会,作为学校办学风险防范指挥机构。借鉴国外有效做法,整合学校校长办公室等公共职能,把办学风险防范工作职能融入相关业务职能机构,明确校级风险防范执行运营与指挥系统,统一工作布局、规范工作流程,在不多增机构和人员的情况下,指导校行政职能部门在正常业务工作时不能忽略办学风险防范工作,把学校办学风险防范工作列入学校年度工作考核目标,定期公布学校办学风险防范工作简报,做好各相关事项办学风险信息的收集、分析、评估和研判防范,做到防患于未然。

明确部门防范风险与日常防范职责合为一体。履行高校办学职能离不开校属各职能部门的履职尽责与工作协同,用好最佳机制优势,克服"事不关己、高高挂起"的工作风气。根据学校发展和办学风险防范工作需要,及时修订内部工作职责,把办学风险防范职责嵌入相关职能部门,重点优化教学、科研、财务、人事、学生等管理工作职责。把正常业务工作与风险防范工作同等看待,建立各职能部门风险防范工作负面清单,在日常的业务工作中加强风险源的分析与识别,减少因业务工作疏忽而诱发新的办学风险,提升职能部门综合风

险防范工作能力建设,提升工作效能和工作质量,保障学校各项工作有序运转,降低风险的危害度和负面影响。

建立健全办学风险防范执行管理体系。强化问题导向意识,制定校本办学风险防范主要环节标准和工作流程,建立学校风险防控联席会议制度。根据办学实际,不断完善办学风险防范制度建设,建构"学校和二级学院"两级风险防范管理体系,设立兼职管理员,建立日常执行运营工作日志,通过内部执行系统运行,定期排查、及时梳理和总结工作执行过程中潜在的风险点,做好校本风险等级评估,对重点覆盖面广的风险要第一时间上报学校风险防范办公室,对个性、覆盖面小的风险就地解决在基层。定期组织召开办学风险预判与专项研讨会议,加强对共性和个性风险案例的分析和判断,研判风险等级,主动排除潜在的风险点,减少风险的危害或损失程度,提高各职能部门的主观防范性。

(四)建立办学风险监管平台,加强过程管理考核评价

建设信息化办学风险防范监管平台。加强办学风险监管信息化资源建设,推进资源整合和数据共享,完善硬件设施和快速网络保障。建设非营利性民办高校办学 ERM 监管平台,整合分析大数据和学校关键运营信息,加强对民办高校"大、小概率"事件的监管。建立各职能部门和二级学院年度办学风险信息披露制度,把学校办学主体业务线下流程升级为线上数字资源,推进实际岗位与信息化管理角色匹配制度建设,立足民办高校人员实际,强化硬件建设,全面实现办公智能化管理,用数字化工具来提升每个岗位工作人员效能,发布年度学校办学风险防范质量报告。

引进三方机构进行风险防范专项认证。学习国家"管评办分离"精神,建立学校年度办学风险防范认证专项评价制度,引进社会三方组织开展办学风险专项认证,把学校日常考核评价结果与三方专项认证结果进行综合认定,把综合评价结果与所在单位和个人绩效挂钩,建立风险防范责任制和奖惩制。办学风险防范作为员工的基本工作职责和素养,所有职能部门和教职员工都要接受风险防范教育和专项考评,以学校办学风险管理理念、制度、流程等来

规范自身行为,做好服务师生工作。明确学校风险防范工作红线,对在风险防范工作中表现优秀的员工加大奖励,对玩忽职守造成工作损失的员工严肃追责。

（五）健全风险防范预警机制,提高快速化危为机能力

建立办学风险防范预警制度。办学风险的发生具有不确定性,为防止和减少办学风险的发生,建立办学风险防范预警制度,对在办学过程中累积或突发的风险点进行前置性监测或评估,提升办学负面声誉或师生突发性事件等危机处理能力。在第一时间做好风险应急指挥、舆情爆发干预和新闻发言人制度等应急措施,必要时与区域政府部门快速对接与联合处置,在各职能部门培养一批反应迅速、素质优良、工作高效和主动奉献的工作志愿者,为学校突发事件的应急处置工作储备人才。

接受利益相关者咨询与评价。学生、教师等是民办高校办学的直接利益相关者,学校办学治理水平、办学质量和决策、控制、执行层面的工作成效是他们最关心和能感知的。当前民办本科高校大多是2—3万人"巨无霸"高校,师生投诉学校或风险事件屡屡发生,师生获得感和学校服务满意度是师生评价学校的重要砝码。定期开展校长公开接待日了解学生需求,建立大学生学业发展咨询中心为学生完成大学生学习、继续教育和职业生涯规划指路,强化教师发展中心建设,对教师的专业发展效能提升满意度,每年度组织师生对学校办学工作进行满意度测评等,把师生意见和建议作为改进办学和风险防范的重要依据。

（六）加强外部办学风险防范监管,发挥政府部门的治理作用

加强党组织对非营利性民办高校的全面领导。加强党对非营利性民办高校的全面领导是办好人民满意民办大学的根本保证。坚持社会主义办学方向,坚持立德树人是非营利性民办高校依法办学的行为准则,是国家赋予学校履行为党育人、为国育才的重要责任。加强上级派入学校党组织深度参与民办高校内部治理,推进学校民主决策和现代大学制度建设,促进非营利性民办

高校的共同治理模式建设。

强化党组织在非营利性民办高校内部治理的地位。要把党组织建设列入学校章程，依规推进党组织成员"双向进入、交叉任职"政策的落地，落实党组织成员进入学校行政机构，党员副校长等行政人员进入党组织领导班子。支持党组织成员进入监事会，加大党组织对学校重大决策事件的民主决策和广泛参与度，避免董事会高度集权的单一决策行为发生，维护学校师生等利益相关者的合法权益，为学校科学发展和民主决策保驾护航。

加大政府对非营利性民办高校办学风险的监管。一是修订办学章程，规范学校发展。非营利性民办高校必须按照办学属性重新修订办学章程，经省级教育行政部门审核通过后对社会公开，利于学校规范管理和社会监督。二是开展办学专项评估认证。遵照国家"管评办分离"的要求，政府认定合法社会三方组织，建立健全非营利性民办高校办学专项评估认证制度，定期完善认证指标体系，通过社会三方组织定期开展办学专项评估认证，把评估结果与政府监管和专项财政资助挂钩。三是建立外部风险防范联合执法制度。持续推动民办教育部际联席会议制度，整合各部委职责，指导属地对口厅局建立民办学校风险防范联合执法机制，及时解决各地民办高校出现的办学风险，把风险的损害度降低到最小，积极探索政府对非营利性民办高校办学风险的协同管理模式。四是加强民办高校举办者变更和关联交易的规范监管，建立健全监管制度和规范管理流程，减少和规避举办者变更对学校控制权收益的负面影响。做好关联交易前置性和交易后的办学管理，引导学校依法规范办学。

研制出台规范非营利性民办高校专项工作制度。一是出台非营利性民办高校财务制度与监管办法，落实法人财产权，控制财务风险，明晰财务机构设置与人员配置、预算管理、资产管理、收入支出管理、办学结余管理和审计管理等主要环节的规范性，增强办学经费使用效益，保障师生员工合法权益。二是建立非营利性民办高校办学信息公开披露制度。根据社会三方组织年度专项评估认证结果，结合教育行政部门对学校日常把握的办学质量监管情况，建立信息披露平台，每年向社会公开学校年度办学信息，作为社会了解民办高校办学情况和政府核发办学许可证的重要依据。三是建立非营利性民办高校国家财政补助制度。对政府认定的非营利性民办高校,建立属地省级财政支持非营利性民办高校专项经费补助制度,给学校生均办学经费和重要专项工作经费支持,也可建立必要的政府购买教育项目,调动民办高校的办学积极性和拓宽其办学经费的来源。四是建立非营利性民办高校办学荣誉制度。国家设立民办高校办学荣誉制度,肯定非营利性民办高校的办学成就,政府要给予"知名度高、特色明显、社会声誉好、办学水平高"的学校颁发政府荣誉,树立新时代对非营利性民办高校示范办学的楷模。

设立高水平非营利性民办高校国家建设专项工程。在公办高校实施"双一流"和"双高"建设工程的基础上,围绕国家建设高质量教育体系精神,设立专项财政经费,启动国家级非营利性民办高校高水平院校建设工程,为民办高校高质量发展树立标杆和信心,为中国民办高校的卓越发展搭建平台和提供实践支点。

第七章　研究结论与未来展望

本研究立足中国民办教育分类管理的政策实际,聚焦防范拟选择非营利性办学与转型发展民办高校面临的风险问题,按照"研究问题——理论依据——案例分析——国际经验——研究结论"的研究思路,进行跨学科研究。通过文献分析、案例研究、访谈利益相关者和比较研究等多种研究方法,在全面风险管理理论和内部控制理论分析框架指导下,结合"内部人"亲历实践的视角,通过"风险源收集——风险识别——风险研判(评价)——风险应对"程序,按照全面风险管理理论事项识别的内外部因素原则,重点发掘非营利性民办高校办学风险的风险因素,对办学风险进行识别,确定民办高校存在的内部(内部治理、教育质量和财务运营)和外部(政策变化、市场竞争和办学声誉)为办学风险的主要种类与表现形式。在基于内部控制理论防范风险的主要机理下,重点对内部存在的办学风险形成的成因进行了深度剖析。同时甄别和借鉴主要发达国家私立高校风险防范工作的有效经验,针对存在的办学风险,建立非营利性民办高校办学风险防范主体目标,完善和健全"内部治理能力和治理体系、高质量民办教育教育体系和专业化财务运营管理体系"建设中办学风险防范的主体制度建设,建立非营利性民办高校办学风险防范内控机制,为非营利性民办高校转型发展、办学风险防范提供了重要的防范机制保障,为国家分类管理政策平稳过渡提供依据。全面风险管理理论提出不仅要减少风险的危害程度,还要发现新的发展机遇,面向未来,外部办学风险的防范主要还是通过外部监管。本研究对加强非营利性民办高校内部办学风险防范提出建议性对策,以期引导拟选择非营利性办学的民办高校,正视办学现实中制约其可持续发展的瓶颈和隐患,主动化解和防范办学过程中的潜在风险,居安思危,化危为机,提升办学治校能力,推动非营利性民办高校早日实现高质量发展的办学目标。

第一节 研究结论

一、全面风险管理理论促进中国非营利性民办高校发展理论研究建设

把管理学理论运用到民办高等教育研究中,拓宽了全面风险管理理论和内部控制理论的跨学科应用研究领域。改革开放40多年来,中国民办高校一路走来已从"而立"走向"不惑"。随着中国高等教育迈入普及化阶段,中国民办高等教育已经从补充性教育逐步走向选择性教育,全国高等教育占有量超过三分之一的民办本科高校,大部分还一直依赖规模发展为主的生存模式,一直以投资办学为主的经营模式,虽然也有极少数民办高校在努力创建高水平非营利性民办大学,但对整个民办高等教育群体来说,还是寥若晨星。在法律明确的分类管理过渡期内,中国民办高校的未来何去何从,一直困扰着许多民办高校的举办者和利益相关者。借用全面风险管理理论和内部控制理论,把拟选择非营利性办学的民办高校风险防范与实践应用结合,能够丰富中国民办高等教育发展研究理论建设,通过理论指导实践进行风险防范工作研究,为民办高校适应分类管理和转型发展提供了新的视野与发展路径,给现实迷茫中的民办高校举办者群体开了一剂良药,让其更加明晰自身办学治校的初衷,不断回归初心,不忘办学使命,努力实现办学的最高境界——追求"自我价值实现"的办学追求,通过理性分析,正视固有办学风险的"原罪",居安思危,有力促进中国非营利性民办高校发展理论建设研究与实际应用。

二、坚持公益性与高质量发展应是非营利性民办高校办学目标与价值追求

国家实施分类管理的目的是引导现有和未来民办高校办学要各自归位，做好民办高校分类型和分层次发展，打造高质量的社会教育准公共产品。现以投资办学为主的民办高校在短期内不可避免有获得办学结余的动机，但要走非营利性办学道路就是举办方要遵守新出台的民办教育法律法规，自愿不再分配办学利润，办学结余继续用于非营利性办学事业的行为。为此，通过对公办高校与民办高校、营利性民办高校与非营利性民办高校的对比研究，对拟选择非营利性办学的民办高校办学愿景与办学追求的分析，了解现有不同区域民办高校办学的宗旨与价值追求，结合非营利性组织特性，总结归纳出我国非营利性民办高校的办学目标是：秉持教育属性的公益性（不获取或分配办学结余）原则，夯实立德树人本色，全面防范办学风险，建立共同治理制度，创新人才培养模式，建设高质量民办高等教育体系，培养适应地方经济与社会需要的德智体美劳全面发展的高素质应用型人才，积极创建高水平、有中国特色的非营利性民办大学。

三、正视非营利性民办高校内部办学短板和转型隐患是目前最大风险

在2017年修订后的《民办教育促进法》实施"二分法"的背景下，现有民办高校仍在选择过渡期，以"投资为主"的民办高校面临"营非"选择和转型发展的现实办学风险不容忽视，办学风险就在日常的办学过程中。一是"以非营利之名行营利之实"的办学行为尤为突出，在办学风险中属于高级别的风险防范，这些办学风险成为制约国家分类管理、制约当前民办高校走非营利性办学发展的主要羁绊，这种行为有的甚至涉及违规违法问题。二是民办高校举办以来常年累积或隐藏的办学风险无法回避，特别内部治理风险中董事会的高

度集权与法人不适当行为;教育质量风险中的教育质量先天薄弱与同质化办学和教师队伍不稳定等存在缺失;财务运营风险中的办学经费来源单一、投入和审计监管欠缺等问题是制约我国民办高校可持续发展的巨大包袱和硬式枷锁,是当前选择非营利性办学存在的最大办学风险,这些累积的办学风险一旦转化为办学危险,就会爆发更大的办学风险和隐患事故,成为制约我国民办高校高质量发展的重要风险因素与不好逾越的鸿沟。学校自身无法驾驭外部办学风险中的政策导向、市场变化等,只有依法办学,认真遵守国家政策,遵循教育规律办学治校才能避免。而能否解决内部"固有羁绊"办学风险成为非营利性民办高校办学的重要瓶颈,民办高校必须居安思危,防患于未然,大胆改革创新,走自我发展的特色办学之路,建立办学风险防范的内控机制来防范和解决风险才是最佳对策。

四、优质发展与规避隐患融为一体成为非营利性民办高校的风险防范目标

结合全面风险管理理论和内部控制理论,完成战略与经营目标是组织最重要的现实愿景。本研究中的非营利性民办高校的办学追求与风险防范具有高度的一致性,办学目标就是坚持公益性,对办学结余不进行分配,建立高质量具有中国特色的非营利性民办高校是现实状态下民办高校应有的实然追求。建立优质发展与规避隐患融为一体的非营利性民办高校办学风险防范目标是解决学校发展的顶层设计和战略布局,是规范办学与发展的方向和指南。而办学风险防范的目标就是减少办学过程中出现风险事故,减少对学校办学目标的危害与损失程度,非营利性民办高校的办学风险防范目标是办学目标的一个子集,就像内部控制是全面风险管理的子集一样,两者具有一定的同源性。为此,把优质发展和规避风险的双重目标融为一体就是非营利性民办高校主体的办学战略和风险防范目标,这是推动非营利性民办高校健康发展的指南和引擎,是做好办学风险识别、风险评估和风险防范与应对的重要导航。

五、建立基于内部控制的风险防范机制是规避和预防办学风险的根本举措

非营利性民办高校办学风险防范问题，归根结底还是一个学校内部控制和依法办学的实践问题。精准做好办学风险防范工作，必须采取有效的管控与防范措施。本研究建立了基于内部控制"一目标"和"四环节"的非营利性民办高校办学风险防范机制。"一目标"指"非营利性民办高校办学风险防范目标"，"四环节"指建构"决策、控制、执行和评价"四个环节的风险防范管理体系，通过学校从上到下的组织行为开展办学风险防范工作。在决策环节明晰主体防范目标后，"四环节"的核心防范重点是完善"内部治理能力和治理体系、高质量民办教育体系和专业化财务运营管理体系"建设中的主体制度，健全"内部共同治理结构、特色应用型本科教育体系和财务预算绩效考核"等关键制度体系，全面提升学校风险管控能力和办学实力；在执行环节要把办学风险防范工作与民办高校自主灵活的机制进行有效结合，围绕主体防范目标，做好组织、计划、运营和保障工作；在评价环节通过学校开发或引进的办学风险监管平台，重点做好办学风险预警制度和利益相关者的咨询和评价工作，最终建立评价反馈到决策的闭环管理系统，统筹四个主要环节的运营，做好防范办学风险的组织保障工作，为非营利性民办高校开展全面办学风险防范做好机制保障。

第二节　研究创新

一、建构"五要素"办学风险识别工具框架

事项识别是全面风险管理理论八个要素中重要的子项之一，是组织做好

全面风险防范工作的重要中枢。全面风险管理理论与办学应用实践结合建构识别工具非常必要。在当前非营利性民办高校办学风险防范实践中,建立针对性的办学风险识别框架至关重要。为此,基于制度性考量、规律性衡量、系统性评测和科学性预防的原则,建立了非营利性民办高校"五要素"(大类风险、风险表现形式、风险主要识别指标、风险后果或潜在可能性和风险等级)办学风险识别框架,通过此框架可以确定风险范围,发掘风险源表现因素,找出影响或造成风险的具体缘由,分析风险损失程度,最后确定风险等级,为后续做好风险防范工作提供抓手和靶心。此框架给非营利性民办高校的内外部风险防范提供了分析工具,可以推进学校风险识别工作的广度、深度和效度,通过感知和分析风险识别办法,发掘风险因素和研判风险等级,弥补高校风险防范分析工具的不足。

二、设计法定分类下办学风险防范内控制度体系

分类管理下非营利性民办高校制度体系建设任重道远。本研究把全面风险管理理论跨学科运用到教育学领域的研究场景中,进一步拓宽民办高等教育理论研究的应用范围,缓解民办高等教育发展理论滞后于办学实践的不匹配问题,同时在实践中催生了非营利性民办高校风险防范制度建设的迫切性。在此基础上,结合民办高校一线从事管理工作的亲历实践者和"内部人"视角,在法定分类选择与内部控制防范风险的机理下,提出健全非营利性民办高校内部办学风险防范的制度体系设计,重点健全非营利性民办高校"内部共同治理体系、高质量民办应用型本科教育体系和专业化财务运营管理体系"建设中的风险防范制度体系建设,通过制度减少或规避办学风险的发生。建立办学风险防范的内控机制和办学风险实施保障机制也是风险防范制度体系建设的一部分,这些制度体系设计与民办高校的办学风险防范有较强的针对性与实操性,为非营利性民办高校全面分析现实风险和规避潜在隐患提供制度保障,为促进民办高等教育发展理论和制度建设增加重要砝码,为国家分类管理政策平稳过渡和非营利性民办高校科学发展提供实践参考。

第三节 未来展望

一、未来研究

本研究重点是基于内部控制机理下的非营利性民办高校办学风险防范研究，外部风险防范研究在本研究中不是核心内容。但在现有研究基础上，未来加强对非营利性民办高校内外协同一体的风险防范研究，还有一定的拓展空间，分类管理政策影响下的外部办学风险防范，值得进一步探讨。

二、研究展望

非营利性民办高校是中国民办高等教育的主流样态。非营利性民办高校是新时代国家分类管理政策法规催生的民办高等教育分类发展群体。非营利性民办高校既与公办高校相似又不同于公办高校。在现有政策下，选择非营利性办学是国家倡导、社会需求和学校可持续发展的需要，教育属性仍然是非营利性民办高校办学的根本属性，坚持公益性和高质量发展始终是其办学的使命与价值追求。

非营利性民办高校最有可能建设中国高水平民办大学。以坚持社会主义办学方向和立德树人为根本，以高质量发展作为办学使命，以共同治理为规范，努力打造高等教育的准公共产品，主动服务区域社会经济发展，满足人们对优质民办高等教育需求是办学的落脚点。在国家强化高质量教育体系建设和助推高等教育强国的建设过程中，非营利性办学会获得国家更多的支持，民办高校要继续保持勇于革新的内生动力，通过创新驱动发展战略，创新办学治校模式，不断追求卓越发展，实施错位竞争，主动适应多元化、个性化人才培养需求，建设有中国特色的高水平、应用型非营利性民办大学成为普及化时代民办高等教育的突破口或亮点工程。

非营利性民办高校办学风险防范监管平台建设是关键。随着国家分类管理的推进,在依法治国和依法治教的大背景下,随着国家"管评办"管理思想的逐步普及,建立非营利性民办高校办学风险监管平台是防范办学风险工作的实然需求,更是政府监管的重要举措。高校信息化的防范管理会避免和消除非营利性民办高校办学风险机制的建构、升级和优化监管将成为必然趋势,增强办学风险防范意识,提升举办者和管理团队风险防范素养,建立健全信息化背景下的办学风险监管平台是未来政府监管和学校自我防范的不可或缺的重要任务。

政府对非营利性民办高校的"善治"扶持政策空前利好。在国家"放管服"政策的指导下,政府对民办高校的监管与扶持逐步从"管理"走向"治理"。特别是社会三方评价机构的不断显现并逐步成为常态化工作,三方认证评估工作结果会成为政府支持民办高校的重要依据。非营利性民办高校只要遵守国家法律法规,科学把握教育规律和市场规律,认真履行高校的办学职能,政府扶持非营利性民办高校的力度会不断加大,政府购买非营利性民办高校服务社会的办学项目也会不断出现,政府"善治"监管成为事实,非营利性民办高校的未来值得期待。

高质量、有特色的非营利性民办高校将是中国高等教育界一道亮丽的风景!

附　录

附录 A　非营利性民办高校办学风险防范研究访谈提纲

（民办高校领导）

1. 您所在民办高校的举办方是个人、集体，还是企业（集团）？您在学校从事什么工作岗位？您所在学校存在并是否解决举办者代际传承问题？

2. 在民办教育分类管理下，贵校拟选择营利还是非营利学校？从民办学校内外部因素和办学历程来看，您认为非营利性民办高校存在哪些关键办学风险？

3. 您认为民办高校和公办高校在办学方面有哪些不同？您认为非营利性民办高校与营利性民办高校在办学方面有哪些不同？

4. 您认为目前民办高校的内部治理存在哪些关键问题？您所在学校的办学章程执行怎样？贵校校长的治学权限与作用怎样？学校关键岗位（董事会、监事会、学校行政、财务等）举办者亲属回避吗？贵校教师和学生参与学校董事会或办学决策吗？您觉得非营利性民办高校应建立怎样的治理机制？

5. 目前公办本科高校实施"双一流"建设计划，公办高职实施"双高"建设计划，民办高校国家没有实施专项工程项目，您认为制约非营利性民办高校教育教学质量提升的瓶颈性问题是哪些？贵校怎么保障人才培养质量工作？

6. 民办高校办学经费的科学预算支出与监管十分关键，贵校在人才培养方面经费主要投入哪些方面？您认为非营利性民办高校财务管理存在哪些风险问题？

7. 您对加强非营利性民办高校办学风险防范有哪些建议？对政府支持促进非营利性民办高校发展有哪些好的建议？

附录 B 非营利性民办高校办学风险防范研究访谈提纲

（教育行政部门领导）

1. 实施分类管理后，您对营利性和非营利性民办高校办学发展有什么看法？

2. 作为教育行政部门管理者，您认为非营利性民办高校的主要办学风险有哪些？

3. 教育具有公益性，您觉得民办高校以"非营"之名获得营利是怎么造成的？

4. 您认为非营利性民办高校与公办高校办学的最大区别是什么？

5. 您觉得非营利性民办高校的内部治理怎样？怎样才能做到科学合理？

6. 从您的管理实践来看，您怎么看待当前民办高校的教育教学质量？

7. 民办高校办学经费以学费为主，您认为民办高校单一办学经费怎么解决较好？

8. 在教育强国建设背景下，您认为中国民办高校怎样才有生命力和竞争力？

9. 在国家"放管服"背景下，您觉得政府如何监管民办高校更有效？

10. 您觉得地方性法规怎么才能有效促进非营利性民办高校可持续发展？

附录 C 非营利性民办高校办学风险防范研究访谈提纲

(民办高等教育研究专家)

1. 2017年修订后的《民办教育促进法》实施后您如何看待民办教育分类管理政策?

2. 您认为当前非营利性民办高校存在哪些办学风险?

3. 学术研究和实际办学是有区别的,您觉得中国民办高等教育的可持续发展受到哪些制约和障碍?

4. 怎么看待部分以非营利之名行营利之实的民办高校?

5. 您觉得国外非营利性私立高校对中国非营利性民办高校发展有什么影响?

6. 您认为怎样才能有效防范非营利民办高校的办学风险?

7. 怎么看待中国民办高等教育的高质量发展问题?

8. 您对加强中国民办高等教育研究有什么好的建议?

参考文献

一、中文文献

(一) 期刊

[1] 文东茅. 论民办教育公益性与可营利性的非矛盾性[J]. 北京大学教育评论, 2004(1): 43—48.

[2] 何雪莲. 中国民办教育: 捐资与投资之辨[J]. 教育发展研究, 2006(2): 19—22.

[3] 孙宵兵. 民办学校的依法治理[J]. 中国高教研究, 2015(11): 11—12.

[4] 王建. 办学校分类管理——从"四分法"到"两分法"[J]. 北京大学教育评论, 2012(2): 34—35.

[5] 李望国. 资本的逐利性与教育的公益性——民办高校的"非营利性"探讨[J]. 中国高教研究, 2010(10): 46—48.

[6] 曾祥志. 民办高校分类管理的现状思考[J]. 中国市场, 2012(27): 28—29.

[7] 曹淑江, 朱成昆. 关于民办学校的非营利性和产权问题探讨[J]. 河北师范大学学报(社会科学版), 2002(3): 24—28.

[8] 王伟. 营利性教育机构理论逻辑与市场现实[J]. 北京大学教育评论, 2005(2): 10—12.

[9] 李立国, 鞠光宇, 王春雯. 民办高校如何实现"非营利性"——以防范

非公平关联方交易保证"非营利性"的制度设计[J].教育发展研究,2018(23):15-22.

[10] 邬大光.我国民办教育的特殊性与基本特征[J].教育研究,2007(1):5.

[11] 劳凯声.面临挑战的教育公益性[J].教育研究,2003(2):3-9.

[12] 陶咏梅.基于系统理论的民办高校风险管理模型构建及风险规避[J].教育与职业,2015,(32):22-26.

[13] 史雯婷.民办高校办学风险及其监管体系建构[J].教育发展研究,2008(24):44-48.

[14] 刘志纲.全面风险管理:民办高校管理的必然取向[J].湖南涉外经济学院学报,2013(3):7-14.

[15] 马露奇,杜继军.民办高校办学风险之内因与出路探析[J].当代教育论坛,2010(7):75-77.

[16] 李钊.论民办高校办学风险防范中的政府责任[J].中南大学学报(社会科学版),2009(3):419-424.

[17] 李钊.市场风险防范:当前民办高校发展不容忽视的重要问题[J].大学教育科学,2009(2):14-18.

[18] 李东生等.民办高校风险防范机制构建初探[J].高教学刊,2015(14):112-113+115.

[19] 任红.民办学校办学风险及其防范[J].辽宁教育研究,2008(2):88-90.

[20] 杨建磊.我国民办高校风险干预机制研究[J].考试周刊,2012(34):155-156.

[21] 李斌.民办高校防范办学风险必须抓住"三个关键"——以湖南涉外经济学院为例[J].湖南涉外经济学院学报,2012(2):1-4.

[22] 谢凌凌.现代大学管理与发展中的风险及其规避探析[J].教育探索,2010(3):6-8.

[23] 李一中.民办高校办学风险及预警研究[J].咸宁学院学报,2011

(9):116-118.

[24] 郭伟光.民办高校风险防范中的相关利益人行为研究[J].教育与职业,2016(16):35-37.

[25] 杨炜长.利益相关者视角下民办高校办学风险的防范[J].高等教育研究,2012(9):52-57.

[26] 朱浩.民办高校办学内部管理风险防范研究[J].湖北师范学院学报(哲学社会科学版),2013(4):111-116.

[27] 汪竣.民办高校风险防范基础理论研究[J].职业教育(中旬刊),2016(1):3-5.

[28] 王旭.基于成分分析的民办高校办学风险管理[J].教育发展研究,2013(3):26-31.

[29] 李名梁.全面风险管理:现代大学管理的必然取向[J].西南交通大学学报,2009(4):76-79.

[30] 曾令如,钟彩虹.论公办与民办大学财务管理风险控制[J].财务与金融,2013(4):53-56.

[31] 孙珂.中外合作大学的风险治理机制探析[J].国家教育行政学院学报,2013(2):59-64.

[32] 李文鹏.广州市民办高校财务风险管理研究[J].高教学刊,2016(1):148-150.

[33] 刘武德.规避风险,努力实现民办高校又好又快发展——以西安欧亚学院为例[J].西安欧亚学院学报,2010(4):37-39.

[34] 费坚,李斯明等.基于复杂性范式的非营利性民办高校风险治理[J].教育发展研究,2018(23):23-37.

[35] 黄洪兰.扶持非营利性民办高校的公共财政风险规避研究[J].现代教育科学.2015(3):131-134.

[36] 胡娟华.浅析民办高校持续扩大规模下的债务风险防范[J].当代教育论坛,2009(3):97-98.

[37] 张笑涛.利益相关者理论视野中的民办高校财务风险规避[J].教育

财会研究,2012(3):26—30.

[38] 刘俊新.浅谈民办高校财务风险控制[J].教育学术月刊,2010(8):63—65.

[39] 朱浩,陈娟.民办高校办学经费筹措的外部风险及其规避[J].现代教育管理,2011(8):45—49.

[40] 李维民.民办高校政策风险分析[J].西安欧亚职业学院学报,2005(1):22—29.

[41] 张剑波.民办高等教育投资风险及其规避[J].高等工程教育研究,2007(2):82—86.

[42] 宣力亢.民办高校资金链风险预警及策略分析[J].煤炭高等教育,2010(5):89—91.

[43] 李钊.市场风险防范:当前民办高校发展不容忽视的重要问题[J].大学教育科学,2009(2):14—18.

[44] 黎利云,杜继军.民办高校教育风险调查与分析[J].当代教育论坛,2010(7):35.

[45] 郭伟光,范春树.民办高校风险管理的演进、最新发展与动因[J].长春工业大学学报,2014(3):10—14.

[46] 郭伟光,谷金艳.论民办高校的风险意识文化建设[J].黄河科技大学学报,2015(6):1—4.

[47] 朱莺.生源危机中民办高校办学风险分析及对策[J].教育与职业,2016(3):30—32.

[48] 余俊丽.转型期民办高校腐败风险防范及对策研究[J].高教学刊,2015(14):41—43.

[49] 韩梦洁.美国大学风险防控体系:理论变迁与实践探索[J].现代教育管理,2018(10):59—63.

[50] 韩梦洁,赵明明.英国大学风险防控机制分析——以牛津大学为例[J].中国高教研究,2018(2):56—62.

[51] 郭洁.美国公立高校全面风险管理管窥[J].高教探索,2012(6):34

—39.

[52] 赵红卫.现代大学风险管理和审计服务研究——以哈佛大学为例[J].高教探索,2017(9):83—88.

[53] 王稳,王东.企业风险管理理论的演进与展望[J].审计研究,2010(4):96—100.

[54] 汪忠,黄瑞华.国外风险管理研究的理论、方法及其进展[J].外国经济与管理,2005(2):25—31.

[55] 严复海,党星,颜文虎.风险管理发展历程和趋势综述[J].管理现代化,2007(2):30—33.

[56] 李宁,胡爱军,崔维佳等.风险管理标准化述评[J].灾害学,2009(2):110—115.

[57] 成小平,庞守林.全面风险管理对公司绩效影响实证分析——来自中国上市公司的经验证据[J].西安电子科技大学学报(社会科学版),2015,(3):17—23.

[58] 王宏伟,孙建峰,吴海欣等.现代大型工程项目全面风险管理体系研究[J].水利水电技术,2006(2):103—105.

[59] 柳清秀,熊峰.高校风险管理的现状分析及对策[J].教育与职业,2008(6):37.

[60] 白华.内部控制、公司治理与风险管理——一个职能论的视角[J].经济学家,2012(3):46—50.

[61] 张育勤.教育风险的类型及其防范[J].教育评论,2000(3):12—14.

[62] 胡建波.关于构建高校全面风险管理体系的探析[J].西北大学学报,2008(6):172—175.

[63] 李勤,钟建芳.制度视阈下的我国民办高校法人治理结构分析[J].黑龙江高教研究,2014(9):56—58.

[64] 陈国和,王伟忠.民办高校学生特点分析及学生工作对策的思考[J].中国高教研究,2000(4):47—48.

[65] 董圣足.民办学校"关联交易"的规制与自治[J].复旦教育论坛,

2018(4):30—36.

[66] 舒颖岗.大学声誉培育与高水平大学建设[J].国家教育行政学院学报,2011(12):21—25.

[67] 马陆亭.大学声誉的生产战略[J].高等工程教育研究,1994(4):24.

[68] 董圣足,黄清云.我国民办高校董事会制度的重构——基于45所民办院校的调查分析[J].黄河科技大学学报,2010(4):7.

[69] 王义宁.非营利性和营利性民办高校法人治理结构比较[J].浙江树人大学学报,2018(6):4.

[70] 韦骅峰.分类管理背景下陕西民办高校发展的特点、困境和出路[J].浙江树人大学学报,2019(3):22.

[71] 魏红,钟秉林.我国高校内部质量保障体系的现状分析与未来展望——基于96所高校内部质量保障体系文本的研究[J].高等工程教育,2009(6):66.

[72] 龚怡祖.大学治理结构:现代大学制度的基石[J].教育研究,2009(6):23.

[73] 史秋衡,王爱萍.高等教育质量观:从认识论向价值论转变[J].厦门大学学报(哲学社会科学版),2010(2):77.

[74] 张剑波.民办高等教育投资风险及其规避[J].高等工程教育研究,2007(2):82—86.

[75] 李钊.防范办学风险:政府和民办高校的责任[J].高等教育研究,2007(11):50—51.

[76] 单大圣.改革开放40年我国民办教育事业发展展望[J].浙江树人大学学报.2019(1):13.

[77] 阎凤桥,林静.商业性的市民社会:一种阐释中国民办高等教育特征的视角[J].教育研究,2012(4):57—63.

[78] 邵允振,李杏姣.举办者权益保障与实现的重要举措——试析条例《征求意见稿》有关举办者权益的设计[J].教育与经济,2018(3):14—15.

[79] 徐绪卿.浅论教育政策滞后性现象——以民办高校分类管理政策为

例[J].教育与经济,2019(6):77.

[80] 王维坤,张德祥.我国民办高校章程文本表达现状研究——基于105所民办本科高校章程的文本分析[J].中国高教研究,2017(7):47.

[81] 宋秋蓉.透视中国民办高等教育的发展——《中国民办高等教育发展研究》述评(2001—2002)[J].中国民办教育研究.2002(Z1):266—269.

[82] 姚卫浩.高校声誉危机管理初探[J].中国劳动关系学院学报,2013(6):105—106.

[83] 于长福.民办高校声誉风险机理分析与管理机制的构建[J].黑龙江高教研究,2013(2):73—74.

[84] 陈武元.中国民办高校如何走出办学水平不高的困境——经费来源结构的视角[J].教育研究,2011(7):43—44.

[85] 赵成,陈通.治理视角下的大学制度研究[J].高等教育研究,2005(8):18—22.

[86] 王阿娜.民办高校内部控制的内涵、特点及基本思路[J].浙江树人大学学报.2019(5):15—16.

[87] 龚怡祖.现代大学治理结构:真实命题及中国语境[J].公共管理学报.2008(9):70—71.

[88] 高飞,于滨.我国民办高校董事会的运行特征与优化路径[J].浙江树人大学学报,2019(3):7—9.

[89] 卢彩晨.家族式民办高校代际传承问题研究[J].教育研究,2012(9):119.

[90] 王一涛,刘继安.我国民办高校董事会实际运行及优化路径研究[J].教育研究,2015(10):30—36.

[91] 任铭越.关于黑龙江省民办高校内部运行机制相关情况的调研报告[J].教育探索,2013(6):105—108.

[92] 费坚,李斯明,魏训鹏.基于复杂性范式的非营利性民办高校风险治理[J].教育发展研究,2018(23):25.

[93] 董圣足.浅论民办高校监督制度的构建[J].教育与职业,2010(2):5

—6.

[94] 袁利平,靳一诺.我国民办教育分类管理中存在风险及其规避[J].教育学术月刊,2008(11):52.

[95] 刘丹丹,李佳孝.高等教育质量风险管理的思考[J].广州番禺职业技术学院学报,2009(4):25.

[96] 王义遒.高等学校提高教学质量面临的挑战[J].中国大学教学,2007(2):12—14.

[97] 曾智飞,黄卫军,喻国英.民办高校追求经济利益与提高教学质量的平衡分析[J].教育与职业,2007(23):48.

[98] 史秋衡.《中华人民共和国高等教育法》20年发展报告——基于高校分类人才培养提质增效视角[J].国家教育行政学院学报,2020(2):21.

[99] 任芳.民办高校提高教学质量的途径[J].教育与职业,2012(5):26.

[100] 张艳花.合并与扩招背景下民办高校教育质量管理改革[J].教育与职业,2016(8):32.

[101] 陈新民,周朝成,任条娟等.深化教学改革 推进民办高校人才培养转型——全国民办普通高校教育教学改革研讨会综述[J].中国大学教学,2009(5):95.

[102] 杨炜长.防范教育质量风险:民办高等教育快速发展中的迫切需要[J].中国高教研究,2010(8):75.

[103] 黄容霞.我国高等教育质量保障政策60年演变(1949—2009年)——基于历史制度主义分析视角[J].现代大学教育,2010(6):74.

[104] 龙艳,孙文红.民办本科高校教学质量标准系统的构建[J].中国成人教育,2015(13):154.

[105] 徐明稚.对我国高等教育投入的思考与建议[J].教育发展研究,2009(7):40—43.

[106] 甘朝霞.我国高等教育成本分担现状与高校社会捐赠[J].商业经济,2018(3):186—188.

[107] 杨玉华,陈诺.民办教育样板缘何倒塌——安徽文达集团办学危机

调查[J].半月谈,2015(9):65—67.

[108] 刘福清.民办高校内部审计探讨[J].财会通讯,2014(31):98—100.

[109] 喻恺.模糊的英国大学性质:公立还是私立[J].教育发展研究,2008(Z3):89.

[110] 王文,张伟,侯莹等.英国华威大学模式对中国新工科大学建设的启示[J].中国高新科技,2020(19):113—115.

[111] 邹艳.日本高等教育经费的研究及启示[J].日本问题研究,2002(4):60.

[112] 李帅军.日本私立高校经费来源途径举要[J].高等教育研究,1998(5):101.

[113] 陈茵.民办高校财务危机治理——基于国外私立高校实践经验的研究[J].财会通讯,2015(1):117—118.

[114] 史秋衡,康敏.精准寻位与创新推进:应用型高校的中坚之路[J].高等工程教育研究,2018(5):98.

[115] 阎凤桥.非营利性大学的营利行为及约束机制[J].北京大学教育评论,2005(2):16.

[116] 熊德明,王建梁.高校风险管理:来自英国的认识与实践[J].清华大学教育研究,2008(3):111.

[117] 阎凤桥.美国私立高等教育特征分析[J].黄河科技大学学报,2003(3):150.

[118] 陈涛,邬大光.高等教育公私并举与分类管理走势分析——基于中、法、德三国经验的视角[J].教育研究,2017(7):89.

[119] 何国伟.我国非营利性民办高校基本意涵及发展态势[J].现代教育管理,2016(9):59—60.

[120] 徐绪卿.新常态下民办高校发展的若干思考[J].浙江树人大学学报,2016(1):3.

（二）专著

[1][德]乌尔里希·贝克著.风险社会[M].何博闻,译.南京:译林出版社,2004.

[2]柳清秀.高校风险管理[M].北京:中国言实出版社,2009.

[3]李钊.民办高校办学风险防范研究[M].北京:社会科学文献出版,2009.

[4]李钊.民办高校风险管理:理论与实践[M].北京:教育科学出版社,2012.

[5]帅相志,毛有高,傅庆民.高校负债办学风险的规避与偿还对策[M].北京:科学出版社,2010.

[6]胡卫.民办高校的发展与规范[M].北京:教育科学出版社,2000.

[7]邵金荣.中国民办教育立法研究[M].北京:人民教育出版社,2001.

[8][美]菲利普·阿特巴赫等,邵成军注释.私立高等教育:全球革命[M].青岛:中国海洋大学出版社,2008.

[9][美]希马皮等著.整合公司风险管理[M].王瑾瑜,郑海涛等,译.北京:机械工业出版社,2003.

[10][美]梅瑞迪斯·高尔,[美]乔伊斯·高尔,[美]沃尔特·博格.教育研究方法[M].徐文彬等,译.北京:北京大学出版社,2016.

[11]陈向明.质的研究方法与社会科学研究[M].北京:教育科学出版社,2000.

[12]文川,莫秀全.江雪珍.民办高校发展与法律风险控制[M].昆明:云南大学出版社,2018.

[13]宋秋蓉.近代中国私立大学发展史[M].西安:陕西人民出版社,2006.

[14][美]彼得·德鲁克著.非营利组织的管理[M].吴振阳等,译.北京:机械工业出版社,2019.

[15]美国COSO制定发布,方红星,王宏译:企业风险管理——整合框架

[M].2版.大连:东北财经大学出版社,2017.

[16] 沈开涛.风险识别[M].北京:北京大学出版社,2015.

[17] 陈武元等.私立高等教育研究:理论与政策[M].厦门:厦门大学出版社,2019.

[18] 教育部高等教育教学评估中心.新型大学新成就:百所新建院校合格评估绩效报告[M].北京:教育科学出版社,2015.

[19] 潘懋元,刘丽建,魏晓艳.潘懋元高等教育论述精要[M].福州:福建教育出版社2015.

[20] 李维民.民办教育的创新与发展[M].西安:陕西人民出版社,2005.

[21] 孙杰夫.民办学校办学风险防范机制研究研究[M].沈阳:辽宁教育出版社,2015.

[22] 文东茅.走向公共教育:教育民营化的超越[M].北京:北京大学出版社,2008.

[23] 教育部政策研究与法制建设司,国务院法制办公室,教科文卫法制司.民办教育促进法实施条例释义[M].北京:中国青年出版社,2004.

[24] 李仁真.国际金融法学[M].上海:复旦大学出版社,2004.

[25] 陶西平,王佐书.中国民办教育发展报告:2003—2009[M].上海:上海人民出版社,2010.

[26] 陆雄文.管理学大辞典[M].上海:上海辞书出版社,2013.

[27] 张向前.中国高等教育发展研究[M].北京:经济日报出版社,2016.

[28] 张维迎.大学的逻辑[M].北京:北京大学出版社,2004.

[29] 张文国.中国民办学校法人制度研究[M].北京:教育科学出版社,2012.

[30] 赵硕.欧洲私立大学高等教育发展嬗变[M]北京:中央翻译出版社,2015.

[31] [美]理查德·鲁克著.高等教育公司:营利性大学的崛起[M].于培文,译.北京:北京大学出版社,2006.

[32] 金锦萍.非营利法人治理结构研究[M].北京:北京大学出版

社,2005.

[33] 刘莉莉.中国民办高等教育发展的研究[M].长春:吉林人民出版社,2002.

[34] [美]布鲁贝克著.高等教育哲学[M].郑继伟等,选译.杭州:浙江教育出版社,2001.

[35] [美]约翰·S.布鲁贝克.教育问题史[M].单中惠,王强,译.济南:山东教育出版社,2012.

[36] 史秋衡.国家高校分类体系及其设置标准实证研究[M].北京:科学出版社,2016.

[37] 潘懋元.应用型人才培养的理论与实践[M].厦门:厦门大学出版社,2011.

(三) 博士论文

[1] 李钊.民办高校办学风险防范研究[D].华中科技大学,2008.

[2] 杨德岭.我国民办高等教育投资评价及风险管理研究[D].南京航空航天大学,2012.

[3] 卢安文.我国商业银行操作风险形成机理及度量模型研究[D].重庆大学,2010.

[4] 焦清平.中国商业保险业的风险管理研究[D].武汉理工大学,2008.

[5] 肖光红.企业内部控制基本理论问题研究[D].西南财经大学,2014.

[6] 周继军.企业内部控制与管理者代理研究[D].华中科技大学,2011.

[7] 周冰.我国企业内部控制流程设计研究[D].西南财经大学,2014.

[8] 王农跃.企业全面风险管理体系构建研究[D].河北工业大学,2008.

[9] 王诺斯.营利性与非营利性民办高校分类管理研究[D].大连理工大学,2017.

[10] 马红红.M民办高校融资困境及对策研究[D].陕西师范大学,2015.

[11] 罗先锋.我国非营利性民办高校发展研究[D].厦门大学,2018.

[12] 董圣足.我国民办高校法人治理问题研究[D].华东师范大学,2010.

[13] 黄洪兰.非营利性民办高校支持政策研究[D].东北师范大学,2019.

(四)其他文献

[1] 金成.如何以法律防范民办高校风险[N].光明日报,2016-12-26(011).

[2] 李强,徐林.给民校"民办事业单位"待遇[N].南方日报,2011-06-16(2).

[3] 朱士中.突出自我管控,强化高校教学质量保障体系建设[C].全国新建本科院校联席会议暨十七次工作研讨会学术论文集,北京:北京理工大学出版社,2017.

[4] 袁贵仁.在中国民办教育协会成立大会上的讲话[N].中国教育报,2008-6-26(3).

[5] 张力.2020-2030中国民办教育发展趋势——在2016年第七届AGAUC国际论坛上的报告[R].西安:西安外事学院,2016.

[6] 教育部高等教育教学评估中心.民办本科教育质量有了首份"体检报告书"——中国民办本科教育质量报告解读[EB/OL]. http://edu.people.com.cn/n1/2017/1016/c367001-29588906.html,2017-10-16/2020-03-10.

[7] 2001年北京大学课题组,关于扩大高等教育规模对短期经济增长作用的研究报告,中国教育网,http://www.edu.cn/zong_he_311/20060323/t20060323_12479_5.shtml.124.

二、英文文献

(一)外文期刊

[1] Robert E. Hoyt, Andre P. Licbenberg. The value of enterprise

risk management [J]. Journal of Risk and Insurance, 2011, 78(4): 795-822.

[2] J. Comas, K. V. Gemacy etc. Risk assessment modeling of microbiology - related solids separation problems in activated sludge systems [J]. Environmental Modeling & Software, 2008, 23(10):1250-1261.

[3] Heckmann I, Comes T, Nickel S. A critical review on supply chain risk -Definition, measure and modeling[J]. Omega, 2015, 52(Complete): 119-132.

[4] Aven T. Risk assessment and risk management: Review of recent advances on their foundation [J]. European Journal of Operational Research, 2015, 253(1):1-13.

[5] Levy D C, Zumeta W. Private higher education and public policy: A Global View [J]. Journal of Comparative Policy Analysis: Research and Practice, 2011, 13(4):345-349.

[6] Bromiley P, Mcshane MK, Nair A, et al. Enterprise risk management: Review, critique, and research directions[J]. Social Science Electronic Publishing, 2015,16(1):2-5.

[7] Cameron C, Klopper C. University lawyers: A study of legal risk, risk management and role in work integrated learning prograes[J]. Journal of Higher Education Policy & Management, 2015, 37(3):1-17.

[8] Dworken B S. 10 Coandments of Risk Management [J]. Camping Magazine, 1998, 71(Sept-Oct):18-22.

[9] Mcwilliam E, Singh P, Taylor P G. Doctoral education, danger and risk management [J]. Higher Education Research & Development, 2002, 21(2):119-129.

[10] Gamble K B, Lightsey E G. Application of risk management to university cubeSat missions [J]. Journal of Small Satellites, 2013, 2(1):147-160.

［11］Gento A M，Minambres M D，Redondo A，et al. QFD Application in A Service Environment: A New Approach in Risk Management in a University[J]. Operational Research, 2001, 1(2):115—132.

［12］Al-Jundi S, Reyaz A. Risk management model for Al-Ain University of Science & Technology, UAE[J]. Social Science Electronic Publishing, 2016. 17(22):70—72.

［13］Bauch T M. Risk management practices of university based adventure programs[J]. Adventure Education, 1997:14.

［14］Abraham J M. Risk management: An accountability guide for university and college boards [J]. Association of Governing Boards of Universities & Colleges, 2013:148.

［15］Ferreira A, Loiola E, Gondim S. Motivations, Business Planning, and Risk Management: Entrepreneurship aamong university students [J]. Rai Revista De Administrao E Inovao, 2017:S1809203917300335.

［16］Sokolow B A. Risk management in the county college setting [J]. New Directions for Community Colleges, 2010, 2004(125):85—94.

［17］Froot K A, Scharfstein D S, Stein J C. Risk management: Coordinating corporate investment and financing policies[J]. Journal of Finance, 2012, 48(5):1629—1658.

［18］Linda, Scott, Ann-Louise, Caress. Shared governance and shared leadership: meeting the challenges of implementation[J]. Journal of Nursing Management, 2010, 13(1):4—12.

［19］Pusser B, Slaughter S, Thomas S L. Playing the board game: An empirical analysis of university trustee and corporate board interlocks [J]. The Journal of Higher Education, 2016, 77(5):747—775.

［20］Rheingans J I. The alchemy of shared governance: Turning steel (and sweat) into gold[J]. Nurse Leader, 2012, 10(1):40—42.

［21］Yohanes A. K. Honu. Shared governance: Opportunities and

Challenges[J]. Academy of Educational Leadership Journal, 2018, 22(1)1—8.

[22] Claxton-Freeman, Angela H. Higher education governance structures and operational efficiency and effectivenesss of 4-year public institutions[D]. East Tennessee State University, 2015.

[23] William N. Butos. Government and science: A dangerous liaison [J]. The Independent Review, 2006, 11(2): 177—208.

[24] David, Mitch. British universities pastand present (review) [J]. Victorian Studies, 2007:738—740.

[25] Shattock, M. University governance in flux. The impact of external and internal pressures on the distribution of authority within British universities: A synoptic view[J]. Higher Education Quarterly, 2017,1—12.

[26] Shattock M. The change from private to public governance of british higher education: Its consequences for higher education policy making 1980—2006[J]. Higher Education Quarterly, 2010, 62(3):181—203.

[27] Salter B, Tapper T. The external pressures on the internal governance of universities[J]. Higher Education Quarterly, 2010, 56(3):245—256.

[28] Hughey, Aaron W. Higher education and the public, private and non-profit sectors: Equal partners in promoting regional economic development[J]. Industry and Higher Education, 2016, 17(4):251—255.

[29] Mellow G O, Heelan C. Minding the dream: The process and practice of the american county college[J]. Community College Review, 2008, 36(4):347—351.

[30] James E. The private nonprofit provision of education: A theoretical model and application to Japan[J]. Journal of Comparative Economics, 1986, 10(3):255—276..

[31] Thethi A, Dhadyalla G, Mcgordon A, et al. Experiences with

the technical accreditation scheme (TAS) "teaching the trainee"[A]. EDULEARN13 Proceedings. 2013:5162—5169.

[32] David D. Dill, Maarja Beerkens. Designing the framework conditions for assuring academic standards: Lessons learned about professional, market, and government regulation of academic quality[J]. Higher Education, 2013,65(3):341—357.

[33] Stiles D R . Higher Education Funding Council (HEFC) methods in the 1990s: national and regional developments and policy implications [J]. Blackwell Publishers Ltd, 2002, 80(4):711—731.

[34] Gewirtz S, Cribb A. Representing 30 years of higher education change: UK universities and the Times Higher[J]. Journal of Educational Administration and History, 2013, 45(1):58—83.

[35] Hughey, Aaron W. Higher education and the public, private and non—profit sectors: Equal partners in promoting regional economic development[J]. Industry and Higher Education, 2016, 17(4).

[36] Shinn T, Lamy E. Paths of commercial knowledge: Forms and consequences of university-enterprise synergy in scientist—sponsored firms [J]. Research Policy, 2006, 35(10):1465—1476.

[37] Stalford C. Social structure of third—party evaluations[J]. New Directions for Evaluation, 2010,198(5):69—81.

[38] Jianmin LI. Does government subsidy guide private universities towards favorable directions: A preliminary analysis on financial data of privates[J]. Educational studies in Japan : international yearbook : ESJ, 2010, (5):49—61.

[39] Douglass, John Aubrey. A world of competitors: Assessing the US high—tech advantage and the process of globalisation[J]. Higher Education Management and Policy, 2008, 20(2):34—62.

[40] Ho T K . From performance budgeting to performance budget

management: Theory and practice[J]. Public Administration Review, 2018, 78(5):748－758.

[41] Ho T K. PBB in american local governments: It's more than a management tool[J]. Public Administration Review, 2011, 71(3):391－401.

[42] Parekh S, Gandhi N, Hellerstein J, et al. Using control theory to achieve service level objectives in performance management[J]. Real-Time Systems, 2002, 23(1－2):127－141.

[43] Siegfried J J, Sanderson A R, Mchenry P. The economic impact of colleges and universities[J]. Change The Magazine of Higher Learning, 2007, 26(5):546－558.

[44] Abramo G, Cicero T, D'Angelo C A. The dangers of performance－based research funding in non－competitive higher education systems[J]. Scientometrics, 2011, 87(3):641－654.

（二）外文专著

[1] Clark, BurtonR. The Higher Education System: Academic Organization in Cross－national Perspective[M]. Berkeley, CA: University of California Press, 1983:165－166.

[2] Bloland H G. Creating the Council for Higher Education Accreditation (CHEA). American Council on Education/Oryx Press Series on Higher Education[M]. The Oryx Press, 2001.

（三）其他文献

[1] Andersen, Torben G. and Bollerslev, Tim and Diebold, Francis X. and Labys, Paul, Modeling and Forecasting Realized Volatility. PIER Working Paper, 2001, No. 01－002. Available at SSRN: https://ssrn.com/abstract=267792or http://dx.doi.org/10.2139/ssrn.267792.

[2] Ann, Brewer, Ian, Walker. Risk management in a university environment[J]. Journal of business continuity & emergency planning. 2011, 5 (2):161-172.

[3] Freeman, R. E. (2015). Strategic Management: A Stakeholder Approach. Cambridge University Press. https://doi.org/10.1017/CBO9781139192675.

[4] ISO31000:2009(en). Risk Management—Principles and Guidelines [EB/OL]. Https://www.iso.org/standard/43170.html,2017-11-12.

后 记

本书是在我的厦门大学教育研究院博士学位论文基础上修改完善而成，是教育部人文社会科学研究项目"非营利性民办高校的风险防范与政府监管研究"的成果。

提升认知的最好办法就是努力学习与适应变化。作为在民办高校工作25年的"民办人"，我陪伴、见证、感知了民办高校一路走来含辛茹苦、披荆斩棘的历程。在负责学校升本及本科教学评估等工作中，全方位接触了民办高校举办者、中层干部、一线师生和校外专家，让我感到教育既要提升情怀，更要打造自身素养。习近平总书记说过，要让教育者先受到教育。工作多年来虽然实践较多，但自己明白最缺的还是系统的教育理论学习。临近不惑之年有幸到中国高等教育研究圣地——厦门大学教育研究院学习是我人生成长中最惬意的事，通过教育理论、教育研究方法等系统的学习，让我领略了高等教育国家队专家教授的渊博学识、深厚的研究功底和丰硕研究成果，让我理解了高等教育的内涵和大学的价值。柏拉图说过，教育即回忆，学习是记忆的唤醒。我认为，这更夯实从"民办人"到"民办芯"的认知蜕变过程。

防范办学风险是民办高校办学治校的核心任务。政策法规是民办教育发展的指南，2017年9月1日，随着修订后的《民办教育促进法》的实施，民办教育迈入分类管理和发展的新时代。民办高校既要面对公办高校领跑，还要与独立学院转设的民办本科高校并跑，更要追跑优质的新型高起点民办大学。站在民办教育立场的实践者应该重视民办教育研究，推动民办教育理论创新，为民办高校的高质量发展进行鼓与呼。"支持和规范"是新时代民办教育发展的主基调。营利性和非营利性办学选择成为众多举办者面临的必答题。"以

"非营利之名行营利之实"的办学又带来很多不确定的办学风险。张维迎说过，大学之所以能够基业长青，就是因为它本身就是一个不断反思和创新的组织。只有不忘初心、扎根中国大地，顺应分类管理政策，坚持公益性办学，秉承创新基因，全面做好办学风险防范，才能开拓有中国特色的民办高等教育发展理论和错位竞争模式，才能助力于新时代的民办高校高质量教育体系建设。

导师潜心教诲是开启学生心智成长的金钥匙。我的导师史秋衡教授是一位外表酷帅、内心十分温暖的儒雅学者。他经常教导我们要"学、思、做"，要深度了解事物的历史脉络与核心本质，遵循事物规律，抓住研究问题的牛鼻子，认真钻研、刨根问底。通过学术沙龙和师门定期研讨会，导师每次都会精准地指出我们学习和科研中的瓶颈问题，经常提出我们既要看事物现象更要看问题本质。印象最深刻是与导师研讨毕业论文选题，导师说"民办高校是一座有待持续开采的宝藏，你只要打开和找到其泥沙里的闪光金粒，就会找到自己研究的真问题"，这句话让我茅塞顿开。导师的博观约取精神与朴实无华的指点是发动机，每当遇到困难，想起这些鼓励就能量十足、信心满满，师爱是品格、智慧和襟怀。导师的工作效率总是"高级别"，对请教的问题总是在第一时间回复，哪怕是半夜三更。德国哲学家、教育家赫尔巴特说："教育是塑造"，我觉得教育更是"有情怀的导师对学生的再次塑造"。

专家朋辈的鼎力相助是促进研究的重要支柱。感恩百岁老人潘懋元先生的亲自授课和教导，感激厦门大学教育研究院史秋衡老师、刘海峰老师、刘振天老师、张亚群老师、武毅英老师、郑若玲老师、吴薇老师、徐岚老师、文静老师及图书室冯波老师等给予研究的指导和建议，感谢马陆亭、阎凤桥、王佐书、周海涛、吴华、董圣足、李维民、王一涛、张利国、邵振允、姬华蕾、罗先锋、潘奇、张德江、田光成、李虔、李建启、董玉民等知名专家、领导的指导，感谢民办高校队伍中牛三平、秦小刚、王北生、梁玉国、郭爱先、陈新民、王晋荣、陈民伟、廖安勇、亓小林等领导和同行的帮助、支持，感谢师门阙明坤、张纯坤、冯涛、孙俊华、杨院、汪雅霜、康敏、吕小亮、杨玉婷等师兄、师姐的支持与帮助，感谢来自8个省12名同班同学的互帮互助，与大家一起研讨、辩论的场景难以忘怀。

最后还要感恩我所在单位刘文魁、孙金锋、周文玉和李利民等校领导对我学业的支持，感谢父母、爱人和儿子对我学业的理解与鼓励，这是我最大的精神后盾与保障力量，感谢同事李宇、汪筱苏和姚逍遥老师对学习材料的整理帮助。感谢河南大学出版社原副总编辑史锡平、编辑赵海霞老师为完善本书提出的中肯意见。

由于笔者水平有限，书中难免有疏漏与不足，敬请各位专家和读者批评指正。

刘亮军

2022 年 5 月 8 日河南郑州